"一带一路"贸易发展与
人民币国际化

俞　斌　著

中国原子能出版社

图书在版编目（CIP）数据

"一带一路"贸易发展与人民币国际化 / 俞斌著.
—北京：中国原子能出版社，2022.4（2023.4重印）
ISBN 978-7-5221-1934-2

Ⅰ. ①一… Ⅱ. ①俞… Ⅲ. ①"一带一路"–国际贸
易–关系–人民币–金融国际化–研究 Ⅳ. ①F74②F822

中国版本图书馆 CIP 数据核字（2020）第 062742 号

"一带一路"贸易发展与人民币国际化

出版发行	中国原子能出版社（北京市海淀区阜成路 43 号　100048）
责任编辑	刘东鹏
装帧设计	侯怡璇
责任校对	宋　巍
责任印制	赵　明
印　刷	河北文盛印刷有限公司
经　销	全国新华书店
开　本	787 mm×1092 mm　1/16
印　张	11.875
字　数	297 千字
版　次	2022 年 4 月第 1 版　2023 年 4 月第 2 次印刷
书　号	ISBN 978-7-5221-1934-2　　定　价　68.00 元

网址：http://www.aep.com.cn　　　　E-mail：atomep123@126.com
发行电话：010-68452845　　　　　　版权所有　侵权必究

本著作系下述项目与机构的研究成果

国家社科重大招标项目（编号：18ZDA067）

——"新时期中国产业与贸易政策协同发展机制与实施路"

国家社科基金年度项目（编号：20BGJ040）

——全球罢工潮对我国参与"一带一路"企业

带来的挑战与应对策略研究

浙江省应用经济学一流学科（A类）

浙江工业大学经济学院

浙江省高校智库民营企业开放创新研究中心

浙江工业大学全球浙商发展研究院

序

习近平总书记高度重视"一带一路"倡议，2013 年以来在各种重大场合多次就"一带一路"倡议作重要讲话。他表示当今世界正处在大发展、大变革、大调整之中，新的增长动能不断积聚，各国利益深度融合，和平、发展、合作、共赢成为时代潮流。与此同时，全球发展中的深层次矛盾长期累积，未能得到有效解决。全球经济增长、贸易和投资低迷，经济全球化遇到波折，发展不平衡加剧。面对挑战，仅凭单个国家的力量无法解决世界面临的问题，只有对接各国彼此政策，在全球更大范围内整合经济要素和发展资源，才能形成合力，促进世界和平安宁和共同发展。他指出"一带一路"建设根植于历史，但面向未来。"一带一路"源自中国，但属于世界。"一带一路"建设跨越不同地域、不同发展阶段、不同文明，是一个开放包容的合作平台。在"一带一路"建设国际合作框架内，各方秉持共商、共建、共享原则，携手应对世界经济面临的挑战，开创发展新机遇，谋求发展新动力，拓展发展新空间，实现优势互补、互利共赢，不断朝着人类命运共同体方向迈进。

《"一带一路"贸易发展与人民币国际化》是俞斌老师近年来潜心研究的重要成果，这一部著作既紧扣新时代中国发展的脉搏又汲取了相关领域国内外研究的精华，也体现了一定的理论深度，具有很强的针对性和现实意义。"一带一路"不仅为中国也为沿线国家的发展提供了新的历史机遇，同时人民币国际化也助推了"一带一路"贸易发展。中国与相关国家的贸易高质量发展与人民币国际化的互动推进可以为"一带一路"沿线各国的共赢发展提供强大驱动力和新的模式。

通读本书，我总结该书有以下特点：一是选题立意深刻，当今世界处于百年未有之大变局，同时也是中华民族实现伟大复兴的重要历史阶段，"一带一路"不仅是中国也是沿线国家发展的未来之路、正确之路，也是推进人民币在世界范围内流通、使用、储备的一项重要战略举措；另外人民币国际化也对"一带一路"贸易产生重要的促进作用。二是切入角度新颖，此前有学者研究"一带一路"贸易问题，有学者研究人民币国际化问题，但将两者有机结合起来的著作相对比较少，特别是研究"一带一路"贸易发展与人民币国际化的互动关系，这是一个比较新的角度，也是本书的创新之处。三是著作论证比较完整与科学，作者在借鉴和总结此前一系列研究成果的基础上，对"一带一路"贸易发展与人民币国际化两个方面都进入了较为深入的研究，相对全面地、科学地、合理地分析了两个研究对象，对互动路径和机制做了科学的分析和充分的阐述。四是调查研究比较严谨扎实，研究结论的可信度较高，作者收集并运用了大量数据和资料，进行了多种定性与定量分析，也发表了与本成果相关的高水平论文，研究还得到了国家社科基金重大招标课题等多项课题的支持，专著有一定的理论高度，又有较好的应用价值。

作为俞斌的导师，我为他取得的研究成果感到由衷的高兴，也期待着他继续努力工作，做"有用的研究"，把论文成果写在祖国的大地上，积极回应国家和社会的需求，聚焦研究中国急需的、重要的、具有开创性的领域，不断取得新的进步和高质量研究成果。

俞斌老师投入了七年的时间对本论著涉及的问题进行了细致深入的调查研究，在2021年完成了博士论文《"一带一路"贸易发展与人民币国际化互动机制研究》，最近他结合之前积累的研究成果，整理成书出版。在此，我也对本书凝结的劳动成果表示祝贺！

2021.11.26 于杭州

前　言

选择研究"一带一路"贸易发展与人民币国际化，既是本人数年来的研究兴趣使然，也是由于前期研究积累了一定素材的结果。首先，"一带一路"建设的高质量发展是中国进入新时期后全面开放战略的一项重要举措，对构建全球经济贸易新秩序具有极为重要的意义，"一带一路"贸易发展也为人民币国际化提供了新的历史机遇；其次，贸易高质量发展与人民币国际化互动可以为"一带一路"沿线各国互利共赢创造出新的发展模式。加入 WTO 以来，人民币国际化已经在双边货币互换、跨境结算支付、跨国投资、国际储备等领域取得了重要突破，但也面临诸多挑战和困难，研究"一带一路"贸易发展与人民币国际化互动机制具有重要理论和应用价值。

基于上述背景，本书对"一带一路"贸易发展与人民币国际化的互动机制进行分析研究，明确了互动发展机制新的定义，即"一带一路"经贸投资方面各要素与人民币五大货币职能的相互作用、互相促进的模式致使两者互动协同发展的过程。本书列举大量有关"一带一路"的贸易金融数据，采用实证分析方法，改变了过往的相关研究中数据信息少、实证分析少的情况。阐明了"一带一路"通过贸易投资发展促进了人民币国际化，而人民币周边化、区域化带来的便利又反向推动了"一带一路"贸易投资的增长。本书采用计量研究方法，选取了相关指标数据，构建人民币国际化指数，利用 RII 指标体系、VECM 模型、标准差椭圆公式、固态效应模型、OCA 货币指数模型和 GMM 人民币国际化模型进行定量分析和相关性分析，采用多指标体系、多模型验证的方法进行了研究，得出了贸易发展和"一带一路"经贸合作促进了人民币国际化，而且人民币国际化程度的提升也反过来促进了"一带一路"贸易的增长。

最后，本书论述了人民币国际化在"一带一路"区域的实现路径，即通过三个阶段，渐次实现其五大货币职能，最终完成人民币国际化的全部进程。即提出在"一带一路"框架下实现人民币国际化的路线图，经三大阶段，分步骤实现五大货币职能，最终实现真正意义上的国际货币的目标：第一阶段，即周边化阶段，完全实现主导计价货币及部分实现结算支付货币的职能，成为周边优势货币；第二阶段，即区域化阶段，完全实现"一带一路"区域范围内的结算支付，成为投资领域最主要的货币；第三阶段，即国际化阶段，发展成世界上的主流储备币种，在国际上大部分区域完全实现五大货币功能，成为真正的国际货币。另外，中国还应提高人民币市场化程度，积极接轨国际金融市场，不断拓宽人民币境外结算支付渠道，实现其在海外的良性循环，以人民币国际化来持续推动"一带一路"贸易的发展。

目 录

第一章

"一带一路"贸易发展与人民币国际化研究导论

1.1 研究的背景及意义

1.1.1 研究的背景

改革开放四十年以来，随着全球经济贸易的发展，中国迅速崛起，目前已是当今世界贸易第一大国，在世界经济发展中已经逐步发挥越来越重要的作用。作为带动中国经济增长的"三驾马车"之一，对外贸易在改善民生、增加就业、积累外汇收入等方面已经发挥了不可替代的作用。与此同时，人民币在国际社会中的地位逐步提高。习近平总书记于 2013 年正式提出"丝绸之路经济带"和"21 世纪海上丝绸之路"（简称"一带一路"）的倡议，倡议旨在"构筑起立足周边、辐射一带一路、面向全球的自由贸易区网络"①，"一带一路"新举措开始推动中国与沿线国家的经济贸易往来与合作，促进了投资和金融交易，同时也为人民币国际化带来了千载难逢的机会，即"一带一路"国家（地区）在与中国的贸易投资交易和其他经济交往中更多地使用人民币，商品（尤其是大宗商品）交易以及境外人民币投资的过程中，人民币在"一带一路"各国与中国之间循环流动，增加了经济贸易交流活动中人民币支付的比例，同时人民币的计价功能和对外投资功能也在逐步加强，这些都促进了人民币国际化程度的不断提升。随着与沿线国家的经济贸易交流、投资和金融交易活动越来越频繁，中国与沿线国家的外贸结构也在不断优化，同时人民币在世界范围内的使用也越来越广泛，在各类交易和结算支付业务中的比重日益升高，这些都是人民币进一步发挥货币职能的体现，也为人民币不断国际化提

---

① 2013 年 9 月，习近平在出访哈萨克斯坦时提出共建"丝绸之路经济带"的重大倡议；2013 年 10 月，习近平在出访印度尼西亚时提出共建"21 世纪海上丝绸之路"的重大倡议。

供了动力。"一带一路"倡议是经过深思熟虑、顶层设计的新时期对外开放战略，也是当前具有全球影响力的跨国界、跨洲际经济贸易合作模式，"一带一路"倡议不但为沿线各国的共同发展提供了最佳合作方案，也为推动人民币国际化增添了新活力，目前人民币在双边货币互换、跨境支付、跨国投资、国际储备等领域已经取得了重要突破。"一带一路"倡议对实现人民币的国际化具有非同一般的战略意义。

在国外学者中一些人就国际贸易和货币国际化的相关性进行了研究。Trejos Alberto，Randall Wrigh（1996）认为随着一国在全球贸易中所占的份额增大，该国能与其他国家交易的机会增多，更容易取得贸易中的定价权，该国货币最终发展为国际货币的概率就很大[①]。Rey（2001）研究指出，货币的国际需求实际上与一个国家的外贸出口有关，贸易水平越发达，出口商品的总金额越高，该国货币在国际上的需求就越大[②]。Fung 等（2017）建立聚集地理模型并将其引入"一带一路"相关研究，发现区域化共同货币的使用有助于推进整个区域贸易的发展，还能降低中国与"一带一路"国家的贸易对美元等主要国际货币的依赖[③]。

目前国内学者在关于人民币国际化的研究上，大多将研究重点立在分析人民币国际化对中国对外贸易发展的影响上，这些研究也得到很多在此背景下中国对外贸易发展的对策结论。但是讨论反向影响的文献较少，研究成果不多，仅有理论层面的分析。因此本文将建立计量模型，运用实证分析的方法探究中国对外贸易与人民币国际化在"一带一路"背景下的相互关系。并且从分析沿线国家的经济贸易状况提出加强国家间资金融通的对策，促进人民币国际化，使之在国际经济贸易中更好抓住发展机遇、应对突发风险。

"一带一路"的建设构想以"共商、共建、共享"为原则，顺应了世界多极化发展的要求，顺应了经济全球化发展的潮流，"一带一路"方案源自中国，但属于全世界，这为全球经济复苏提供了中国方案，也带来了全新机遇。"一带一路"依托中国与相关国家既有的双多边机制，借助行之有效的区域合作平台，借用古代"丝绸之路"的历史符号，主动地发展与沿线国家的经济合作关系，共同打造政治互信、经济融合、文化包容的利益共同体、命运共同体和责任共同体，是一项创新的举措和机制。2016 年 11 月，"一带一路"倡议被第 71 届联合国大会写入了联大决议，人民币在国际上的影响力又大幅提升，"一带一路"倡议的实施为人民币稳步走向国际货币提供了有利的契机[④]。2018年，中央人民政府工作报告中五次提到"一带一路"建设，这已经是从 2014 年起连续

[①] Alberto Trejos & Randall Wright，"Search-theoretic models of international currency，"Review，Federal Reserve Bank of St. Louis，[R] vol. 78，May，1996. p117-132.

[②] Rey，Helene. International trade and currency exchange [J]. Review of Economic Studies，2001，68：443-464.

[③] Fung，K. C.Aminian，Nathalie. Korhonen，Iikka.Keith Wong，The Chinese Yuan：Influence of Interest Groups Examed [J]. BOFIT Policy Brief. 2017，Issue 6，p3-14. 12p.

[④] 丁剑平，赵晓菊."走出去"中的人民币国际化 [M]. 北京：中国金融出版社，2014.

第五年在全国两会的政府工作报告中写入"一带一路"。2017 年 10 月,党的十九大报告又把"一带一路"倡议作为中国新时期全面开放格局中的重大举措。随着"一带一路"建设不断推进,"一带一路"倡议的深入发展与人民币国际化在新时代的全面开放战略中出现了新的交集,中国已经由被动接受国际经济秩序和货币体系,转变到积极主动推进本国主权货币的海外使用和资本输出的新历史时期。

在中国经济运行步入"新常态"发展时期,增速大大放缓,世界经济仍处在新冠疫情危机影响而复苏迟缓的大背景下,推行"一带一路"建设,提升人民币国际化水平,是顺应国际经济发展大势的极佳方案。但随之而来的 2020 年初新冠疫情,阻断了全球供应链,使得中国和"一带一路"国家的经贸合作严重受阻。这就需要我们及时研究新方法、探求新策略,推进中国与"一带一路"国家贸易增长和人民币国际化的协同发展。另外,中国在与发达国家的经济贸易交往中,虽然获得了一定的经济利益,对外贸易增速长期处于高位,但其由发达国家主导的国际分工体系中却长期处于全球价值链的中低端位置。虽然中国逐渐崛起取得了"世界工厂"的地位,但是也付出了巨大的资源成本和环境代价。现阶段,中国经济转型升级的压力越来越大,探索和拓展对外经济交流与合作的新渠道、新领域有着极大现实意义。"一带一路"沿线发达经济经济体相对较少,多数为发展中国家,与中国在经济政治上的共同语言较多,容易构建起互利互惠的机制。"一带一路"倡议的实施不仅可以成功转移中国国内相对劣势的产业,促进国内经济结构转型升级;同时也能有效地改善区域内发展中国家经济社会贫困落后的局面。此外,这也为调整国内经济结构以及减少对美元的依赖提供了全新的思路。

人民币国际化旨在使人民币在世界经济中发挥世界货币计价、结算、外汇储备等职能,不是替代美元,而是着力于改革现有的国际货币体系,推进建设能体现更多国家经济关切的、多元化货币构成的新国际货币体系;这就必须改变原有以美国为核心的发达工业国主导的全球治理体系,打造有发展中国家共同管理的、崭新的、互利共赢的全球治理体系[①]。这是对原有国际经济秩序的改进,也是对现存多项问题的良好应对办法,同时也是推动"人类命运共同体"发展的有力举措。目前国内外学术界都认为,"一带一路"建设与人民币国际化发展具有高度的内在一致性,两者可以相辅相成[②]。人民币国际化可借助"亚投行""金砖银行"丝路基金"等平台为"一带一路"建设提供金融资源保障,反之,"一带一路"建设可以通过设施建设、贸易投资、金融交易等方式为人民币国际化发展拓展新渠道。"一带一路"建设与人民币国际化发展的相互促进作用在现实中已显示出强有力态势。2017 年,习近平主席庄严宣告中国向丝路基金增资 1 000 亿元人民币,广泛的人民币海外基金业务规模预计可达 3 000 亿元人民币[③]。据环球银行金融电信协会(SWIFT)统计,截至 2020 年 6 月,人民币已超过日元,成为全球第三

---

① 赵敏,高露."一带一路"背景下人民币国际化的矛盾与化解[J].经济学家,2017(11):64-70.
② 贾根良."一带一路"和"亚投行"的"阿喀琉斯之踵"及其破解[J].当代经济研究,2016(2):40-48.
③ 习近平在第一届"一带一路"国际合作高峰论坛开幕式上的演讲,2017 年 5 月 14 日,北京。

大贸易融资货币、第五大支付货币和第五大外汇交易货币[①]。截至 2020 年 12 月 31 日，中国已先后与 138 个"一带一路"沿线国家和 30 个国际组织签署了"一带一路"合作协议[②]。2015 年 11 月，国际货币基金组织（IMF）宣布将人民币纳入 SDR 特别提款权体系，1 年后人民币在 SDR 特别提款权中的比例达到了 10.92%，超越了日元和英镑，成为了 SDR 篮子货币体系中仅次于美元和欧元的世界第三大货币，这一重大标志性成果说明人民币国际化进入了新的发展阶段。近年来，作为国际储备货币的人民币，其地位也在不断上升，一些"一带一路"沿线国家已经将人民币纳入其央行外汇储备中。据《2020 年人民币国际化报告》统计，目前全世界已有 70 多个国家央行或货币当局将人民币纳入了外汇储备。报告指出，截至 2019 年第四季度末，人民币储备的总规模达 2 176.7 亿美元（按美元汇率计价），占全球标明币种构成外汇储备总额的 1.95%，排名超过加拿大元的 1.88%，居第 5 位，这是自 2016 年 IMF 开始公布人民币储备资产以来的历史最高水平。此外，截至 2020 年第三季度，中国人民银行已先后与 89 个国家和地区签署了货币互换协议，互换货币达 4.38 万亿元[③]。其中，包括了俄罗斯、马来西亚、印度尼西亚、泰国、巴西、阿根廷、土耳其、埃及等新兴经济体，也包括英国、欧洲央行、加拿大、澳大利亚、瑞士、新西兰等发达经济体和国际组织，其中"一带一路"沿线国家或地区有 57 个，占比高达货币互换签约国的 64%以上。

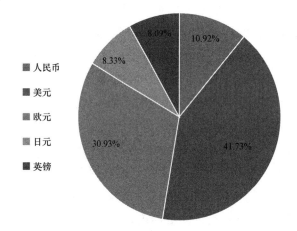

图 1-1　国际货币基金组织 IMF 特别提款权 SDR 五种货币比例

（数据来源：国际货币基金组织 2016 年度报告）

尽管人民币在双边互换、储备选择、结算规模、金融体系构建等方面已取得了一定的进步，但必须承认人民币国际化水平仍不高，目前还处于在初级阶段，尤其在国际关系日趋复杂严峻，区域经济组织间竞争加剧，以及美国为了维护美元霸权对新兴货币进

---

① 《陆家嘴金融论坛专题报告》，清华大学金融研究院，朱民，2020 年 6 月 9 日。

② 根据国家发改委（推进"一带一路"建设工作领导小组办公室）共建"一带一路"2020 年重点工作推进会（福建泉州）公布的信息整理。

③ 根据中国人民币银行官网数据整理（详见表 3-1 和附件 2）。

行打压等形势下,人民币国际化的发展之路充满了不确定性。从主流国际货币的经验分析,一国货币成为世界货币需要满足多项条件,而这些条件会成为催化剂,在一国货币国际化水平的提升中成为其正向推动力,"一带一路"建设就是人民币国际化进程中的重要驱动力。

国内外学界在"一带一路"以及人民币国际化领域都开展了较为广泛的研究。对"一带一路"贸易发展推动人民币国际化这一方面,多数研究认为国际贸易、跨国投资、金融交易是三个主要平台和渠道。首先,中国与域内各国的贸易互补性很强,多项贸易研究成果表明,"一带一路"贸易的增长不仅可以推动中国经济发展,也会促进相关国家和地区的经济持续发展,同时也将降低各国(地区)对人民币的使用成本,大幅提升人民币的使用比例,进而使人民币逐步发挥区域主导作用[①]。其次,中国直接对外投资(OFDI)推动了人民币的输出和跨境循环,激发境外经济实体对人民币的需求,从而扩大人民币的使用范围和规模。

陈四清(2014)研究指出,人民币应当嵌入中亚各国和东盟区域的基础建设,人民币可以用"直接投资+对外援助"方式输出非洲,应该采取"直接投资+金融交易"模式进入欧美等三个渠道[②]。第三,通过积极建设境外金融交易中心来拓展人民币跨境流动的渠道[③],如可以借助香港等离岸人民币中心和离岸债券交易市场的不断发展,推进人民币国际化发展进程。此外,人民币国际化进程中存在诸多困境,李敬湘和周莫琳(2021)将其概括为金融市场分割、金融监管不完善、人民币流通障碍、国际环境复杂多变等方面,并基于"一带一路"背景提出加强金融市场监管、国际金融合作等策略。从目前能获得的研究文献情况来看,学界关于人民币国际化领域已有不少研究,积累了较丰富的文献,为本研究提供了较为翔实的文献资料,但以往的研究成果中,只有少数几种主流世界货币国际化的研究是较为系统和全面的,以新兴经济体货币为研究对象的成功非常少。以往的研究经常把 1999 年欧元区正式启动作为 T_0 时间原点,而此时世界主要货币的国际地位早已形成,因此这些学者的研究实际上是探讨主权货币已经国际化后的发展情况,或者是对已国际化货币整合成为单一货币的路径进行分析,而对一国货币尚未实现国际化或处于国际化的较早阶段等情况的研究显得稀缺。另外学者以往虽然对"一带一路"沿线各国与人民币国际化中的"区域化阶段"等问题开展了一定的研究,但大多数研究都采用了定性分析的方法,没有能够进行定量分析。对于"一带一路"贸易发展与人民币国际化互动机制的运行,还有对于人民币国际化水平的制约因素等诸多问题都没有明确的研究成果,需要本文对上述问题进行深入研究。

---

① 黄卫平、黄剑. "一带一路"战略下人民币如何"走出去"[J]. 人民论坛,2016,(2):40-48.

② 陈四清. 开启人民币国际化新格局[J]. 中国金融,2014(24):16-18.

③ 王景武. 结合 21 世纪海上丝绸之路建设推进人民币国际化[J]. 南方金融,2014(11):5-6.

1.1.2 研究的意义

"一带一路"作为 21 世纪以来最重要的跨国合作倡议之一，促进了国内经济结构的调整，开创了中国全面对外开放的新格局，对维护世界和平、促进世界经济发展，探索区域合作新模式和全球化发展新格局，具有极其重要的意义。人民币国际化是中国经济不断崛起的必然要求，也是实现"中国梦"的重要一环。人民币国际化不仅关系到中国贸易与金融的高质量发展，也事关国家综合竞争能力和世界话语权的继续提升。"一带一路"倡议的实施为人民币在境外的流通和使用提供了系统性大平台，为人民币国际化提供了历史性机遇。借助"一带一路"倡议推动人民币国际化水平提升，进一步构建世界经济金融新秩序和发展新模式，是实现中华民族伟大复兴的关键性经济金融措施。因此，研究"一带一路"与人民币国际化，对于中国乃至世界经济发展新格局和贸易金融新秩序具有重要的理论价值。

（1）理论价值

本文从历史演进的角度梳理了研究文献，阐释了货币国际化的历史规律，分析了货币国际化的影响因素，并用理论文献和实证分析等方法研究"一带一路"贸易发展对人民币国际化影响以及人民币不断国际化反作用于"一带一路"贸易发展这一互动机制。理清一个研究及其两个方面的逻辑关系，有利于构建人民币国际化的实现路径，探索后发国家主权货币国际化的进程模式。

（2）现实意义

2008 年全球金融危机爆发，此后世界主要发达经济体进入了较长时间的衰退，主要国际货币都呈现出很大的不稳定性。近年的人民币国际化进程说明其实现道路不可能一路平坦，人民币国际化发展中也暴露出一系列问题。因此，人民币应当从区域化起步，寻求深度国际化发展。"一带一路"是全面开放战略中的一项重要举措，人民币国际化也是中国经济崛起和参与全球治理体系改革的必然要求。为此中国要更加积极主动地推进深化改革开放的战略，构建新时代高水平开放经济体系。中国共产党第十九次全国代表大会报告指出，要积极推进"一带一路"合作，将此作为新的开放格局中的关键一招。"一带一路"将使中国加快放开资本账户，由被动接受国际经济秩序和货币体系，转变到积极主动推进本国主权货币的海外使用和资本输出。

深入分析"一带一路"贸易发展对人民币国际化的影响，科学衡量人民币国际化水平及其区域合作成本与风险，在现实中都具有重要意义。合理评估和全面分析人民币国际化的机遇因素和挑战风险，研讨人民币国际化发展的实现路径，对于研究"一带一路"贸易发展与人民币国际化互动机制的作用具有重要的现实意义。

1.1.3 研究的目的

"一带一路"倡议本身有着极其重要的研究价值和实践意义，"一带一路"是中国新时代对外开放的重要举措，也是在世界范围内具有影响力的全新区域化合作模式，为实现沿线各国经济社会的共同发展提供了新思路新方案，为助推人民币国际化提供了全新的多元化的战略型平台，为推动中国与沿线国家经济贸易发展也发挥着重要的作用。目前，人民币国际化在双边货币互换、跨境支付、国际投资、国际储备等领域取得了重要突破，相关研究成果也逐渐丰富。但涉及"一带一路"贸易发展推动人民币国际化且又由后者反向促进前者的研究较少，显著的科研成果稀缺，目前大多数学者的研究基本属于理论分析层面上，且基本以定性研究为主，较少用计量方法并建立模型来分析贸易发展和人民币国际化之间关系，相关实证研究成果很少。本文采用了计量研究方法，选取了指标并收集整理了数据，多方面、多渠道收集相关的资料数据，采用了多个指标和模型进行了定量分析。针对主题，主要采用理论分析法和实证研究法相结合，汇总现有理论研究成果，分析"一带一路"贸易发展和人民币国际化。作者结合相关贸易、金融理论，分析了中国与"一带一路"相关国家（地区）贸易发展与人民币国际化的互动机制。本文选取了相关指标数据，使用标准差椭圆分析了"一带一路"贸易中心移动，构建人民币国际化指数 RII 模型、VECM 模型、固态效应模型、OCA 指数模型和 GMM 模型等多模型进行定量分析，从理论和实证两个角度对"一带一路"贸易发展和人民币国际化的互动机制进行了研究，明确了两者互相促进的结论，提出推进两者协同发展的政策建议。

1.1.4　研究的关键点

由于"一带一路"倡议的逐步落实，中国和沿线国家地区经济贸易实现了充分发展，人民币正在越来越好地履行货币的四个基本职能，在这个方面与某些主流的国际货币相比差距正在逐步缩小，这有力地证明了近几年来人民币的国际化水平有了显著提升。本文在基于"一带一路"战略的大背景，参考国内外贸易与货币国际化关系研究的思路和方法，通过以下五点来进行研究。

（1）应用贸易发展促进一国货币国际化有关的理论，分析中国与"一带一路"沿线国家的贸易发展与人民币国际化的关系，研究区域内各国与中国的贸易发展现状，分析人民币区域化及国际化发展情况，并进一步研究"一带一路"贸易发展与人民币国际化的互动影响机制。

（2）通过对贸易和人民币数据的实证分析，对全球贸易及人民币结算和"一带一路"贸易及域内人民币结算两组样本数据的回归，研讨了中国对"一带一路"沿线国家贸易规模与人民币国际化的互动关系。论证中国与"一带一路"国家贸易增加，能否促进人民币在"一带一路"域内流通和使用，是否加快了人民币国际化。

（3）使用标准差椭圆分析，通过中心、长短轴、方位角等参数定量描述"一带一路"沿线国家贸易额在空间上的中心性、延展性、方向性等分布特征，证明"一带一路"沿线贸易空间分布格局和中心移动与人民币区域化存在一定正相关。

（4）分析人民币国际化 RII 指数和 OCA 货币指数，探讨人民币在"一带一路"不同区域的影响程度，对比其他主要货币的地区影响力，分析进一步国际化可能性。

（5）构建 VECM 模型、固态效应模型和 GMM 人民币国际化模型进行定量分析和相关性比较分析。通过实证分析，科学地论证了经济贸易发展提升了人民币国际化水平，并通过计量方法建立模型，选取可信度高的数据指标进行研究，得出了结论与建议。

1.2 主要观点和结构安排

1.2.1 主要观点

（1）"一带一路"贸易发展规模与人民币国际化成正相关关系，贸易发展为人民币发展成为国际货币提供了贸易规模方面的巨大助力，同时通过"一带一路"倡议，逐步提升人民币的使用规模与比重。通过中国银行离岸人民币指数（ORI）以及跨境人民币指数（CRI）可以分析出人民币国际化水平正在逐年稳步提升。另外，研究也表明"一带一路"贸易的国家分布差异也影响人民币国际化水平差异，其贸易发展促使人民币国际流动模式进行新旧转换，两者存在相互影响、相互促进的关系。

（2）通过研究人民币国际化的相关理论，在分析贸易数据的基础上，对中国与全球贸易及人民币结算和"一带一路"贸易及域内国家人民币结算两组样本数据的回归，研讨了中国与"一带一路"沿线国家贸易发展与人民币国际化的互动机制。实证分析证明，中国在全球的对外贸易规模扩大，对于推动人民币国际化的效果并不显著，说明当前中国在全球贸易中的增长过多依赖于美元等主要国际货币。但是中国与"一带一路"国家贸易增加，显著促进了人民币在各国外汇交易中的使用占比，加快了人民币国际化进程。研究也表明，当前人民币国际化面临一定的阻碍和挑战，贸易保护主义崛起，新冠疫情给全球贸易格局带来不利影响，给中国对外经贸合作造成阻碍，因此更需要"一带一路"倡议发挥其积极作用，继续推动人民币国际化进程。

（3）通过借鉴 RGI 渣打人民币指数模型，构建 VECM 模型。设定人民币国际化的主要三个经济指数，设计修改 HK 人民币指标为基于"一带一路"沿线国家的人民币指标，主要是通过对人民币四项业务指数的测度，较为真实地体现出人民币国际化水平。实证结果说明，贸易发展是推动人民币国际化的重要因素之一。"一带一路"倡议提升了中国与沿线国家的贸易活跃性，中国与沿线国家的贸易发展也促进了人民币国际化水平的提高。

（4）通过建立 OCA 指数模型（指数越小，合作可能性越高），按照东亚、东南亚、中亚、中远东、独联体国家和东欧等 5 个不同的区域，对各区域 OCA 指数进行分析，测算人民币在"一带一路"不同区域进行货币合作的成本。研究发现，第一，人民币在东南亚地区的 OCA 指数最低，表明在东南亚地区成为区域主导货币的可能性最大且成本最低；在中亚、东欧等地区指数比较高，这表示人民币在这几个地区的接受度低。通过对 2011—2019 年人民币 OCA 指数变动的分析，表明哈萨克斯坦和土耳其的 OCA 指数均有微幅上升，但在其他各国都呈现下降趋势，说明人民币货币合作成本正在降低；人民币在东亚、东南亚地区才具有较大影响力。第二，在这些区域，将人民币与其他主要国际货币比较，在"一带一路"沿线的大多数国家，OCA 指数甚至低于美元、欧元和日元，说明人民币在沿线各国已经形成了一定的交易支付规模，货币合作成本越来越低，接受程度日益增高，已具备货币区域化的条件。

（5）通过建立固态效应模型和 GMM 模型，固态效应模型对"一带一路"贸易发展对人民币国际化的影响进行了回归。分析人民币货币国际化指数为基础，研究"一带一路"贸易发展对人民币国际化的影响。结果发现：影响人民币国际化的最主要因素就是国际贸易的发展。贸易出口、对外投资、币值稳定性等有利于人民币的国际化，即需对内维持经济平稳、结构日益优化，发展对外直接投资、拓展贸易渠道、开展国际金融交易等来确保人民币境内外双向稳定流通。"一带一路"倡议的深化发展，中国与沿线国家（地区）贸易发展以及在此条件下的人民币国际化等，事实上都以政府行为主导，今后很长一个时期也将如此。人民币的币值稳定将会有助于提高海外持币信心，增强各国的储备意愿。

（6）对策建议部分提出人民币国际化结合"一带一路"框架下的实现路径，经三大阶段，分步骤实现五大货币职能，最终实现真正意义上的国际货币的目标：第一阶段，即周边化阶段，完全实现主导计价货币及部分实现结算支付货币的职能，成为周边优势货币；第二阶段，即区域化阶段，完全实现"一带一路"区域范围内的结算支付，成为投资领域最主要的货币；第三阶段，即国际化阶段，发展成世界上的主流储备币种，在国际上大部分区域完全实现五大货币功能，成为真正的国际货币。另外，中国还应提高人民币市场化程度，积极接轨国际金融市场，不断拓宽人民币境外结算支付渠道，实现其在海外的良性循环，持续推动人民币的国际化。

1.2.2 本书结构安排

本书内容分为 6 个部分。

第 1 章为导论，主要包括：文章背景、研究意义、研究的目的、关键点、创新点和难点、主要观点、结构与章节内容、研究思路与方法、研究的不足等。

第 2 章为文献综述，首先对贸易发展与货币国际化等文献进行了归纳整理，而后梳理了一带一路、贸易、人民币国际化等相关理论，为后文的论证提供理论基础。

第 3 章为中国与"一带一路"国家的贸易发展与人民币国际化现状分析。

第 4 章主要从贸易发展影响货币地位的机理，货币国际化的实现条件、路径，以及货币国际化的基础、发展、新方向，"一带一路"贸易发展与人民币国际化的互动机制等方面，阐述了"一带一路"国家贸易发展与人民币国际化如何互相促进。

第5章为实证分析部分，本文采用了多个指数和模型展开分析，多维度分析了"一带一路"贸易发展与人民币国际化的关系。（1）通过研究分析贸易和人民币数据，对全球贸易及人民币结算和"一带一路"贸易及域内人民币结算两组样本数据的回归，研讨了中国与"一带一路"沿线国家的贸易规模与人民币国际化的互动机制。证明中国在全球的贸易规模扩大，对于推动人民币国际化的效果并不显著。但是中国与"一带一路"国家贸易增加，显著促进了人民币在各国外汇交易中的使用占比，加快了人民币国际化进程。（2）利用人民币国际化指标 RII 指数模型和 VECM 模型做实证分析，得出结果表明，贸易发展是影响人民币国际化的因素之一，"一带一路"倡议提升了中国与相关国家（地区）的贸易发展程度，逐步提升了人民币国际化水平。（3）使用标准差椭圆分析，通过中心、长短轴、方位角等参数定量描述"一带一路"沿线国家贸易额在空间上的中心性、延展性、方向性等分布特征，表明"一带一路"沿线贸易空间分布格局存在微弱"东南—西北" 方向偏移趋势。（4）采用固态效应模型对"一带一路"贸易发展对人民币国际化的影响进行了回归分析，得出了中国与沿线国家贸易发展会推动人民币区域化水平提升，人民币国际化也能反作用于两者的贸易发展，且作用为正向推动。（5）人民币在"一带一路"各大区域的货币合作成本测算，基于 OCA 模型定量分析，对各区域 OCA 指数进行分析，测算人民币在"一带一路"不同区域开展货币合作成本，从而评价人民币在不同地区实现区域主导货币的可能性。（6）建立 GMM 模型，分析人民币货币国际化指数为基础，研究"一带一路"贸易发展对人民币国际化产生的影响。

第6章为对策建议部分，提出了"一带一路"框架下的人民币国际化的路线图，经三大阶段分步骤实现五大货币职能，最终实现真正意义上的国际货币的目标：第一阶段，即周边化阶段，完全实现主导计价货币及部分实现结算支付货币的职能，成为周边优势货币；第二阶段，即区域化阶段，完全实现"一带一路"区域范围内的结算支付，成为投资领域最主要的货币；第三阶段，即国际化阶段，发展成世界上的主流储备币种，在国际上大部分区域完全实现五大货币功能，成为真正的国际货币。另外，中国还应提高人民币市场化程度，积极接轨国际金融市场，不断拓宽人民币境外结算支付渠道，实现其在海外的良性循环，持续推动人民币的国际化。

1.3　思路与方法

1.3.1　主要研究思路

本文在分析货币国际化研究成果和贸易发展历程的基础上，根据货币国际化需要的诸多基本条件和相关历史经验，对人民币国际化进程和所处水平进行研究，具体从贸易商品计价、人民币跨境结算支付、对外直接投资、资本账户开放程度和人民币国际储备情况等几方面分析人民币国际化已达到的水平与可能的不足。

实证部分，本文首先选取了国际上较认可的 4 个经济变量，开展对人民币国际化水平的相关计算与论证，根据 RII 模型、VECM 模型、RGI 渣打人民币指数模型，构建实证模型定性分析人民币国际化的影响因素。

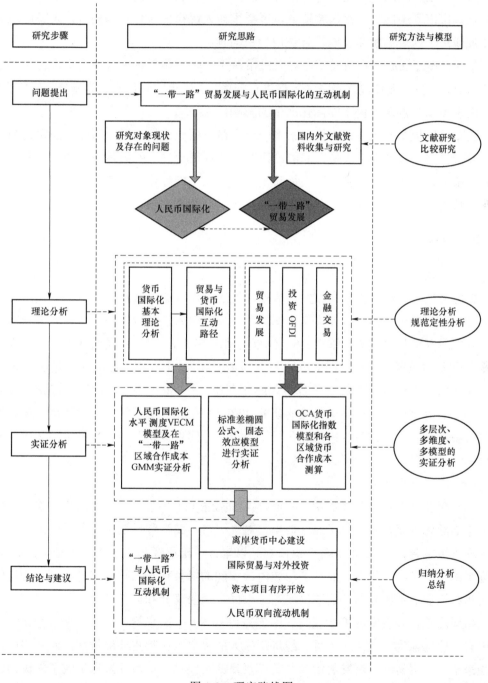

图 1-2 研究路线图

其次，本文还使用标准差椭圆公式进一步研究中国在"一带一路"沿线国家进行对外贸易的特点，通过中心、长短轴、方位角等参数定量描述"一带一路"沿线国家贸易额在空间上的中心性、延展性、方向性等分布特征。

再次，本文利用全球贸易及人民币结算和"一带一路"贸易及域内人民币结算两组样本数据，采用固态效应模型对"一带一路"贸易发展对人民币国际化的影响进行了回归分析，得出了中国与沿线国家贸易发展会推动人民币区域化水平提升，人民币国际化也能反作用于两者的贸易发展，且作用为正向推动。

最后，基于 OCA 指数模型，对人民币在"一带一路"各大区域的货币合作成本进行定量分析。另外文章建立 GMM 模型进行分析，人民币国际化指数为基础，研究了"一带一路"贸易发展对人民币国际化产生的影响。

文章结尾提供对策建议，提出了"一带一路"框架下的人民币国际化的路线图，经三大阶段，分步骤实现五大货币职能，最终实现真正意义上的国际货币的目标和实现路径，本部分还提供了"一带一路"贸易发展与人民币国际化互动发展的对策，提出了进一步加快"一带一路"建设，从而推动人民币国际化的建议。

1.3.2 研究方法

（1）文献研究法

做好文献、资料和数据的收集、梳理和综述工作，通过文献综述方法，找出货币国际化理论研究的突破点，保证本文研究的新颖性、深入性及全面性。并且通过查阅相关的文献汇总理论研究成果，依靠 UNCTAD、IMF、WTO、中国人民银行和商务部等数据库获得全面的数据，分析中国对外贸易发展情况、"一带一路"战略实施情况和人民币国际化现状。通过收集查阅有关货币国际化理论、"一带一路"区域发展理论、贸易增长理论以及贸易发展与货币国际化的研究文献，利用已有的理论文献和研究结果，结合有关贸易金融实务类信息，梳理和分析了"一带一路"贸易发展和人民币国际化互动发展机制。

（2）定性分析研究法

本文在在采用模型开展定量分析前，详细描述了"一带一路"倡议的实施情况以及人民币国际化现状，并收集了充分数据，对"一带一路"贸易发展与人民币国际化均进行了现状定性分析。"一带一路"倡议实施以来，中国已经与 138 个国家和地区、30 个国际组织签订了合作协议，加强了与域内国家间的经贸往来与投资交易活动。跨境贸易人民币结算业务不断发展，这不仅促进了人民币交易媒介和储备货币的职能发挥，还使人民币国际地位和接受度不断提高。中国先后与 89 个国家签订了双边货币互换协议，其中有不少国家都是经济实力强、经济规模大的世界或区域重要经济体，而且与中国贸易往来密切，贸易的不断发展增加了货币互换的可能性。货币互换也扩大了人民币的流通范围并增加了储备额度，也使人民币得到互换国家或地区的更强认同，为人民币进一步国际化奠定了基础。

（3）实证分析研究法

本文第 5 章，首先利用人民币国际化 RII 指数模型初步测定人民币国际化程度，借鉴 RGI 渣打人民币指数，设定人民币国际化的主要三个经济指数，通过将人民币关键四项业务指数变化纳入测算体系，设计修改 HK 人民币指标为基于"一带一路"沿线国家的人民币指标，衡量人民币国际化的程度，较为真实地体现出人民币国际化水平。修订改造 VAR 向量自回归模型，形成 VECM 模型，分析"一带一路"外贸发展对人民币国际化水平的促进作用。实证分析得出，贸易发展是对人民币国际化有正向推动作用的最重要因素之一。"一带一路"战略确实提升了中国与沿线国家的贸易活跃性，进一步促进了人民币国际化水平的提升。

人民币国际化指数指标体系：

$$RII_t = \left(\sum_{j=1}^{5} X_{jt} W_j\right) \bigg/ \left(\sum_{j=1}^{5} W_j\right) \times 100$$

VAR 向量自回归模型：

$$y_t = A_1 y_{t-1} + A_2 y_{t-2} + \cdots + A_p y_{t-p} + u_t \quad t = 1, 2, \cdots, T$$

经过协整变换后可得 VECM 模型：

$$\Delta y_t = \alpha\beta' y_{t-1} + \sum \Gamma_i \Delta y_{t-i} + u_t = \alpha ecm_{t-1} + \sum \Gamma_i \Delta y_{t-i} + u_t$$

实证部分还使用标准差椭圆公式：

加权平均中心：

$$\overline{X} = \left(\sum_{i=1}^{n} w_i x_i\right) \bigg/ \sum_{i=1}^{n} w_i; \quad \overline{Y} = \left(\sum_{i=1}^{n} w_i y_i\right) \bigg/ \sum_{i=1}^{n} w_i$$

x、y 轴标准差：

$$\sigma_x = \sqrt{\frac{2\sum_{i=1}^{n}(w_i \overline{x}_i \cos\theta - w_i \overline{y}_i \sin\theta)^2}{\sum_{i=1}^{n} w_i^2}}; \quad \sigma_y = \sqrt{\frac{2\sum_{i=1}^{n}(w_i \overline{x}_i \sin\theta - w_i \overline{y}_i \cos\theta)^2}{\sum_{i=1}^{n} w_i^2}}$$

通过标准差椭圆公式分析，中心、长短轴、方位角等参数定量描述"一带一路"沿线国家贸易额在空间上的中心性、延展性、方向性等分布特征，表明带路沿线贸易空间分布格局存在微弱"东南—西北"方向偏移趋势。

本文还使用固态效应模型：

$$FES_{it} = \alpha_{it} + \beta_1 * EXP_{it} + \beta_2 * GDP_{it} + \beta_3 * PGDP_{it} + \beta_4 * ER_{it} + \beta_5 * PCS_{it} + \mu_{it}$$

$$FES_{it} = \alpha_{it} + \beta_1 * IMP_{it} + \beta_2 * GDP_{it} + \beta_3 * PGDP_{it} + \beta_4 * ER_{it} + \beta_5 * PCS_{it} + \mu_{it}$$

对中国与"一带一路"贸易发展对人民币国际化的影响进行了实证分析。

然后，采用 OCA 模型来测算人民币在"一带一路"不同区域中的货币合作成本与作为主导货币的可能性。

OCA 指数模型：$SD(ei, j) = \alpha + \sum_{k=1}^{n} \beta k X k + \varepsilon i, t$

还使用了建立 GMM 模型的方法，从对外贸易活动、对外直接投资、币值稳定性、金融市场建设等四方面，研究了"一带一路"经济贸易因素如何促进人民币国际化，系统 GMM 模型：

$$Index = \frac{\sum_{i=1}^{k} \lambda_i PC_i}{\sum_{i=1}^{k} \lambda_i} = \frac{\sum_{i=1}^{k} \sum_{j=1}^{k} \lambda_i \alpha_j^i x_j}{\sum_{i=1}^{k} \lambda_i} = \sum_{j=1}^{k} w_j x_j$$

其中，X_j（$j = 1, 2, \cdots, k$）为矩阵 X 的第 j 列，第 j 个指标的最终权重为：

$$w_j = \frac{\sum_{i=1}^{k} \lambda_i \alpha_j^i}{\sum_{i=1}^{k} \lambda_i}$$

（4）理论分析与实证分析相结合。

文章的第 4 章和第 5 章分别是理论分析和实证分析，第 4 章先是针对"一带一路"贸易发展以及人民币国际化互动机制进行了理论分析，作为后面的实证分析提供理论基础，然后第 5 章根据中国与"一带一路"贸易发展现状的分析以及对人民币国际化促进作用及后者对前者的反向推进作用进行了实证分析，本文针对两个研究对象都提供了详实的资料数据，利用了多角度多模型方式进行了研究。本文就"一带一路"贸易发展与对人民币国际化的促进作用，通过论事"一带一路"贸易发展与人民币国际化二者的互动关系，总结出通过"一带一路"贸易、合作、投资、货币互换和离岸人民币市场建设等多种方式，加快人民币国际化的进程。在第 6 章对策建议部分，提出了"一带一路"框架下的人民币国际化的路线图，经三大阶段，分步骤实现五大货币职能，最终实现真正意义上的国际货币的目标和实现路径，本文还提供了"一带一路"贸易发展与人民币国际化互动发展的对策，提出了进一步加快"一带一路"建设从而推动人民币国际化的建议。

1.4 研究的创新之处与不足

1.4.1 研究可能的创新点

（1）文章明确了"一带一路"贸易发展与人民币国际化互动发展机制的新定义，即"一带一路"经贸投资方面各要素与人民币五大货币职能的相互作用、互相促进的模式致使两者互动协同发展的过程。

（2）文章采用实证分析方法，列举了大量贸易、金融数据，改变了过往的相关研究中数据信息少、实证分析少的情况。

（3）文章采用多指标体系、多模型验证的方法进行了研究。如使用了标准差椭圆方法进行分析，构建人民币国际化指数 RII 模型，采用 VECM 模型、固态效应模型、OCA 指数模型和 GMM 模型。

1.4.2　研究工具和模型应用方面的创新

相比以往的一些研究，本书研究工具和模型应用方面的创新有以下 6 个方面。

提供了基于"一带一路"贸易发展和人民币国际化互动机制的研究新角度和新思路。

本课题从"一带一路"倡议的大背景出发，与过去分别研究"一带一路"建设对相关国家的贸易发展的促进以及人民币国际化发展的影响因素等的做法不同，将中国与"一带一路"国家（地区）的贸易发展与人民币国际化的互动机制作为研究对象，同时探讨了贸易发展对人民币国际化的影响，以及后者对前者的反向促进作用，可以说有了比较新颖的研究角度。

人民币国际化指标体系选取应用到 VECM 模型定量分析。

（1）人民币国际化指数指标体系

因为人民币国际化进程开启比较晚，各项指标数据的时间序列不长，对比贸易数据要少了很多，另外影响人民币国际化的诸多因素实际上较难统计，也更难量化，选取适当的相关变量存在难度。本文借鉴清华大学金融研究院在《2018 人民币国际化报告》中提出的指标体系，选用如下人民币国际化指数指标来建立模型。

表 1-1　人民币国际化指数指标体系

一级指标	二级指标	三级指标
国际计价支付功能	贸易	世界贸易总额中人民币支付比率
	金融	人民币信贷占全球信贷总额中的比例
		人民币债券和票据占全球的比重
		人民币债券和票据余额占全球的比率
		人民币直接投资占全球直接投资中的比率
储备货币功能	公开的官方储备	全球央行与货币当局储备中的人民币占比

（资料来源：中国人民银行 2018 年人民币国际化报告）

主要的 RII 指标数据来源是中国人民银行、IMF、国际清算银行、世界银行以及联合国开发贸易署。RII 指标体系中，每个单项指标其实是一个比例值，并且其变动值得幅度无差异，因此不需要平均处理，即可直接设置和计算 RII。

$$\mathrm{RII}_t = \left(\sum_{j=1}^{5} X_{jt} W_j \right) \bigg/ \left(\sum_{j=1}^{5} W_j \right) \times 100$$

其中，RII_t 表示人民币国际化指数在第 t 期的数值，W_{jt} 表示在第 t 期的第 j 个变量数值，W_j 为第 j 个变量的权数。

（2）构建 VECM 模型将"一带一路"贸易发展对人民币国际化的影响进行实证分析研究。

本文在进行实证分析时，借鉴 VAR 模型（向量自回归模型）的指标参数，将其改造为 VECM 模型（向量误差修正模型）。由于本文采用的数据，其时间序列为非平稳的，同时也可能存在协整关系，所以通过构建 VECM 模型来研究相关贸易发展对人民币国际化的短期和长期影响。设定人民币国际化的主要三个经济指数，设计修改 HK 人民币指标为基于"一带一路"沿线国家的人民币指标，设定人民币国际化的主要三个经济指数，设计修改 HK 人民币指标为基于"一带一路"沿线国家的人民币指标，主要是通过对人民币四项业务指数的测度，较为真实地体现出人民币国际化水平。VECM 模型的验证结果也显示了人民币在"一带一路"沿线区域的辐射力度和影响程度。

（3）本文利用固态效应模型对"一带一路"贸易发展对人民币国际化的影响进行了回归分析，得出了中国与沿线国家贸易发展会推动人民币区域化水平提升，人民币国际化也能反作用于两者的贸易发展，且作用为正向推动。

（4）利用标准差椭圆公式 $\overline{X} = \left(\sum_{i=1}^{n} w_i x_i \right) \bigg/ \sum_{i=1}^{n} w_i$; $\overline{Y} = \left(\sum_{i=1}^{n} w_i y_i \right) \bigg/ \sum_{i=1}^{n} w_i$ 进行实证分析。

通过中心、长短轴、方位角等参数定量描述"一带一路"沿线国家贸易额在空间上的中心性、延展性、方向性等分布特征，表明"一带一路"沿线贸易空间分布格局存在微弱"东南—西北"方向偏移趋势，证明"一带一路"战略推行的成效在 2016—2019 年逐步显现，"一带一路"贸易增长空间范围明显扩大。

（5）借鉴了 OCA 货币合作指数模型计算了人民币在"一带一路"国家和地区分不同区域的币合作成本。通过 OCA 模型测算和图形化直观显示人民币在"一带一路"分区域的货币合作成本大小，对比分析了人民币在"一带一路"沿线实现区域主导货币的可能性，发现在人民币域内国家和地区的接受度与使用率在逐步提高，其货币合作成本在东南亚地区是显著的低，成为主导货币可能性最高。

（6）构建了系统 GMM 模型估算了"一带一路"沿线多个国家样本数据，实证分析了人民币国际化的影响因素。结果发现：人民币国际化水平在"一带一路"区域呈现不断上升的趋势，经济规模、对外贸易、对外投资、金融市场深度、币值稳定性、科技实力的增长都推动了人民币国际化，而影响作用力依次递减。

1.4.3　研究的不足

（1）鉴于"一带一路"贸易发展与人民币国际化相关领域的多样化程度，以及现有研究水平、研究时间和数据收集不完全性的限制，本文的分析结果可能缺乏完整性或出现部分偏误，有待日后进一步调研并完善。此外，由于"一带一路"战略发展力度加大以及人民币国际化进程正迈入加速通道的现状，部分政策建议或缺少资料支持，也有待实践检验，因此本文所提出的促进"一带一路"贸易发展与人民币国际化互动发展的具体对策建议还可以持续优化，在数据支持与实证分析的结果下有针对性地提出。

（2）由于"人民币国际化"尚属较新的国家战略，兼具高度综合性与复杂性，且其国际化进程同样较短，相关样本数据的不翔实及连贯性的缺失，都将导致对人民币开展时间序列数据基础上的分析变得更困难。另外，人民币国际化进程势必影响到全球治理体系改革与世界经济金融新格局的构建，中国各项经济政策和产业结构的调整，"一带一路"区域经济社会变化与国际政治环境等定性因素，该类变量难以进行量化分析。希望今后持续深入研究，能逐步将这些要素纳入规范研究的模型框架内，加强实证结果与政策建议的可行性。

1.4.4 应继续深入研究的问题

人民币国际化作为循序渐进的长期变化过程，因为国内金融体系尚不够成熟，加之外部环境与经济贸易发展的不确定性，人民币国际化进程在过去较长时间里发展相对缓慢。但伴随中国全面开放以及国际经济政治新秩序的变化和发展，其进程将会逐步加速，而其中"一带一路"战略的进一步落实和中国与沿线国家外贸增长、经贸合作的深入发展将是主要的影响因素。人民币作为"一带一路"沿线国家的主导货币，其综合地位的提升，也会改变"一带一路"周边地区同中国的贸易格局和结算方式。此外，主权货币国际化问题需要长期、深度的追踪研究，以便根据实际适时进行调整，而当下人民币的国际化进程仍停留在理论和初期探索阶段，基于关联理论所得出的预测性分析仍有待更充分的实践检验。因此，本文提出的部分建议均基于当前可获得的数据和资料，整体思想基调仅代表本文作者的见解，相关结论仍值得进一步商榷。

第二章

文献综述

2.1　贸易与货币国际化互动发展的文献综述

2.1.1　对外贸易影响货币地位的理论文献

在关于国际贸易差额和本币地位相互关系的诸多研究文献中，耶鲁大学 Triffin（1960，1978）提出，世界各国将美元作为最核心的交易手段和储备货币，因此在大部分国际贸易交易时都使用美元作为结算货币，各国央行也将美元作为主要储备货币。美元虽然是一国主权货币但在其境外被非常广泛储存，这也就要求美国必须保持长期的贸易逆差。另外，美元要始终作为世界的核心货币，保持其最大国际货币地位不被动摇，又必须有长期贸易顺差，才能维持美元汇率的强势地位，稳定坚挺的币值才能持续吸引世界各国一直将其作为交易手段和储备货币。但美元既需要贸易逆差维持货币输出和各国储备，又要贸易顺差维持币值稳定，本身是严重矛盾的，形成了特里芬悖论（Triffin Paradox/Dilemma）。

在一国货币国际化与国家实力之间的关系研究方面，Bergsten（1975）认为，要想实现一国主权货币的国际化，应当从经济与政治两个方面开展分析。国家在拥有强大经济基础的条件下，在政治上要使用强权，开展与别国的积极国际合作，并在经济合作的过程中强制他国持有本国货币。Magee（1973）研究指出，本币贬值存在显著的"J曲线效应"，他分析的是本国货币贬值对国家贸易与经济的影响。他认为本国货币贬值，会产生一个递延式的反应，但并非传统认知中，本币贬值有利于出口，但是一国的国际收支平衡表中经常项目的收支状况，在短期内通常会比之前状况更恶化，出现进口增加、出口减少的情况，然而本国出口贸易收入的增加还需要更长时间。Chiuetal（2014）发表观点认为，逐步放开资本账户、持续深化汇率改革、建立具有流动性的金融市场这三个要素是实现人民币国际化的关键。

Rey（2001）发现一国的商品出口量正向决定了该国货币在国际上的需求量，他通过建立模型验证此观点，通过模型分析，Rey 发现外贸市场越发达，其出口的商品越多、直接导致国际市场上对该国货币的需求量就越大，则该国货币的流动性越强，而与此对应的货币的交易成本就越低。Badinger 等（2014）通过收集 1996 年到 2011 年 15 年间欧洲 15 个主要国家的贸易数据，对其建立计量模型后计算对比发现，创建欧元对欧元区各国的贸易出口增长产生较高的带动效应，达到 28%。Badinger 通过此项研究认为，欧元这种共同统一的货币的出现，促进贸易出口的增长，该增长的体现方式主要是集约边际。

李稻葵，刘霖林（2008）的研究，通过比较分析世界上多种类型经济体的国际储备以及在外贸结算支付中各类货币的占比，分析了货币在其国际化发展中受到各类因素影响效应的大小，结果表明货币发行国的 GDP 总量、通胀率、汇率波动幅度、真实利率等因素都对该货币的国际化产生显著影响。李海峰（2011）对英镑、美元和日元的国际化程度以及差异性进行了实证分析，研究指出美元、日元的国际化进程中，两国的经济增长和贸易规模扩大，包括出口产品竞争力的提升都发挥了有利影响；从英镑的国际化发展历程看。其世界范围的殖民历史沿袭效应，对本币在海外的流通使用发挥着核心作用。

邓黎桥（2014）选择了美元、英镑和日元等最有代表性的国际货币，将三个货币的相关数据进行收集分类，通过对比研究进行了深入分析。他将这三种货币的数据按时间序列用建立数学模型进行计算等一系列定量分析方法，进行了深入的比对研究，找出了这三种货币各自的发展规律以及共性，并围绕三种货币的个性与共性深入展开讨论。研究对人民币国际化的进程进行了预判，认为：中国的资本项目开放的时间、进度及政策水平对人民币国际化会起到很大影响。

丁一兵，钟阳（2012）利用在国际清算银行数据，分析世界金融市场中各类货币交易量所占比例，来测算一国的货币结算与支付职能的变化，研究结论认为，货币发行国的国民经济总量和国内经济总量会直接影响到市场参与者是否会使用该国货币。经济总量越大，说明该国的国际地位越强，使用该国货币作为结算货币的概率越高；而经济总量越低的国家，在货币的主导话语权方面越弱，两者呈明显正相关。李稻葵（2008）则对在投资方面的货币结算使用情况进行分析。他着重分析了国际债券，因其交易量非常大，而且此数据相对容易获取。关于货币储备职能的论证，因为 IMF 建立的 GoFER Database 获取数据方便，解释能力很强，因此他选择国际货币储备份额作为估测指标之一。李瑶（2003）分析了人民国际化的各种因素，并试图建立一套行之有效的指数考查体系。他从货币的流通与货币的储备两个维度综合进行考虑，还设计了定量计算人民币国际化程度的指标体系，他的研究认为，当前对中国人民币国际化评价的各类指数中，人民币 RII 指数是最具权威性的。

2.1.2　国际贸易中计价货币选择与最优货币区理论

Tavals（1991）提出，出口商品差异化对贸易中的结算支付货币选择有着重要影响，假如该国家的出口商品在不同的方面与其他商品差异较大，那么此国家货币成为贸易交易中计价结算货币的可能性也会加大。Tavals（1997）对传统的最优货币区理论进行了分析，特别研究了经济贸易一体化、通胀水平和金融市场成熟度，他将影响货币国际化的诸多因素与最优货币区的理论分析都联系在一起，很好解释了一国货币何以作为国际贸易中用以交换和储藏的国际货币单位。

P. Bacchetta 和 E. van Wincoop（2002）共同研究了一套全新的理论，他们从一般均衡观点的角度入手，最终也证明了计价货币的选择和例如产品属性、运营规模大小等许多因素有着密切的关系。

从价值的尺度观察，货币国际化会使得交易更稳定。因此，Papaioannou & Portes（2008）指出，使用本币来计价会给进口商和出口商带来汇率上的稳定收益，厂商计价货币选择行为的原因和结果都是货币国际化造成的。结算习惯、羊群效应、网络外部性、交易路径依赖等既可以解释企业计价货币的选择行为，也能够看作国际货币本身惯性吸引力的收益。

表 2-1　计价货币选择策略

	高/大	低/小
本国经济规模	出口方货币计价	进口方货币计价
出口市场份额	出口方货币计价	进口方货币计价
产品差异化程度	出口方货币计价	进口方货币计价
汇率波动	进口方货币计价	出口方货币计价
通化膨胀率	进口方货币计价	出口方货币计价

（资料来源：人民币国际化报告 2018）

2.1.3　对外贸易与人民币国际化的联系与相互影响

刘崇（2007）对国际贸易的研究，结合了实际案例及相关理论问题，他采取反证法，验证了贸易发展可以推动货币实现国际化的思想。韩民春，袁秀林（2007）研究贸易相关的资料，以此为突破口，搜罗了贸易领域相关的信息和数据，同时在贸易发展的大前提下，估计评价人民币国际化水平的变化，通过针对人民币在海外经贸活动中流动情况进行调查，以中国经济增长对"一带一路"亚洲区域贸易总量增长和结构变化的影响为研究访学，得出人民币通过贸易实现"区域化"的可能性。

叶华光（2010）认为人民币国际化可以加强中国在海外投资领域的深度和广度，所以具有很广泛的正面影响。对外投资也可以加速货币国际化的进程，二者是相辅相成的。所以，从对外投资方面考虑，如果要加快人民币的国际化，中国应该在对外投资方面重新规划做出新的重要战略布局。

曹玉瑾（2014）认为如果经济的规模越大，那么该国货币国际化的进程也就越快，二者成正比关系，他使用了定量分析法，选取了多层次的指标分析，通过各种横向和纵向的比较与分析并且构建人民币国际化指数来印证这一结论。同时也指出了一国经济规模应作为货币国际化的最重要指标之一。从另一个角度考虑，稳定的经济市场可以为货币的国际化提供一个良好的发展条件。

林乐芬（2015）研究指出，一国货币国际化水平的影响因素有多项，比如经济规模、贸易规模、经营自由度、对外直接投资等。通过实施"一带一路"倡议，人民币依托对外投资以及中国与沿线国家之间更广泛更深入的贸易往来等，提高了国际化水平。研究还采用系统 GMM 模型分析得出了"贸易增长—对外投资—经济合作—资本项目自由兑换—人民币国际化"的实施路径。

余道先，王云（2015）使用协整分析方法，验证了国家 GDP 规模、国际收支情况以及实际汇率变动等多个因素都对人民币国际化产生影响，同时他们也指出随着 GDP 的规模持续扩大、人民币长期升值趋势及经常项目大量顺差都对人民币国际化有正向推动作用。相反，如果资本额度越高、金融资本项目的顺差越来越显著，则对人民币国际化所产生的负面影响就越大，所以中国应当逐步调整国际收支中长期维持的双顺差局面，逐步完善汇率制度改革，同时保持经济贸易的持续发展，为人民币国际化提供持续发展的动力。

2.1.4 "一带一路"贸易发展与人民币国际化相互关系

2013 年中国第一次正式提出人民币国际化，2015 年"一带一路"倡议的提出表明中国"走出国门，走向世界"的理念形成重要战略和明确实施的路径，"一带一路"倡议的提出在人民币国际化进程中具有里程碑意义。

2.1.4.1 "一带一路"中人民币国际化的多层推动力量研究

贺力平（2015）提出，中国金融市场的对外开放度不断提高，一方面要让国际资金和国际投资机构"走进来"；另一方面要让中国的金融力量"走出去"，这也必然加快推动人民国际化的进程。从官方层面看，通过设立金砖银行、丝路基金、亚洲基础设施投资银行等机构，为海外大规模并购业务、大型基建项目融资等贸易融资提供技术支持，这些机构的建立客观上有利于扩大人民币的影响。从市场层面上看，通过商业银行为"一带一路"沿线国家和地区提供相关支付和兑换服务及为中国对外贸易企业提供人民币金融服务，拓展人民币在海外的使用场景和渠道。实际上从 20 世纪 90 年代末开始，人民币就已经事实上在境外使用和流通，20 多年来中国长期保持人民币对美元汇率的稳定，商业银行为人民币资产提供保值服务也将加大"一带一路"沿线国家和地区持有人民币的信心，为人民币国际化提供积极影响。从当前国际货币体系来看，相比于"一带一路"沿线地区中东欧、中东、北非这些传统欧元区国家，与中国贸易、人员、经济往来更加密切的中亚、东南亚及南亚地区是提升人民币国际地位的更优路径，作为当前世界经济最具活力的地区，其辐射范围为人民币国际化提供了广阔空间[①]。

2.1.4.2 "一带一路"经贸发展中人民币国际化的实现路径研究

田巧雨（2016）研究认为，"一带一路"倡议中所需要的庞大建设资金为人民币国际化提供了广阔的市场空间，基础设施、能源合作、产业投资等建设项目有利于中国的资本项目深入开放以及人民币的对外投资输出。通过人民币对外直接投资、银行向"一带一路"项目提供人民币贷款形成人民资本项目下输出，再经跨境贸易的方式回流，形成"资本输出+跨国企业"的闭合回路，将不同于以往在进出口等经常性项目下输出人民币形成的"贸易结算+离岸市场"的传统模式。"一带一路"建设中资本项目下输出的新发展模式将为人民币国际化提供新的支撑点。

谭小芬等（2017）提出，推动人民币国际化必须尊重客观规律，不能强制性要求"一带一路"建设中对外投资与海外融资必须使用人民币结算，而是通过中国不断增长的经济实力和对外贸易投资来提升人民币在国际上的影响力。从实际看，"一带一路"沿线国家的金融市场化水平较低，资金价格普遍较高，推进人民币国际化进程必须结合不同国家和地区的实际，在防控风险的前提下与"一带一路"沿线国家进行资本融通；在人民币国际化的路径选择上，应该遵循对外建立人民币跨境支付体系、人民币清算行、金融分支机构等清算网络完善人民币国际化的金融基础设施建设，对内建立大宗商品交易市场、债券市场等金融机构推动人民币发挥其计价功能，最后通过"一带一路"中开发性金融和基础设施建设推动人民币投融资功能的实现，不断推动人民币国际化进程。

周兆平等（2018）提出，受人民币贬值、资本管制加强、国内金融风险增大等多种因素影响，"经常账户中的人民币输出+资本及金融账户中的人民币回流"这一原有货币循环模式已经不能满足人民币国际化发展需要，"人民币资本净流出＝经常账户中人民币净流入+金融资产人民币净流入+人民币离岸资金的沉淀"的新模式将是解决人民币国际化放缓甚至停滞问题的新思路。

2.1.5 "一带一路"贸易发展对人民币国际化产生影响作用的研究

陈雨露（2015）研究认为，应当强化人民币在大宗商品交易中的计价结算功能，对基础设施的投融资功能，对产业园区发展建设的产业资金支持，以及优化人民币在跨境电子商务支付等四方面的功能建设，在"一带一路"建设中促进人民币国际化。目前，中国"一带一路"建设项目中未使用人民币进行直接投资融资，均使用的是中国美元外汇储备，相比于美国"马歇尔计划"和日本"黑字还流计划"对美元与日元

---

① 贺力平."一带一路"战略下的金融合作与风险防范研讨会综述［J］.金融论坛，2015，11.

国际化的推动作用，"一带一路"倡议还未能与人民币国际化高效有机相结。要解决上述问题，关键在于利用人民币相对于美元汇率稳定的优势，通过建立和完善离岸人民币市场来发挥人民币"价值储藏手段"功能。陈平（2017）提出，"一带一路"倡议不仅要实现经济贸易领域的区域合作，加快推进中国经济开放，更要让人民币跟随企业一起"走出去"，结合经常项目下贸易盈余和资本项目下资本输出的方式，逐步形成人民币经济圈。

林乐芬等（2015）分析指出，在一系列影响人民币国际化因素中，对人民币国际化有利的因素按影响程度大小依次为经济规模、货币惯性、对外投资、贸易出口和币值稳定，其中在"一带一路"倡议的推进建设中人民币国际化水平主要受经济规模影响。"一带一路"倡议中推进人民币国际化的重要手段之一是加强对外投资与扩大贸易出口等资本项目下输出。而保持币值稳定性相比于保持国内货币政策独立性而言，保证国内物价稳定、保持低通胀目标要更为重要，也是中国货币政策最主要目标，所以人民币币值的稳定性对人民币国际化水平影响较小。虽然中国资本项目不断扩大开放，但人民币国际化进程不能完全依靠市场因素调节，必须在政府的监管和调控下有序进行。

赵翊（2014）的研究，通过分析比对中国同阿拉伯国家联盟在 21 世纪前 10 年的货物贸易出口数据，利用贸易引力模型来预估中国未来国际贸易的增长潜力。韩永辉和邹建华（2014）研究了在"一带一路"建设中中国与西亚国家贸易合作的现状，并对未来前景作出评估。赵华胜（2014）的研究，针对"丝绸之路"经济带建设的推进和现存障碍进行了梳理，并对区域内的经济贸易交流合作的深入发展提出了建议。龚新蜀和马骏（2014）研究考察了 20 世纪 90 年代至 21 世纪初中国与中亚国家之间交通运输等基础设施建设，对"丝绸之路"经济带贸易增长的影响。樊秀峰和余姗（2015）研究了中国与"海上丝绸之路"相关国家的进出口贸易与产业供应链绩效之间平衡发展关系。韩永辉等（2015）的研究，通过分析联合国 UNCOMTRADE 数据中中国与西亚国家之间的进出口贸易数据，研究得出中国与"一带一路"的西亚国家之间的贸易具有较强的互补性。谭秀杰和周茂荣（2015）将"海上丝绸之路"沿线国家之间的贸易数据导入引力模型，来分析影响其贸易潜力的主要因素。杨立卓（2016）分析了 2008 年美国次贷危机爆发前后中国对外贸易数据，计算了中国对"一带一路"沿线国家的出口贸易量变动情况，从需求、结构和竞争力三个层面上进行了分析研究。Limao 和 Venables（2001）、盛丹等（2011）认为区域间的贸易发展有利于货币的区域化和国际化，而中国多年来不断增长的贸易出口也受益于基础设施的不断完善。

综上所述，学术界已经就人民币国际化问题达成了以下几点共识：1. 虽然中国为推动人民国际化作好了充分准备，并且其进程也在稳步推进中，但仍与美元、欧元等其他国际货币有较大差距。2. 相较与世界上主流国际货币的国际化进程，人民币国际化走的是"周边化—区域化—国际化"三步式的发展道路。3. 货币的币值是否稳定是决定该货币能否成功实现国际化的关键因素之一，在国际贸易中往往会选择币值较为稳定的货币来进行结算和计价。大部分学者研究普遍认为,"一带一路"贸易发展与人民币国际化程度提升是相互促进的关系,"一带一路"倡议的实施为人民币国际化提供了广阔的市场空间和多元化发展平台,而人民币履行计价、结算和支付功能也有利于促进区域间贸易投资的便利化,从而促进人民国际化进程。从目前来看,国内外学术界大多从定性的角度对"一带一路"经贸合作对人民国际化的影响作用进行理论研究,而较少通过建立数学模型进行定量研究。

2.2 "一带一路"沿线国家与中国的贸易发展研究

2.2.1 国家间贸易规模及其增长原因研究

从已有的研究成果来看,影响国家间的外贸规模增长的因素很多,其中国家经济规模、产业结构形态、对外贸易机制和货币资本流动方式等对贸易的发展等都有较大影响。刘晓鹏(2001)的研究,采用中国1980—2001年有关经济贸易数据,用计量分析方法,验证了进出口贸易对经济增长具有较强推动作用,研究从贸易出口商品的结构的分析视角证明了进出口贸易与经济增长的正相关性。

林毅夫(2008)指出,可以利用进出口贸易的数据和吸引外资流入的数据,分析外贸与投资对于中国经济的影响,他认为中国经济能长时间高速增长,其重要原因是改革开放解放了生产力,中国的比较优势被充分挖掘,使得国家可以利用市场占优势的劳动密集产品开展出口贸易来增加创汇,同时大规模引进了外资。郭炳南和程贵孙(2013)分析了1978—2011年的经济贸易数据,得出研究结论:对外贸易通过规模经济、技术外溢和竞争等三大效应推动了经济增长,贸易规模增长及自由便捷程度的提高与国家经济增长互为因果,其研究证实了贸易仍是经济增长的主要驱动力之一。齐秋实(2015)通过分析中国对外经贸合作资料以及国家经济增长历史数据,研究得出对外贸易规模增长对经济拉动作用显著,特别是由于资本的积累、人力资源的积累和产业结构的优化等明显促进了经济增长。

2.2.2 外商直接投资(FDI)与贸易增长的相关性研究

很多学者开展了对外商直接投资(FDI)与贸易关系的研究,有一种论点认为,FDI对贸易产生较强替代效应,即一种商品总是以投资或者贸易二者选其一的方式进入一国市场,如果选择了投资渠道就会减少出口贸易。Mundell(1957)的研究,放宽了(H-O模型)要素禀赋论中要素是不能流动的假设,其结论也验证了国际贸易与国际资本流动之间明确有相互替代的作用。但是,另外一些学者持不同观点,认为FDI与国际贸易间是呈互补关系的,FDI不仅使资本在国际间流动,也会创造国与国之间新的贸易机会,推动贸易规模的持续增长。

Aizenman 和 Noy（2005）用实证分析方法，采用 81 个国家（其中工业化国家 21 个和发展中国家 60 个）1982—1998 年的面板数据进行分析，证明了制造业产品的进出口贸易与 FDI 之间存在最紧密的双向反应关系。Swenson（2004）采用部分 OECD 国家对美国的进出口贸易和对外直接投资数据（1974—1994 年），其研究发现，如果用 SIC 分类 3 位数编码的进出口产品数据，验证国际贸易与 FDI 有替代效应，而使用 SIC 分类 2 位数编码的产业数据验证两者间存在互补关系。

李向阳（2013）研究指出"一带一路"呈现主要特点：以互联互通为基础，以物流运输通道为纽带，以跨国多元合作机制为特征，以新型互惠的区域合作体系为平台，以构建人类命运共同体为战略目标等。申现杰、肖金成（2014）从国际区域经济合作的新形势出发，分析了中国实施"一带一路"建设的重要战略意义；卢峰、李昕等（2015）研究表明，在世界经济增长重心以及中国对外贸易发展重点区域都向广大发展中国家包括"一带一路"沿线国家，特别是多个新兴经济体转移的情况下，推动"一带一路"倡议的实施会促进中国与沿线国家贸易与投资等实现持续增长，"一带一路"倡议也为全球经济可持续发展提供了中国方案。倪沙、王永兴、景维民（2016）提出，中国对"一带一路"沿线国家进行直接投资时，由于已然将很大部分投资投向了周边国家，使得中国对这些国家呈"投资过度"之势。因此，中国对周边国家的直接投资应注重质的提升，谋求投资潜力再造。相反，中国应加强对中东欧国家的直接投资，一是因为中国以往对该地区投资较少，投资潜力巨大；二是因为此举可以扩大中国"一带一路"战略的辐射范围，增强战略影响力。

2.2.3 中国与"一带一路"国家贸易成本的直接与间接测度方法

贸易成本的测度方法主要有两种：直接测度法（Anderson，1992；Hummels，2001；Limao & Venables，2001）与间接测度法（Leaner，1988；McCallum，1995；Anderson & Wincoop，2003；Chen & Novy，2009；Swisher，2014）。直接测度法即选用一些可以直接观测得到的或某一类别的贸易成本作为总体贸易成本来进行衡量，如运输费用、关税或非关税壁垒。而间接测度法则是通过运用模型来估算各具体贸易成本及其影响程度，来分析贸易成本的大小和变化趋势。

对于间接测度法的研究，可以分为两类：第一类，回归方法（Leaner，1988；McCallum，1995；Hummels，2001）；第二类，双边贸易成本计算法（Anderson & Van，2003；Novy，2006）。应用最广的是第一类回归方法中的引力模型，Anderson 和 Van（2003）统称这类模型为传统引力模型，该模型本身存在一定局限，因此要对模型进行修正，除了用一般均衡理论，模型还增加了"多边阻力"因素。

2.2.4 中国与"一带一路"国家贸易成本的引力模型测度方法

Novy（2006）在引力模型基础上，又修订建立了一种双边贸易成本测度模型。这一模型不但在理论基础上维系了与传统引力模型的一致性，而且极大降低了贸易成本的估算难度和减少了流程步骤，对比其他模型和测算方法，双边测度模型明显是最简明、最便捷的。Novy（2011）进一步证明了其双边贸易成本测度方法在不同的贸易理论模型如李嘉图模型、异质性企业模型中都可以推导出来，结果具有一致性且符合经济学含义，为其估算方法找到了充分的理论依据。贸易伙伴的基础设施状况、地理距离、人均 GDP 等均是影响一国贸易成本的重要因素（施炳展，2008；方虹等，2010；Novy，2011；邵建春，2014）。

2.2.5　中国与"一带一路"国家贸易的分工与价值链研究

黄先海等（2017）研究指出，以"一带一路"建设来实现中国主导相关区域各国的经济一体化，很可能是在新时期中国转移过剩产能、实现产业结构调整、提升国际分工体系中地位的重要方法。中国与"一带一路"沿线大部分国家同属发展中国家，在经济水平有非常高的离散性，各国的收入水平差异较大，因此对产品也有差异很大的不同层次需求，在"一带一路"建设中低附加值产品的价值链还是能为相关国家带来较好收益的，因此中国可以在不同附加值的产品价值链中保持竞争优势。中国应基于本国经济发展需要，并与沿线各国积极实现在资源禀赋上的互补，通过对大量异质化和不同等级产品渠道网络的嵌入，实现贸易规模与贸易收益的双提升，赢得在"一带一路"区域产品价值链发展的最大话语权。

邹嘉龄等（2015）提出，中国与"一带一路"区域的相互贸易依存度不断加深，特别是沿海各省与沿线国家的贸易联系越来越紧密。公丕萍等（2015）认为，总体上中国与"一带一路"各国的贸易结构相似度不高，优势产业也有较大差异，有助于中国与沿线国家的贸易实现优势互补。赵东麒等（2016）研究指出，中国应该不断发挥贸易出口产品的比较优势，在与"一带一路"各国的出口贸易中可以用纺织服装、机电类产品等制造业产品为优势输出商品。还要依托我国制造业的强大实力，鼓励制造业企业"走出去"，带动沿线地区的产业发展，积极推动与域内国家开展互惠的贸易投资等。桑百川等（2015）在已有研究成果的基础上，分析研究中国与"一带一路"国家（地区）的贸易现状以及经贸合作关系。但经过统计，我们发现已有成果主要采用国际贸易核算方法，且很少涉及服务贸易。

21 世纪以来，国际贸易的产品结构出现了较大变化，即中间产品的进出口贸易量持续增加。如果，继续按照原产地原则，采用传统贸易核算方法，来统计世界各国的进出口总量，势必会使得各国贸易金额的重复统计，无法真实体现产品在市场各环节上的流动，还会使贸易规模和商品盈利情况变形扭曲。为解决这一重复统计误差，Hummels 等（2001）率先研究得出垂直专门化（VS）办法，既按照中间产品的价值在出口总额中的占比，测算某国家在全球贸易价值链中所处的地位。

由于垂直专业化（VS）方法设置了很严格的假设前提，Koopman 等（2010，2012）

细分了总出口额，将其分解为四块增加值和一个重复值等，对中间品贸易计算的准确度大大提升。Johnson 等（2012）的研究，把垂直专门化应用于多国投入产出模型，对出口产品的增加值部分，按照增加值最后归属进行了分解，消除了中间产品的增加值部分出口后又进口而重复计算的情况。Stehrer R（2012）和潘文卿（2015）研究指出，增加值贸易（Trade in Value Added）实际上是某国的最终产品当中的产品直接和间接增加值的总和，后者还通过设计增加值以及最终产品这两个向量，简化了贸易增加值的核算方法。

2.3　人民币国际化的文献回顾

2.3.1　国际储备货币与人民币国际化的文献回顾

创造全新的储备货币是全世界各个经济体面对国际货币体系改革的一个重要方向，周小川（2009）提出了将 SDR 发展为超主权货币的设想及方案，世界上主要发展中国家对该方案的大力支持和推崇。而联合国专家小组也提出了关于构建替代美元的新的国际储备货币（施建淮 2009）的提案，并同时号召世界各国领导人同意。2001 年诺贝尔经济学奖得主 Stiglitz （2012） 提出了通过创设全新的全球货币（global greenbacks）[①]，把它作为各成员国的主要储备货币，以取代美元在各成员国储备货币中的地位。张岸元（2013）通过研究发现，因为在货币基本职能方面，人民币正在迅速扩大自己在世界货币中的影响和地位，追赶某些主要储备货币的脚步越来越快，差距正在快速的拉近，人民币国际化已经获得了非常有利的机遇。

陈建奇（2010）研究认为，随着超主权储备货币在国际经济活动的运用越来越深入，主权信用货币的功能，尤其是它的国际储备货币功能将逐步弱化乃至消失，主权信用货币的去国际化也将在这个过程中发生。然而发达国家却希望保持主权货币地位作为主要的交易手段和储备货币，因此发达国家势必会排斥甚至阻挠超主权货币的发展与壮大，那么超主权货币是否能够取代现在的主权货币成为新的国际储备交易货币并承担起相应的货币职能只是一种不确定的可能。张岸元（2009）也认为，在超主权货币的发展道路上，其与主权货币为了争夺在国际货币体系中的主导地位，必然会进行激烈的角逐。当各国把超主权储备货币的储备量逐步加大，同时同比降低美元的资产，同时如果能实现有 IMF 集中管理成员国储备，那么就能实现超主权货币与美元的互换，同时把外汇储备风险降到了最低，也不再会受主权货币国家的钳制。另外还需要说明的是，人民币国际化和发展超主权货币并取代主权货币是可以同时实现的，并不会出现相互牵制的情况。

---

① Joseph E Stiglitz, The Price of Inequality［M］. London：Allen Lane，2012：414.

Binder（1996）提出，当某货币在国家经济的发展中只能起到局部的作用的现象，称之为部门国际化。那么国际货币要转变为国际中心货币，它必须具备这些特征才可以被称之为国际中心货币：首先该货币应在各个经济体的中央银行中官方储备比例高于其他国际货币的储备比例；其次该货币除了本国，在很多其他国家也都是作为日常交易的货币来使用，且使用频繁，甚至优于其他国家的本国货币；然后在国际贸易的计价中，该货币必须在份额上占到优势；最后在国际金融市场活动的货币选择中，该货币发挥着主导作用。

要对货币国际化进行研究，对国际货币必须要有明确的定义。然而，鉴于国际货币不同于货币，它的职能的特殊性以及使用上的特殊性，学术界还没有对它进行一个统一的定义，在不同的领域、不同的国家、不同的经济学家，都有对其特殊的理解和定义。英国经济学家伊特韦尔、美国经济学家米尔盖特和纽曼编纂的《新帕尔格雷夫经济学大辞典》（1987）一书中有关于"美元"的词条，记述了货币实现国际化的四项条件。一是历史，当一种货币成为传统商业行为中惯例使用的货币，那么这个国家的货币成为国际货币就成为一种可能；二是这个国家的金融的水平程度以及贸易的发达程度，显然在贸易和金融水平很低的国家，该国货币不可能成为国际货币，只有在贸易和金融相当发达的国家，一种货币在其贸易以及金融活动中的使用占据了绝大多数的份额，那么这种货币就具有了独特的天然优势，那么它成为国际货币的可能性就大大增加；三是金融市场必须是多层次且高度发达的，这需要真正市场化、完全自由发展；四是无论是国内还是国际社会认可货币的价值及未来预期，即对货币充满信心。

（1）国外相关文献研究

Cohen（1971）为国际货币提供了明确的界定标准，经过了详细研究，他最终认定了两条国际社会认可的标准：首先，从履行货币职能角度，国际货币是在世界金融市场被大多数国家接受并广泛使用，已经主导国际结算业务，履行流通手段、计价标准、支付手段和外汇储备等全部或部分货币职能的货币；其次，从货币对外投资职能分析，国际货币不仅能在本国区域内支付和流通，也可以在境外的跨国经济圈区域乃至全球范围开展各种投资。

Hartman（1998）的研究建立在 Cohen 定义的基础上，又进行了扩展，他认为国际货币拥有不同的职能，根据货币具备的多种职能对国际货币进行了科学分类，货币主要包含了三个职能[①]：第一，交易货币和干预市场的职能，这里所指交易包含商品贸易交易和资本投资交易。对私人部门而言，国际货币是作为一般等价物参与市场交易的；对官方部门而言，国际货币又是进行市场干预，从而平衡国际收支的一个重要工具。第二，

---

① Hartmann P . The Currency Denomination of World Trade after European Monetary Union［J］. Journal of the Japanese and International Economies，1998，12（4）：424-454.

Hartmann，Phillip. Currency Competition and Foreign Exchange Markets：The Dollar，the Yen and the Euro［M］. Cambridge University Press，1998：35-39.

计价以及货币锚职能。在对外贸易和金融交易中，国际货币作为计价符号，当被国家货币当局确定为官方汇率的参照标准，此类情况国际货币即作为货币锚。第三，价值储藏与国际储备职能。如果私人部门选择该货币作为金融资产，那样就成了价值储藏的介质。对官方部门来说，持有此类国际货币或能按此清算兑现的金融资产，国际货币就实现了外汇储备的职能。具体见表2-2。

表 2-2　国际货币的私人和官方职能

用途和职能	官方部门	私人部门
价值储藏	国际储备	国内货币替代
交易媒介	外汇干预的货币工具	贸易和金融交易结算
价值尺度	本币盯住的锚货币	国外私人资产

（资料来源：《货币银行学》（2014）格致出版社、上海人民出版社，易纲、吴有昌著）

国际货币无论对于官方而言还是私人来说，无论在该货币发行国内还是国外，都会发挥三个职能：价值尺度、价值储藏和交易媒介。一国货币只有具备了这些职能，同时具有被世界各国广泛接受、币值稳定以及便利性等特点。

（2）国内相关文献研究

陈彪如（1990）从货币的结算支付职能出发，研究了货币国际化问题。他认为，国际货币是一国政府或货币当局持有的、包括现金在内的、可在国际上兑现支付的所有金融资产。该定义有两个特征：一是说明国际货币有一般支付职能，而没有按照传统的国际货币"五项职能"来定义；二是把国际货币作为一种广义的概念，所有可以支付的金融资产均可以作为国际货币。

曾刚（2002）研究了一国货币要成为国际化货币的两个重要前提条件：第一，一国货币要成为国际货币，其发行国必须有稳定的政治环境和经济因素，且发行国对于本国货币有着强大的稳定能力，那样各国对使用该货币进行结算和储备才拥有足够的信心；第二，该国货币存在于多层次多维度的国际金融市场中，且具有很大规模和交易范围。

徐奇渊、李婧（2008）两位学者对国际货币的定义，则是选择了国际分工作为切入点，通过研究市场交易效率和分工程度的交互作用，来定义国际货币。他们研究认为，国际货币产生的经济系统必须具有以下两点：一是这个经济系统必须要有一个非常严谨及有效的制度；二是在这个经济系统中，分工和市场交易的效率必须保持一个良性循环，相互依存，缺一不可。在经济系统条件成立的基础上，在国际分工中逐步取得优势地位的国家就会获得货币话语权，其货币国际化的过程本质上就是该国在国际分工中的优势地位进一步提升的过程。研究还对日元国际化进行分析，表明了国际分工的优势地位在一国货币的国际化过程中发挥了巨大作用。

2.3.2 人民币国际化实现条件分析理论研究

2.3.2.1 一国货币实现国际化的理论研究

国际货币是怎样的一种货币？一国货币的国际化应该如何实施？R.A.蒙代尔（R.A.Mundell，1961）研究认为：以一定的货币使用区域范围作为判断依据，第一，判断该货币的使用流通是否超过了界定的范围标准；第二，判断是否有区域外的其他国家或货币当局信任并使用该货币；如果均为正向答案，那么此货币就具备了国际货币属性。如果要激发该货币的国际属性，首先该货币必须得到本国外的其他国家和地区的信任和使用，其次本身首先必须具有较高的价值，而且要有比较好的稳定性。要实现这几个条件，就得考虑该国对此货币是否有输出管制、国家的政治社会背景情况以及此货币的本身价值等。Cohen（1971）对货币基本职能做了深入研究，也对国际货币进行重新定义，他认为由于货币的基本职能是一致的，无论是在国内还是在国外，无论私人和官方抱有何种目的，只要将该货币的基本职能扩张到发行国以外的地域范围来使用，这就可以称为货币国际化。

Bergsten（1975）研究指出，要实现货币的国际化，必须从政治和经济两个角度进行推进。从政治上讲，该国的政治基础应牢固，并应与其他国家进行国际经济与贸易合作与交流。国际货币从经济学角度来分析，不仅需要作为具有一定价值的载体，而且还必须满足各种基本条件，而同时要关注本身的流动性与发挥在世界货币体系中的作用，这样才能不断推动世界经济稳定增长。

克鲁格曼（1980）则研究了本币和外币交易成本的差异性，经过实证分析，结果表明边际交易成本与交易成本之间存在负相关性。成本最低而且交易量最大的货币，更有可能成为贸易结算支付中使用的交易货币。Mundell（2003）认为，如果一国的货币要成为国际货币，则取决于人们对货币是否有稳定的信心，而信心又取决于该货币的流通量或交易区域内货币规模，也与货币政策是否稳定、监管是否有效，以及货币发行国的实力和货币本身价值密切相关。

姜波克（2005）持有这样的观点[①]，不同程度的货币国际化，可能需要不同的条件才能实现。完全的货币国际化必须满足多个条件：第一，强大的军事政治力量，维持国内政治稳定，保护本国货币的安全；第二，在全球产出、贸易、金融中占有比较大的份额；第三，保持货币价值稳定，包括国内物价的控制和对外汇率的稳定；第四，有发达的金融市场，有广度（拥有多种金融工具），有深度（发达的二级市场）和高度的流动性。这样才能满足国际上对该货币的需求。

2.3.2.2 人民币国际化的条件相关理论研究

Cohen（2012）在研究中指出，人民币实现国际化需要的六个决定性条件：一、国

---

① 姜波克. 开放条件下的宏观金融稳定与安全：姜波克文选 [M]. 上海：复旦大学出版社，2005：10-16.

家采取措施，管控货币政策，维持物价稳定；二、实现国内的产业结构、贸易进出口结构的优化调整，完成产业技术改造和制造差异化产品；三、成功提升人民币自由兑换比例；四、促进国内金融市场发展，健全和完善金融货币体系；五、维护政府机构国际信誉，提升国际公信力；六、发挥影响力，有力缓解当前紧张的地缘政治局势。Chiuetal（2014）研究发现，人民币实现国际化的关键之一是资本账户的可自由兑换，另外汇率制度改革和自由度高的成熟金融市场的建设也必不可少的因素。

哈继铭（2012）综合研讨了人民币国际化的诸项条件。他认为，人民币是否实现国际化主要取决于四个因素：一是经济规模，二是通货膨胀率，三是汇率稳定性，四是金融市场的规模。四个条件基本都满足的话，人民币国际化就是可行的。

刘曙光（2009）研究认为，中国金融市场目前还不够成熟，市场规模偏小，金融产品种类过少，金融管控能力不强，市场监管水平不高。目前尚不具备条件为国外投资人提供充足的人民币金融产品，特别是人民币股票债券等市场的活跃度、交易规模、制度水平和机构能力建设等方面与西方国家的股票债券市场之间仍然存在着很大差距。

2.3.2.3 人民币国际化的正面效应和负面效应

正如黄育康和克莱尔·林奇（Y. Huang and Clare Lynch，2013）论证分析，中国的人民币国际化进程正式开启可以说是在全球金融危机发生后的 2009 年，中国人民银行行长周小川提出了对原有国际货币体系进行改革的倡议。目前更多学者的研究主要是关于人民币国际化进程和实施路径，以及给中国金融市场和金融机构带来的挑战。但是，极少的研究涉及人民币为何必须走向国际化以及国际化对中国经济和政策制定有何影响。

郑木清（1995）的分析是从人民币正反两方面作用切入的，他研究得出人民币国际化的正面功效主要体现在铸币税收入、进出口贸易的增长和金融市场的进步；负面影响主要是内部和外部不平衡的加剧、人民币过快升值和币值波动。刘力臻（2005）研究指出，人民币国际化能导致国内货币政策有效性难以发挥，产生巨大偏差。江凯（2010）在评估了人民币国际化的风险后，认为人民币继续国际化发展会增加货币政策控制的难度，人民币现金管理和风险监控也更加困难，同时人民币汇率波动幅度会更大，资产价格变动也将十分频繁 。胡宗义、刘义文（2009）从采用一般均衡模型进行实证分析，验证了人民币国际化能使中国的贸易条件优化，就业条件出现正向变动，并促进中国的产业转型升级。同时，研究结论指出现阶段人民币的国际化偏低，人民币的全面国际化不可能在短期内实现。

巴曙松和吴博（2008）研究认为，人民币国际化和中国金融业长线一种正相关关系，两者可以实现互动发展。宏观层面来看，人民币国际化会促进中国金融市场的不断发展，促进人民币离岸市场的建设，还会促使中国金融体系与世界市场接轨，缓解货币配置错位的情况发生。微观层面看，中国金融市场的不断发展、日益开放，促进了人民币逐渐满足国际化所需的诸多条件。另外，人民币国际化也将对银行各类业务有较大影响，对证券行业特别是股票、债券等市场有积极作用，也会对保险业产生正面影响[①]。张青龙（2011）使用 IS-LM 模型进行实证分析，得出结论认为人民币国际化会影响我国的利率、汇率、消费和经常账户余额等诸多方面。王鸿飞（2013）的研究角度聚焦于货币政策的独立性、传导机制、货币需求和政策工具等，研究了人民币国际化对货币政策独立性产生了哪些影响。

从诸如美元、欧元和日元等国际货币的历史经验进行分析，可以得出主权国家货币的国际化进程不可避免地对一国经济社会产生重要影响，如推动社会福利、经济规模和金融市场的发展，但对其影响机制和产生效果，学者们的观点并不一致，而且由于各国的国情存在很大不同，货币国际化对一国宏观经济的具体影响也出现了很大差异。王晓燕、雷钦礼和李美洲（2012）基于开放经济视角，采用宏观经济学研究方法，设置了评估货币国际化对宏观经济产生影响的实证模型（NOEM 模型），并使用美元的历史数据进行了实证分析，评估了美元国际化对美国平均利率、美元汇率、国内消费、贸易条件和实际产出水平的影响。研究表明，美元国际化对本国宏观经济的实际影响与 NOEM 模型测算的结果存在很高一致性。

2.3.2.4 人民币国际化的成本研究

周小川（2009，2012）分析指出，在现今的国际货币体系中"特里芬困境"并未消除，这就导致了作为国际储备的货币是在其发行国不能确保货币价值稳定的同时为世界提供了货币流动性[②]。

姜波克、张青龙（2005）研究指出，人民币国际化将使中国货币政策的自主性下降，货币政策、财政政策和价格调控措施也将面临两难局面，从而导致国际热钱流入流出，冲击中国的金融市场和国内经济[③]。赵海宽（2003）研究认为，人民币国际化将必然实现货币完全可自由兑换，这就可能导致国际投机资本进入国内金融市场，资本市场的风险将大大增加。刘骏民、刘惠杰和王洋（2006）也分析得出，人民币国际化势必要求资本账户开放，如果人民币自由兑换彻底实现，可能会导致国际游资自由进出中国市场，对国内股市、房地产和能源期货等出现冲击影响，可能会引发资本市场动荡和金融危机，还会导致出现造假币和洗钱等更多犯罪活动。

马荣华（2009）的研究解释了人民币国际化可能对我国经济态势产生影响，特别会导致人民币汇率升值、通胀率和利率升高、经济增速放缓、国际收支出现严重逆差、价格波动幅度加大、资本项目管制风险增加、资本市场机构风险和金融系统性风险增加以及地缘政治情况的恶化等。傅冰（2012）研究分析了人民币国际化对货币政策独立性会产生的影响，认为短期内影响较小，但长远来看将会限制较多。

---

① 巴曙松，吴博.人民币国际化对中国金融业发展的影响 [J]．西南金融，2008（4）.

② 周小川.关于改革国际货币体系的思考 [J]．现代营销：学苑版，2009（3）：16-17.

③ 姜波克.开放条件下的宏观金融稳定与安全：姜波克文选 [M]．上海：复旦大学出版社，2005：10-16.

2.3.2.5　人民币国际化的收益研究

从交易媒介看，货币国际化使本国国际贸易和金融交易减少了交易成本，提高了经济效率，促进了专业分工，增加了社会福利。Frankel（1991）指出，货币国际化使本国银行省去了匹配存贷的麻烦，使得本国银行具有比较优势。Kannan（2009）构建了货币搜寻模型，认为国际化增加了本国货币的实际购买力，贸易条件的改善将带来货币发行国额外的福利收益。

王道平、范小云和邵新建（2013）研究指出，人民币国际化对国内消费的增长有积极影响，促进了中国内需的不断扩大。沙文兵和刘红忠（2014）研究分析得出结论，人民币国际化使人民币升值趋势明显，并增强了人民币的长期升值预期。

从价值储藏角度分析，货币国际化的直接益处是国际铸币税。陈雨露、王芳、杨明（2005）测算了美元在海外流通中的铸币税收益[①]。截至 1981 年，美国收取的国际铸币税收入为 1 051.85 亿美元。到 2002 年，美元国际化导致名义国际铸币税收入已达到 6 782 亿美元。沈骏（2012）认为，类似美国这样的大国，对世界各国使用本国货币这一格局始终推动和维护，这是货币国际化实现的重要因素，也是国家在世界经济金融秩序中获得强势地位，增强货币话语权的重要措施。

2.3.3　人民币国际化的路径选择理论文献回顾

2.3.3.1　金融管制放松与货币自由兑换理论

较早的文献资料表明，当时研究的关注点之一是人民币自由兑换（姜波克，1999；周小川，1997）等问题，其中有关中国资本账户如何开放的问题（姜波克，邹益民，2002；曹凤岐，林敏仪，2004），学者的争论比较激烈。此后的学者还研究分析了人民币国际化的含义以及实现条件（孙海霞，2013；刘辉，巴曙松，2014），Doboson W，Masson PR（2009）、Eichengreen B.（2011）对货币国际化的可能性与必要性，Bowles P，Wang P，（2013）对国际化路径选择等，都进行了深入的研究探讨。

其中，针对人民币国际化这一论题，国内众多学者从不同方向切入研究，取得了丰硕成果。清华大学的刘霖林、李稻葵（2008）探讨了一国主权货币在国际化过程有哪些影响因素，并预先测算和评估了人民币 2020 年在世界货币体系中的比例和地位。余永定、高海红（2010）在研究中指出金融市场自由程度、人民币离岸市场建设等措施是人民币国际化的主要实施路径。徐明棋（2005）通过对相关区域数据的分析，总结得出人民币在其国际化的过程中应选择优先实现方向，应从东南亚入手，分阶段性实施，循序渐进地推动。何慧刚（2007）的研究则主要对人民币的现实条件开展分析，结果表明人民币国际化采用"弱经济—强制度"模式更为合适，并推导出"周边化—亚洲化—国际化"这一渐进的人民币国际化实施路径。

---

① 陈雨露，王芳，杨明. 作为国家竞争战略的货币国际化：美元的经验证据［J］. 经济研究，2005（2）.

基于对人民币国际化的研究分析，学者们认为"一带一路"倡议作为中国"走出国门，走向世界"的国家级战略举措，从正式提出，到明确实施和深化，不断提升人民币国际化，将其推进到更新更高的阶段。此前国内外学者对人民币国际化的研讨较少，大部分研究以美元、英镑、欧元等货币为主，按照从货币基本职能分析，到估测货币国际化程度、再到人民币国际化的路径展开研究。

从货币职能的某一方面来看，就货币的结算职能，丁一兵、钟阳（2012）把国际清算银行 BIS 数据进行了分析，研究将在规范市场以外进行货币交易的数量占比的数值，替代货币结算支付职能作为变量。从投资职能角度看，因为国际债券为"金融交易"履行了结算支付职能，而且交易量巨大（李稻葵，2008），所以其投资职能采用了 BIS 发布的国际债券的币种结构来进行测度。对储备职能方面的分析，因为 IMF 的 GoFER database 容易获取，解释能力比较强，以及统计上与货币各职能高度相关，因此选用此数据为相关指标。

综合来看，李瑶（2003）的研究，从货币的流通、储备角度进行考量，并得出一整套较完善的分析人民币国际化程度的办法。当前，人民币国际化指数是最具权威性的人民币国际化计算方法和指标体系，它首先运用货币基本职能来分别架构起三级指标，然后通过加权平均法测算出某一时刻的人民币国际化水平。

2.3.3.2 利用经济规模、贸易发展、对外投资促进人民币国际化

刘崇（2007）针对贸易方面，利用事实案例和反证逻辑更深入地论述并证明了一个理论猜想，即贸易发展对货币走向国际化有很大帮助。韩民春，袁秀林（2007）把贸易当作重要突破口，广泛地搜集贸易数据信息，基于贸易视角看待人民币的历史变化和未来发展，对不同国家间错综复杂的交流与合作关系进行剖析，进而根据亚洲区域贸易结构及其流量受中国经济的影响，探究人民币"区域化"在亚洲贸易区的实践可能性。叶华光（2010）赞成人民币国际化会形成正向反馈，有利于增加中国海外投资的力度和范围，并且，中国海外投资和人民币国际化进程是相辅相成的，为促进人民币国际化进程，在海外投资方面，中国要针对现下的新情况、新形势，不断改善产业投资战略，合理布局对外投资。与上述研究不同的是，曹玉瑾（2014）对多层次的分析指标定量分析，构建人民币指数化模型，结合横向纵向比较分析，提出了规模经济和货币国际化进程成正比例关系的理论。该研究表明了规模经济指标的重要研究意义，除此之外，一个稳定的经济市场环境大大给予货币快速发展的客观条件。

林乐芬，王少楠（2015）提出货币国际化水平受经济规模、贸易规模大小、对外直接投资额、经济自由度等重要因素的影响。通过进一步推动"一带一路"建设，增加了海外投资的范围，促进了亚欧之间友好的贸易交流，大大提高了人民币国际化水平。并且，联系"一带一路"建设实际情况，辅助系统 GMM 模型进行实证分析，阐明了"对外投资—经济互动—资本有序开放—人民币国际化"的实现方式。余道先，王云（2015）选取了中国的 GDP 规模、国际收支平衡、人民币汇率和资本额度等多层次的影响因素，

并对它们进行协整量化分析，分析结果显示，GDP 规模增加、经常项目顺差、币值稳定都促进人民币国际化。同时，中国的资本管制额度要求和金融对外项目的贸易顺差对人民币国际化有阻碍作用。因此，中国要分阶段、分层次落实汇率改革，促进经济的稳定发展，对中国国际收支双顺差结构进行调整，为人民币国际化创造良好的发展条件。

魏昊（2010）认为一国货币的国际优势取决于该国产出占全球产出中的比重和生产力水平在全球的地位。货币的国际化进程依赖于生产力水平的发展，生产力水平的提高带来经济基础的提升，有利于抵抗外部经济对本币的负面影响。Rey（2001）认为，货币是否国际化集中体现在该货币是否成为其他国家可接受的国际贸易结算货币。因此，货币发行国的出口世界贸易份额，对该货币国际化的影响比生产力水平更为重要。青良（2009）和 O Flandreau and Jobst（2006）通过探究美元成为世界货币的原因，发现了与前述相同的结论。由此可得，经济发展水平是货币国际化的根本，而通过"一带一路"倡议的发展加速人民币国际化是不可或缺的支撑因素。

2.3.3.3　人民币国际化的实现路径选择研究文献回顾

周兆平等（2018）研究论证了近年来人民币国际化步伐停滞或倒退的原因不在于汇率走势，而是货币政策当局为稳定汇率而采取的一系列资本管制措施（或称为"政策倒车"）以及人民币跨国运作模式采用的"经常账户人民币输出，资本及金融账户人民币回流"的老办法遇到了新挑战，主张在松绑诸如资本管制政策的同时，转向"产业资本净输出＝经常账户净流入＋金融资产净流入＋离岸资金沉淀"的新模式。而且他分析认为，当人民币对美元汇率呈现出相对较弱的走势，恰恰可以为新模式的实施提供机遇[①]。

谭小芬等（2017）对人民币国际化进行研究，结论指出人民币国际化此后一个阶段可以遵循的路径和步骤：首先，要结合"一带一路"沿线不同国家的具体环境，在把控汇率风险的基础上，增强汇率的灵活性，循序渐进地开放资本账户；其次，加快境外的金融基础设施建设、金融机构互派互设和积极建设人民币离岸市场，对内可以建设完善境内债券市场和打造高水平的大宗商品交易体系；最后，让市场起决定性作用，依托"一带一路"合作中的金融开放项目以及基础设施建设投融资项目，实现人民币在境外的转型升级，从而推动其国际化。在"一带一路"建设中，推动人民币国际化必须要按照市场规律办事，其国际化进程的快慢从根本上由中国经济发展水平决定，要借助外向型经济实力和与相关国家的贸易投资拉动作用，人民币不能在跨国投资及境外投融资项目中采取强制绑定措施。

田巧雨（2016）基于"一带一路"建设中人民币的区域化情况展开研究，结论指出"一带一路"建设有力地提高了人民币区域化程度。在实现人民币国际化的过程中，中国采取的是在经常项目下流出人民币，再经资本项目下进行回流的路径方式，来实现人

---

① 周兆平，周宙，潘英丽. 人民币汇率走势与人民币国际化——基于 VAR 和 SVAR 模型的实证研究［J］. 上海金融，2018（10）.

民币国际化的闭环流程，这一发展模式被概括为"贸易结算+离岸市场"，但这种模式存在很多弊端，应当重新审视。通过学习英镑、美元的国际化经验，中国应更加重视在资本账户下人民币输出境外的情况，选择"资本输出+跨国企业"的货币流动方式。人民币资本项目下输出方式主要包括人民币跨国对外直接投资、国内银行向境外投融资项目提供人民币借贷资金以及双边货币互换等方式。"一带一路"建设在投资、贷款、互换等诸多方面为人民币持续国际化提供了广阔平台和良好机遇。

2.4 基于其他国际储备货币理论的比较研究

近年来，人民币国际化的实现路径逐渐成为众多学者主要的研究领域。李稻葵、刘霖林（2008）通过比较各国使用、流通和支付的各种货币在央行储备和外贸结算中所占的比重，进一步分析货币国际化的各类影响因素。该研究表明一国 GDP、通胀率、利率水平、汇率波动等因素都对该货币的国际化效率有很大影响[①]。基于对英镑、日元、美元的历史数据的分析，李海峰（2011）研究指出，各国货币的国际化程度是存在较大差异的。经过实证研究，认为国家 GDP 规模和贸易竞争优势在美元、日元的国际化过程中，起到决定性作用，然而在英镑的国际化进程中，历史沿袭这一变量发挥了积极作用。

邓黎桥（2014）选取了美元、日元、英镑等数个具有代表性的货币，搜集相关数据进行了比对研究，数据时间序列是从 1987 年开始以及此后的 20 多年时间，通过数学计量方法，他利用长周期的数据资料，进行了建模和计算论证、比对分析，研究得出了货币国际化规律和相应模式，也应用此理论对人民币的国际化进行了预测和评价。他的研究发现，在人民币国际化发展中，资本项目开放程度对人民币的国际化产生相当巨大的影响。

2.4.1 人民币国际化的最优货币区理论

针对外贸交易中计价结算货币的选择，Tavals（1991）在研究中指出，影响一国对外贸易中货币选择的重要因素为出口商品的显著差异，如果该国出口品与他国能够生产的产品的差异度越大，这样该国货币在外贸交易中承担结算货币功能的可能性加大。Tavlas 利用最优货币区理论展开研究，指出贸易一体化、通货膨胀以及金融市场成熟度和发展水平等影响因素，能够解释一国货币为何可以在国际贸易中作为结算记账单位，进行交换和作为储藏货币。

Rey（2001）研究发现，一国货币在国际上的需求两与其商品出口量相关，他指出，一个国家的外向型经济和海外市场越发达，其出口商品的量就越大，那么该国货币的背他国需求量一般而言就越大。P. Bacchetta 和 E. van Wincoop（2002）从一般均衡的角度

---

① 李稻葵，刘霖林. 人民币国际化：计量研究及政策分析 [J]. 金融研究，2008（11）：1-16.

展开分析，提出一套新理论，其研究证明了国际货币的选择与诸多影响因素关系较为紧密，如贸易商品的属性和数量等。

2.4.2　跨境贸易结算与人民币国际化研究

国外学者开展了一系列研究，分析货币国际化和货币结算间存在何种关系，主要研究问题是针对贸易计价和结算货币如何选择确定，研究的角度包括结算货币的交易成本大小、贸易产品的差异化程度、出口的对象国、贸易伙伴国市场发达程度和其他经济因素等。基于货币交易的成交角度，Swoboda（2006）指出货币的交易成本应该与其成为结算货币的可能性大小挂钩。但是Krugman（2011）的研究结果却表明货币的交易成本与贸易品交易的规模呈反比，后者规模扩大则交易成本下降，而且形成规模效应。研究表明，一国贸易商品一旦实现了规模效应，就很可能在贸易结算中出现该国货币的交易惯性，这种惯性还会不断向世界范围扩散，最终可以在全球范围内构建起强惯性的交易网络，其典型代表就是美元。

"麦金农假说"从贸易品竞争力角度出发，对贸易结算货币选择问题进行论证，研究认为，一国货币成为结算货币的根本条件来源于该国经济的发达程度：该国经济发展水平越高，技术水平越高，则其在贸易品差异化上拉开的距离就越大，该国产品在国际市场竞争力就越强，该国对结算货币的选择就更有发言权。同时，贸易对象国也是交易结算货币的重要选择对象，当两国都是发达国家时，一般会采用出口国货币作为贸易结算货币，即以"道格拉斯法则"标准；当两国均为发展中国家时，则也可能会选择同样或更高经济发展水平的第三国货币作为贸易结算货币。

2.5　汇率水平与机制对人民币国际化的影响研究

2.5.1　汇率水平变化对货币国际化的影响

人民币国际化必然要求人民币汇率机制不断改革和完善，人民币汇率变动对中国与"一带一路"沿线国家开展贸易有着直接影响。汇率变动对中国贸易净出口的影响，含有汇率水平变动和汇率波动两个要点。早期有关汇率水平变动对一国出口贸易影响的研究，主要是基于分析 Marshall-Learner 条件能否成立而进行的研究，Bahmani-Oskooee（1985）等人经研究，认为 Marshall-Learner 条件是成立的，Demirden 和 Pastine（1995）等的研究结果却表明 Marshall-Learner 条件无法成立；由于后续研究的发展，国际上不少学者转变了研究方向，开始就汇率水平变动幅度对某国及其贸易伙伴国双边贸易的影响程度展开研讨（Irandoust 等，2006）。

Hooper 和 Kohlhagen（1978）、Chowdhury 和 Abdur（1993）都研究了汇率波动如何影响一国出口贸易，这些学者分析认为汇率波动将增大出口风险，进而降低出口商的收益水平，最终会不利于一国贸易的发展。Dellas 和 Zilberfarb（1993）持不同观点，另一种研究基于期权定价理论，结果表明两国贸易商之间假设还有未执行的合同，其实就相当于期权，如果交易风险越大，其收益就越大，这样汇率波动增加反而可以促进一国对外贸易的增长。还有一种观点，Barkoulas（2002）研究认为汇率波动对贸易没有影响或其影响状态不确定。

2.5.2 汇率水平与机制对人民币国际化的影响

国内学者关于人民币汇率水平变动对中国出口贸易影响方面的研究相当多，其中，卢向前、戴国强（2005）研究认为，人民币汇率的水平变动会对中国出口贸易产生显著的影响。李宏彬等（2011）的研究基于微观层面，测算了中国出口贸易的汇率弹性，证实了人民币实际有效汇率的升高会引发中国出口贸易额的下降。根据双边贸易数据，范祚军、陆晓琴（2013）进行了相关研究，结论表明人民币升值可以部分矫正中国与多数国家在双边贸易上的不平衡性，但仍然更强调其辅助作用。张伯伟、田朔（2014）则根据国别面板数据进行分析计算，研究发现人民币汇率如果大幅升值将对中国贸易出口产生负面作用。

李广众和 Voon（2004）分析指出，人民币汇率波动对不同行业归属的制造业部类的影响有较大差异，不能一概而论，认为汇率波动就产生负面冲击。曹阳、李剑武（2006）研究表明，长期的人民币汇率波动，其幅度如果增大将对中国的外贸出口产生负面影响，但是在短期内其负面影响并不能产生太显著的效果。谷宇、高铁梅（2007）利用长周期的年度数据进行分析，结果显示人民币汇率波动增大，无论在长期和短期都会对中国的出口贸易产生负面的影响。戴翔、张二震（2011）的研究也表明，汇率波动加大对中国的出口绩效产生了显著的负面冲击作用。

人民币国际化的两大前提条件包括：第一，保持人民币的币值稳定；第二，实现自由浮动。只有币值稳定的货币才会被其他国家或地区作为国际货币所使用和持有。王凯、庞震（2016）研究论证，中国应提高人民币汇率双向浮动的弹性，加快人民币汇率制度改革，改变人民币汇率单边升值预期的现状。国外学者 Prasad 和 Ye（2011）指出，人民币不可能在短期内超越美元的国际化水平和世界地位，最主要原因是中国仍然实行外汇和利率管制。随着人民币逐渐发展成国际投资货币，然后进阶为储备货币，中国也会与美国一样，既要保持国际收支平衡，又要维持人民币汇率稳定，进入“特里芬难题”那样两难的政策选择阶段（陈建奇，2012）。

蔡彤娟、林润红（2018）研究论证了人民币汇率波动对“一带一路”区域范围内选用人民币的国家具有一定的区域辐射性，其中体现出的均值溢出效应、正时变相关性相较强烈，以及伴随一定的联动持续性，但是人民币辐射能力并不强，表明人民币在“一带一路”沿线国家的认可和接受程度仍然处于较低的程度。中国应继续扩大在“一带一路”沿线国家跨境人民币业务，致力于提高人民币在“一带一路”沿线各国的认可程度，持续加强我国与"一带一路"国家的金融合作，加快推动境外开发区建设和离岸人民币业务试点，同时加强人民币海外债券市场建设，逐步建立以人民币为核心的区域金融稳定机制。

2.6　对已有研究文献的评述

2.6.1　贸易结算影响人民币国际化实现路径的理论评述

从人民币国际化实现模式看，被学界最为认同的模式可以分两种：一是由殷剑峰（2011）等人提出的由激进、危险的"贸易结算+离岸市场、资本项目开放"逐步转变到"资本输出+跨国投资"的新模式；二是由丁一兵（2016）等人提出的的新型"中国模式"。以上两个模式存在显著差异，与第二种模式相比，第一种对于人民币国际化长期稳健的发展更加关注。目前的突出问题之一，就是进口的人民币化远高于出口的人民币化，这种极不合理的贸易结算支付结构，已经给我国的出口企业带来非常严重的汇率风险问题，对人民币国际化发展有很大阻碍作用。因此，单纯依靠扩大跨境贸易中人民币的结算支付规模，并不能促进人民币国际化发展，而是应通过资本项目逐步实现逆差来促进人民币对海外的输出，从而提高人民币国际化水平。

结算货币选择理论被国内学者充分接受，用于研究我国的跨境贸易中人民币结算对其国际化的影响。从实现路径来看，人民币国际化既要谋划未来进程如何发展，也要切实推进跨境贸易的人民币结算等基础性工作。张长湧（2010）、吴念鲁（2009）、赵锡军（2009）等人总结了人民币国际化的实现路径：按照货币职能来依次实现，人民币国际化可以选择"结算货币—投资货币—储备货币"循序渐进的路径；按人民币流通的主要区域来规划，人民币国际化实现路径可以遵循"先期周边化—中期区域化—最终阶段国际化"的三步走发展战略。上述两条路径说明，人民币在跨境贸易中的结算支付是其国际化初级阶段的主要使用方式并起到基础作用。

另外，从分析影响人民币国际化的各种因素的角度出发，研究跨境贸易人民币结算情况看，李婧（2013）认为离岸人民币市场的发达程度是影响跨境贸易人民币结算的关键因素，也对人民币国际化产生重要影响。另外，因为高度规范发达的国内金融市场，具有促进国家宏观经济稳定增长的作用，而且能保证通货膨胀维持低水平，汇率利率平稳，所以国内金融市场成熟度也一定程度上决定了跨境人民币结算和支付情况，所以是一个非常重要的因素。此外，贸易中人民币支付比例、中国与各国签署的货币互换总金额等也对跨境贸易的人民币结算起到同样重要的作用，也深刻影响着人民币国际化发展。

定量测度与定性分析这两种模式是研究人民币国际化程度的最主要方法，其中选择合适的数据尤为关键。李稻葵（2008）、李建军（2013）、张英梅（2013）等研究，利用主成分分析法测算了人民币国际化的影响因素，研究发现跨境贸易中的人民币结算对人民币国际化指数高低起到了关键作用。研究关键在于如何对跨境贸易人民币结算进行确定，还有分析能够共同影响人民币国际化的各种因素。多项研究结果论证了金融市场发展水平、人民币外汇额占比、货币互换规模、人民币境外支付总额在全球占比等影响了跨境贸易中的人民币结算，而上述多个方面通过人民币跨境贸易的结算支付间接地提升了人民币国际化水平。

2.6.2　人民币国际化相关理论的评述

2009 年央行开始试点人民币跨境业务，这一时间点被认为是人民币开启国际化的 T_0 原点，从此时起，国内外对人民币国际化的关注和研究也日益增多。尤其是 2008 年美国次贷危机以及此后的欧债危机，共同引发了全球金融危机，使美元、欧元为主的世界货币体系显示出诸多问题，国际上对现行世界货币体系进行改革的要求越来越突出，需要通过多元化国际货币的措施，来分散全球的货币支付体系过度地依赖美元而存在的潜在风险。作为世界第二大经济体的中国，拥有最大外汇储备规模，由于中国经济实力不断增强，世界各国日益关注人民币的国际化。

2.6.2.1　人民币国际化的时机和具备的条件

弗兰科尔（2012）和加格农（2014）研究认为，假设中国无法彻底开放国内金融市场，并放松对资本的管制，人民币就不可能实现真正的国际化。刘辉、巴曙松（2014）在分析了中国的经济现状、当时的国际形势以及亚洲区域的经贸合作后，认为人民币国际化的推进时机已成熟。刘艳靖（2012）用实证方法分析了影响国际储备货币构成的多项因素，通过比较分析中国与世界主要国际货币发行国的经济贸易发展情况，认为人民币已具有国际化的初始条件。

黄益平（2009）研究认为我国的经济实力不断增强，人民币区域化程度就不断加深，经济体制改革不断深化，金融市场不断发展，人民币的良好信誉、日趋完善的外汇管理体制、长期币值稳定等都成为了有利条件，当前既有的国际货币体系问题较多，亟待改革，这也给人民币国际化创造了重要机遇。

同时部分学者也认为人民币走向国际化的时机尚未到来，政府应该以国内金融市场改革为核心任务，在国内市场继续发展，基础条件成熟后，再开启人民币国际化。何帆（2009）、郝宇彪、田春生（2011）研究认为，如果不进行汇率制度改革，货币国际化可能会导致更剧烈的资本流动，也会对国内金融体系产生较大冲击。因此，除非国内金融体制改革完成，否则人民币国际化就不应冒进。

综上所述，当前对于人民币国际化，学者们可以达成的一些共识，概括来说货币的国际化应当具备条件如下：（1）货币发行国综合国力较强和经济水平较高；（2）金融体系的开放性和发展性；（3）完备的汇率制度，币值保持稳定；（4）货币发行国社会政治稳定；（5）货币发行国贸易投资额占世界比重较大。基于上述条件，很多学者分析指出人民币国际化事实上已经具备了相当基础，现阶段改革国际货币体系的迫切性也将人民币带入重要机遇期。中国经济实力强、发展稳定和贸易规模庞大，都是人民币国际化的有利条件。

2.6.2.2　人民币国际化的收益

在 2009 年之前，国内学者的研究主要集中在对人民币国际化的时机是否成熟以及是否满足基础条件等方面。2009 年自央行启动人民币国际化进程以来，学者对人民币国际化会产生多大成本和获取何种收益等问题，进行了更多的探讨。大多数学者认为，最重要的收益就是铸币税，换言之就是，当人民币在世界上发挥支付、投资和储备功能时，人民币发行所取得的资产性收益减去货币的铸造和流通管理费后的差额，显然就会形成相当可观的财富。此后，陈雨露等（2005）研究认为，可以将货币国际化的收益分类，一是可衡量收益，二是不可衡量收益。其中，可衡量收益部分是铸币税以及在境外的投资收益和储备中获得的金融性收益。如果人民币真正实现区域化，到 2020 年我国将获得铸币税可高达 7 500 亿元[①]。

钟伟（2002）研究后也认为，作为国际货币的最大好处是可以获得铸币税，初步估计，人民币区域化可以获得的铸币税收益，相当于境外国家和货币当局对人民币的储备需求总量。人民币国际化的收益除了铸币税外，还体现在推进金融体制改革、提高人民币国际地位、规避汇率风险、降低外部融资成本和改革完善国际货币体系等方面。王国刚（2014）研究认为，货币国际化问题不能只考虑本国自身利益，应该借此促进国际经济新秩序的建立，履行中国的大国责任。

泰勒（2013）研究发现，当今的国际货币体系有诸多挑战，其中最大危机就是国际储备货币供求不对称引发的危险。这是因为新兴市场经济体由于经济贸易发展迅猛，储备货币的需求总量远远超过了主要国际货币发行国所能提供货币总额，如果以人民币填补国际市场对货币的需求，可以极大程度缓解这种危险，从而减少对现有储备货币的依赖，推动世界货币体系改革。

石巧荣（2010）研究指出，中国虽然是债权国，且国际收支平衡表常年出现双顺差，但还存在金融市场尚不完善、经济结构失衡加剧、货币冲销难度困难增大、以外国资产存在的财富缩水等问题。因此加快推进人民币国际化，使人民币早日充分参与国际借贷市场，是应对问题的有效办法。

张青龙（2011）研究指出，人民币在实现完全国际化后，会使得央行更难控制本币投放数量，对宏观政策的有效性产生影响或负面作用。马荣华（2014）认为，很多学者研究人民币国际化的成本与收益，存在简单化和固态化的错误判断，人民币国际化带来的收益不仅包含交易成本降低和铸币税获得，还必须包括货币国际声誉、影响力和政策独立性等不可量化的因素，应该从经济和政治等多维度来考虑。

---

① 陈雨露，王芳，杨明. 作为国家竞争战略的货币国际化：美元的经验证据 [J]. 经济研究，2005（2）.

综上所述，目前大多数学者一致认为，人民币国际化从长远来看，其收益远高于成本和风险，中国应抓住时机，积极推进人民币国际化。但对其成本与收益的研究仍以定性为主，少数学者的研究是定量分析，而此类研究文献只估算铸币税收益，而忽略了其他方面的可能收益。

2.6.2.3　人民币国际化程度的测度

梳理文献可知，对于测算人民币国际化程度，现有的文献主要分两类方法来进行：第一，按国际货币四大职能，列举影响人民币国际化的各种因素，有些研究也进行了计量分析；第二，先选择指标数据再加权，以此来建立人民币国际化指数。第一种研究中，Chinn & Frankel（2005）被学者们广泛采用，成为最具代表性的货币国际化模型，而李稻葵、刘霖林（2008）则从货币三种职能出发，利用各国货币当局的储备数据、贸易结算支付和国际债券存量数据里各国货币的比例等，用计量分析方法估算了人民币在整个国际货币总额中可能的占比。此外，Tung，Wang & Yeh（2012）的研究，还采用主成分分析法，构建了货币国际化程度指数，该指数主要包括储备货币占比、外汇交易占比、国际债券占比、银行外币资产占比、银行外币负债占比，还包括盯住货币比重以及贸易计价货币比重等数值。

王云、余道先等（2015）采用协整方法研究人民币国际化，对其影响因素进行了研究，验证了人民币国际化与汇率升值、经常项目顺差呈显著正相关，而与资本和金融项目下的顺差是负相关。部分学者选取了国际市场上流通使用的人民币相关数据指标，测度分析了人民币国际化所处的阶段和水平。张光平（2011）分析了含人民币在内的30国货币（2007年、2010年）两年的数据，得出结论：人民币国际化水平有所提高，但整体水平仍偏低，与中国经济贸易发展水平不相适应。

李建军、甄峰、崔西强（2013）的研究从跨境贸易结算支付、金融市场发展程度和储备货币三个角度切入，通过比较分析多个国家货币的数据，估算了人民币国际化程度，得出了相比于世界上最主要的国际货币，人民币国际化水平目前仍较低的结论。但是上述研究均是选择一种或几种货币职能来分别分析计算的，尚未做成综合指标体系。

构建国际化指数是衡量人民币国际化水平的一种重要方法。典型的指数，如人民大学RII指数，该指数研究验证了现阶段人民币与美元、欧元等主要国际货币的国际化水平差距较大，但如不发生重大负面冲击，人民币可能通过3～6年的时间，成为世界第三大国际货币。李瑶（2003）的研究也建立了货币国际化指数，以此衡量一国货币达到的国际化程度，结论也显示人民币国际化程度偏低。

综上，随着国际社会对人民币的认可和接受程度提高，同时国内经济实体也逐步认同人民币应发挥国际货币的多项功能，人民币国际化程度近年来已明显提升。

2.6.2.4　人民币国际化与"一带一路"建设发展同频共振

一些研究将"一带一路"划分不同区域，选择其中一个区域进行分析，评价人民币国际化程度。如赵志（2016）的研究就针对中国与五个斯坦国家之间货币合作。另外不少的文献对人民币在"一带一路"相关国家和地区的国际化总体程度开展分析。宗良（2017）也研究分析了人民币国际化发展与"一带一路"建设的协同效应。在应用 OCA 指数的研究也日渐增多，万志宏等（2005）选择了构建了 OCA 指数，分析美元在东亚的货币合作情况，测算了其货币合作成本，结果表明，美元在东亚开展货币合作成功可能性较小。

对"一带一路"沿线区域人民币国际化程度的研究，很多仅是规范性的论述，对样本国家的选择也缺少一定的标准；有些研究对"一带一路"沿线各国进行整体分析，不区分国家差异，致使研究重点不明确，且结论是建议政府层面的推动和改革。而本文利用 OCA 指数，将人民币国际化的研究推入实证分析阶段，将"一带一路"沿线国家分成多个区域，估算了人民币在不同区域的货币合作成本。

2.6.2.5　对货币国际化影响因素的研究情况

目前国内外学者经过研究，已将一国的经济总量、贸易规模、资本市场成熟度和币值稳定性等作为人民币国际化的重要影响因素。Kubarych 提出一个国家的贸易体量与该国本币的外汇需求成正比，境外大量对本币的需求能加强本币的定价话语权。李稻葵（2006）借助 Frankel 的研究和相关文献，总结整理出影响货币国际化水平的多种因素，包括 GDP 总量、通胀率、汇率变动幅度和真实利率水平等。

彭红枫、谭小玉（2017）研究发现，虽然由于中国的货币政策和金融制度本身存在结构性缺陷，全球市场中人民币使用量占比长期处于较低水平，但几年来人民币在世界各国被越来越广泛地使用。经济规模、贸易增长与币值稳定等经济基本面因素对确定货币国际化有着至关重要的作用。中国应该从内部因素着重发力，进一步完善我国的资本市场体系和金融政策制度。

林乐芬、王少楠（2015）研究发现，经济规模、对外直接投资、贸易增长、市场自由度等因素很大程度上决定了货币国际化水平，"一带一路"发展促进了中国与相关国家和地区经贸规模的快速扩大，活跃了和沿线国家的贸易往来，在人民币国际化的进程中发挥了强有力的促进作用。

针对相关文献按时间顺序进行梳理，另外通过统计分析 1990 年以来围绕上述研究主题发表的文献，通过知网等检索关键词，统计发现（设定关键词"人民币国际化"），1990—1999 年研究相关领域的文献仅有 30 篇。2000—2013 年，相关文献数量大幅度上升到 879 篇。2013 年作为新的里程碑年份，在"一带一路"倡议发布后，人民币国际化成为了研究的热点问题。特别 2013 年之后 7 年时间里，有关人民币国际化的研究文献总计达到 8273 篇。其中，仅 2016 年一年内发表的研究成果数量就超过了 1990—2009 年这 20 年的成果总数。

由此我们可以发现 2001 年是研究人民币国际化的一个重要分水岭，这一年之后国内研究人民币国际化掀起了热潮。因此就自然可以把 1990—2000 年作为我国学界研究人民币国际化的第一阶段。在 2001 年之后，随着"区域化"等字眼成为研究领域的热点词汇，区域货币的决定因素等开始进入到人民币国际化的诸多研究领域，相关论文数量迅速上升，2001—2009 年是第二阶段。同时，经过统计观察发现，2009 年后关于货币国际化进程的成果呈现新一轮大幅增长趋势。而且 2009—2015 年，相关文献数据达到 4725 篇，此后三年又在此基础上增长到 4884 篇。因此，2009 年成为研究人民币国际化的又一时间节点，2009 年之后属于第三阶段。从宏观层面分析，由于 2008 年美国次贷危机发生，随后波及全球。成为世界金融危机，导致人民币国际化出现新一轮关注热潮，人民币参与国际货币体系改革与治理，逐渐超越原先的"区域合作"理论被更多专家学者进行研究。2013 年我国开始倡导和推进"一带一路"建设，大大加快了人民币国际化的进程，此后 7 年多时间里，关于货币国际化的论文成果，虽然增长迅速，但没有出现如预期般的爆发式增长。

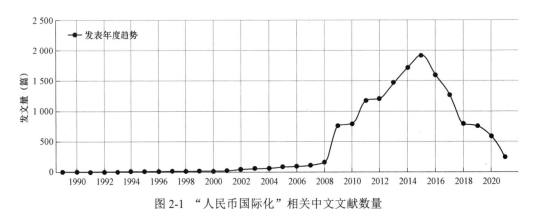

图 2-1 "人民币国际化"相关中文文献数量

（数据来源：中国知网）

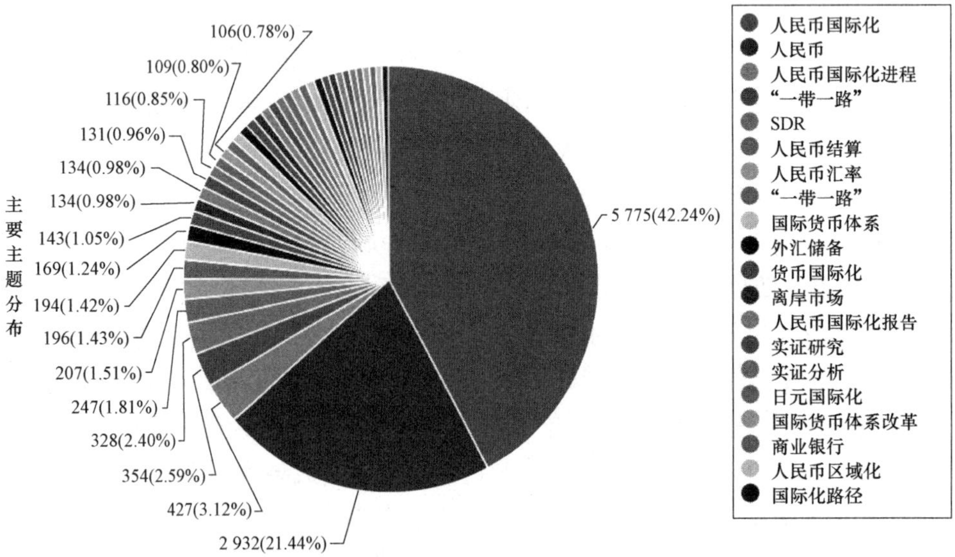

图 2-2 "人民币国际化"相关中文文献的计量可视化分析图

（数据来源：中国知网）

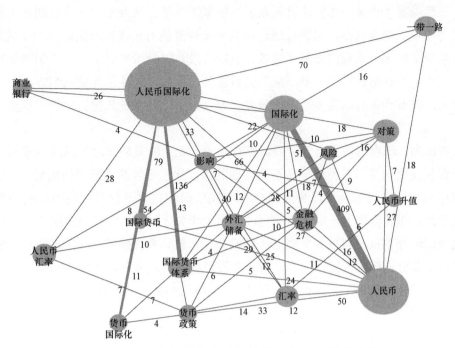

图 2-3 "人民币国际化"相关文献关键词共现网络频次数

（数据来源：中国知网）

综上，通过对文献的分析可发现，早期的人民币国际化研究，主要研究重点是汇率变化对进出口贸易总量产生的影响，未考虑贸易总量和双边贸易之间存在差异。随着研究深入，有的学者利用双边贸易数据，来研究人民币汇率变动对出口的影响，研究认为人民币汇率升值或汇率剧烈波动都可能对中国的出口产生负面影响，研究也表明汇率对不同出口目的地国的影响存在差异。

目前关于人民币国际化的研究取得了一定程度的可喜成果，但依旧存在着以下不足：第一，到目前为止，学者们还没有充分使用我国同"一带一路"各国的双边贸易数据，因而人民币汇率水平及其波动变化对于我国出口贸易的具体影响还不得而知。随着"一带一路"建设不断深入，关于此问题的研究，其理论与现实意义显得越来越重要；第二，存量研究文献在分析人民币汇率变化对中国出口的影响中，并没有注意到我国身份的特殊性带来的影响，我国当前作为"中国—东盟自贸区"的一员，且我国不存在加入欧盟的可能性，因此人民币汇率的升降波动对我国与东盟之间的出口以及我国对欧盟的出口分别具有差异较大的影响，而已有的研究中均未提及这一点；第三，此前研究更多地把研究重点放在了人民币汇率变化对一国贸易产生的影响，而关于人民币汇率波动的影响仍是一块较为空白的研究领域，各种研究也并未得出统一的观点；第四，未能充分关注 2005 年汇率制度改革，对于这一次汇改的重要意义和影响作用研究还不深入。

综上，国际上关于货币国际化的研究已经比较成熟，采用的方法和切入的角度也相当多元化，且已取得了较为丰硕的成果，对于国内学者今后开展研究有很大的参考借鉴意义。虽然随着"一带一路"建设的发展，很多国内学者认为当前这一时期是人民币国际化发力前进的绝佳时点，也通过理论研究和实证分析对于人民币国际化的发展现状、问题及前景提出了一系列的意见和建议，但现阶段我国学术界对于人民币国际化研究水平尚待提高，特别是针对"一带一路"贸易发展与人民币国际化互动机制方面的研究还不够深入。目前已有的成果多是定性研究，难以得出一些通过数据支撑的定量分析研究结论。

作者认为，现有的相关研究，明显存在两点不足：一是缺乏对于沿线国家和地区与中国的贸易发展期待与各种货币在不同区域的国际化水平等深入研究的成果；二是尚未形成对区域内相关国家和地区分类基础上人民币国际化对于贸易发展的影响等研究成果。鉴于此，作者确定了一定时间序列，采集了相关区域内多国经济金融方面的数据以及人民币国际化数据，利用多个实证计量模型和指数体系，分析沿线国家的经济贸易现状，通过实证分析得出人民币在"一带一路"沿线各国发挥国际货币诸功能的程度和影响因素，最后分析得出了人民币国际化"三阶段+五职能"的新路径。

第三章

"一带一路"贸易发展与人民币国际化现状分析

3.1 中国经济贸易发展水平提高推动了"一带一路"贸易发展

一个国家的经济实力为该国扩大对外贸易提供了经济实力的保障，也为该国主权货币的发行和流通提供了支持作用，该国货币是否会被其他国家和地区所接受归根结底也是由其经济实力决定的。一般来讲，评判一国经济实力强弱的主要看该国 GDP 规模及其在世界经济总量中的占比，另外，还可以参考该国贸易量在全球国际贸易总量中的占比，这些指标反映出一个国家在经济贸易方面的绝对实力和其在世界经济格局中的相对实力与地位。随着中国经济稳步增长，综合国力日益增强，中国已成为具有全球影响力的第二大经济体，中国的经济发展水平进入了一个新的高度，中国的开放格局也有了全新变化，这个阶段要求国家的经济活动要从单纯的对外贸易形成的商品输出，逐步转变到由贸易、投资和金融交易协同形成的资本输出阶段。中国以现有的经济实力和贸易投资能力推动"一带一路"的建设，将会为"一带一路"新经济走廊及相关国家（地区）的发展提供强大推力。

3.1.1 中国经济规模保持逐年扩大

2010—2020 年期间，中国 GDP 逐年增加，从 2010 年的 41.2 万亿元增长到 2020 年的 100 万亿元以上，实现了翻一番的总目标，在世界经济中的地位也迅速提升。2011 年中国 GDP 增长率 18.4%，为 10 年内最高增速。2014 年以后，中国 GDP 增速放缓。从 GDP 增长率上看，2010—2020 年可以分为两个阶段，一是 2010—2013 年，仍处于高增速阶段；二是 2014 年之后，中国 GDP 增速有所放缓，全国经济实质已经进入增速换档期，中国 GDP 增速此后一直呈下降趋势。

十九大报告也指出：中国经济进入换挡期，目前正处在转变发展方式、优化经济结构、转换增长动力的攻关期，国家经济发展的指导思想也已经转变，不再一昧地追求高增速发展、粗放式发展，而是强调体质增效，逐步实现共同富裕[①]。同时，中国 GDP 份额占世界总量的比例逐年提高，由 2010 年的 9.3%的比重增加到 2020 年的 17.5%，虽然近年中国 GDP 增速减缓，但中国经济仍实现了平稳增长。新冠疫情爆发后，中国成为唯一实现正增长的大经济体，说明中国经济实力仍在不断增强，在全球经济中的话语权在不断增大，为人民币国际化提供有力的经济支撑。

表 3-1　中国 GDP 增长及对世界的贡献（2010—2020 年）

	2010	2011	2012	2013	2014	2015	2016	2017	2018	2019	2020
GDP 总量（亿美元）	60 871	75 515	85 322	95 704	104 756	110 615	112 332	123 104	138 948	143 429	147 250
GDP 占世界比例	9.25%	10.33%	11.42%	12.46%	13.24%	14.77%	14.73%	15.16%	16.07%	16.34%	17.50%
中国 GDP 增长对世界贡献率	17.25%	20.39%	21.70%	22.47%	21.36%	21.70%	23.06%	21.26%	21.09%	29.80%	32.30%

（数据来源：中国国家统计局官网、投资数据网 https://www.touzid.com/）

2010 年，中国 GDP 排名首次超过日本，排名世界第二，仅次于美国。在 2010—2018 年期间，我国 GDP 世界排名始终稳居第二，并逐渐缩小了与美国之间的距离，为世界经济增长做出了巨大的贡献。2020 年新冠疫情爆发后，中国管控措施成功，重启经济后增长迅速，而多数西方国家疫情失控、经济停滞，这就进一步缩小了中国与美国、欧盟在经济总量上的差距。同时中国对世界经济的拉动作用也在不断上升。据国际货币基金

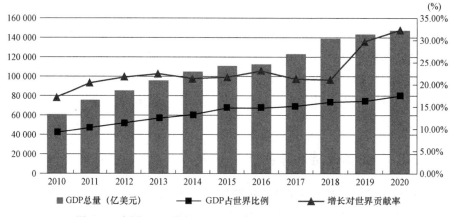

图 3-1　中国 GDP 增长及对世界的贡献（2010—2020 年）

（数据来源：中国国家统计局官网、投资数据网 https://www.touzid.com/）

---

① 中国共产党第十九次全国代表大会报告《决胜全面建成小康社会 夺取新时代中国特色社会主义伟大胜利》，习近平代表第十八届中央委员会于 2017 年 10 月 18 日在中共十九大上做的报告。

组织（IMF）权威统计，2010 年中国经济发展对世界经济增长的贡献率达 17.25%，2011—2018 年中国对世界的贡献率也持续稳步提高；在 2019 年和 2020 年，中国经济增长对世界的贡献率急速提升，2020 年中国经济增长对世界的贡献率突破了 33%，中国经济发展成为拉动世界经济增长的重要引擎，人民币国际化由此获得较多加分。

3.1.2 中国对外贸易总额保持稳定增长

2010—2020 年期间，中国对外贸易一直保持稳定增长态势，贸易总额从 2010 年的 2.974 万亿美元增加到 2014 年的 4.302 万亿美元，4 年共增长 44.7%，年复合增速达到 9.7%。2010—2015 年期间，中国外贸在全球国际贸易总额的占比自逐年增加，2016—2020 年，中国贸易额在世界占比的变化不大，较为平稳，在此期间有个别年份的外贸进出口总量和比此前年份略有下降。2017 年全球经济开始复苏，全年中国进出口持续增长，当年贸易额同比增长 11.4%，一举扭转连续两年增速下滑趋势。然而进出口贸易依然面对诸多不确定因素，主要表现为 2018 年开始的中美贸易摩擦，中国外贸出口受到巨大冲击，导致国际贸易环境恶化，深层次矛盾表现更为突出，全球产业竞争空前激烈，这又导致各国贸易保护主义继续抬头。2020 年初新冠疫情爆发，世界大部分国家经济进入短期停摆期，全球经济衰退，由于中国疫情控制得当，成为全球生产安全岛，导致出口量激增。2020 年，中国外贸在全球国际贸易总额的占比已达到 12.8%（WTO 数据）。中国持续的经济发展和贸易增长，有利于推动人民币资本项目的开放，也有利于人民币国际化进程。

表 3-2 2010—2020 年中国外贸总额增速及占全球贸易比重
（2010—2020）

年份	中国进出口总额（亿美元）	中国进出口增速/%	中国在全球的占比/%
2010	29 740.01	17.8%	9.65%
2011	36 418.64	22.5%	9.88%
2012	38 671.19	6.2%	10.39%
2013	41 589.93	7.5%	10.95%
2014	43 015.27	3.4%	11.29%
2015	39 530.33	−8.1%	11.86%
2016	36 855.57	−6.8%	11.40%
2017	41 071.64	11.4%	11.48%
2018	46 224.05	12.56%	11.58%
2019	45 778.91	−0.1%	13.1%
2020	48 477.03	1.9%	12.8%

（数据来源：根据中国商务部官网、WTO 官网数据整理）

3.1.3 中国外汇储备额度充足

加入 WTO 近 20 年来，中国外汇储备始终比较充足，外汇储备总规模从 2008 年的

1.94 万亿美元，提高到了 2014 年的 3.84 亿美元，外汇储备余额实现六年连续增长，在 2014 年达到了当时最高峰，与 2008 年相比几乎翻一番，但 2015 年和 2016 年，中国的外汇储备总规模分别同比下降 13.3%和 10%，此后趋于稳定。到 2020 年末，外汇储备余额已达 3.22 亿美元，较 2019 年末上升 3.6%，净增加 1 086 亿美元。这种情况是由于中国 OFDI 对外直接投资增长、人民币计价资本外流、贸易中美元使用削减、人民币加入储备货币行列等因素造成的。但是如果中国的外汇储备规模超过了实际需要，就会推动人民币升值过快，或者因结汇超发人民币出现通胀等问题，币值不稳将影响人民币国际化的推进。中国应维持较充足的储备余额，同时想办法逐步适当减少外汇流入量，将对推动人民币国际化产生有利影响。

表 3-3　2010—2020 年中国外汇储备余额

年份	外汇储备余额（亿美元）
2010	28 473
2011	31 811
2012	33 116
2013	38 213
2014	38 430
2015	33 304
2016	30 105
2017	31 400
2018	30 727
2019	31 079
2020	32 165

（数据来源：国家外汇储备局）

中国一直致力于推动人民币作为贸易结算货币，至 2020 年末，中国外贸进出口中人民币结算约为 28%，全球贸易结算总额中人民币占比达 3.4%。2017 年以来，人民币以国际支付方式统计在全球货币中的排名不断上升。2020 年 1 月，据环球同业银行金融电讯协会（SWIFT）统计数据显示，人民币在全球支付货币中的市场份额是 1.75%，在全球支付货币中位列第五，仅次于美元、欧元、英镑及日元。特别是在离岸市场中，以人民币计价的国际债券，无论是发行规模还是交易总量都快速上升。其中，国际清算银行 BIS 的数据直观地说明了这一结论，数据显示 2010 年时国际债券市场中人民币计价产品仅为 0.07%，排名全球第 17 位；2010 年至 2014 年这四年间人民币计价量快速增长，至 2014 年时占比已增长到 0.5%，在全球排名处于第 8 位。到 2020 年底，在国际票据余额中，美元占 42.7%，欧元占 37.4%，英镑占 14.6%。日元占 1.9%，由各国主权货币计价的国际债券发行量可以看出，人民币国际化的进程依然任重而道远。

3.1.4 跨境贸易结算规模推动人民币交易持续增长

跨境结算是指：在央行规定政策范围内，对跨境贸易和部分零售结算有需求的企业，提供客户跨境收付款服务，同时将人民币充当收付业务中的结算货币。2009 年，全国首批跨境结算试点在沪、穗等四个城市率先开展。2010 年来，中国制造、输出的实物商品为人民币走向海外提供了坚实的物质基础，因此以跨境贸易结算推动人民币国际化是基于中国经济结构的特点和人民币的相对比较优势[①]。2012 年人民银行取消了限制出口试点企业的政策。至此，与贸易相关的人民币跨境结算实现全面放开。

3.1.4.1 跨境贸易人民币结算规模平稳增长

2011—2015 年我国跨境贸易的人民币结算规模逐年增加，在 2015 年，我国跨境贸易的人民币结算规模达到 7.23 万亿元，为近几年的最大规模，2016 年同比下降 28%左右。2017 年跨境贸易中人民币结算业务总规模达 4.36 万亿元，相比 2016 年减少 0.87 万亿元，同比下降 16.63%。2018 年跨境贸易的人民币结算总额为 5.11 万亿元，同比增长了 14.7%，人民币结算规模增速趋稳。这与"一带一路"倡议的推进实施有着密切关系，中国与沿线国家的经济贸易活动使资源在域内有效流动起来，推动了人民币的交易媒介职能在沿线地区得以发挥。2015—2020 年中国跨境贸易人民币结算业务发生额总体呈现先下降后上升趋势，2020 年中国跨境贸易人民币结算业务发生额 6.77 万亿元，同比增长 12.09%。中国金融市场较为发达并逐步开放，人民币国际化的呼声随日益高涨。

3.1.4.2 人民币跨境收付差收窄

2010 年，人民币跨境贸易结算总额约为 0.51 万亿元，其中实收 0.08 万亿元，实付 0.43 万亿元，其收付比达 1:5.5，也就是说，约有 80%的进口贸易用人民币结算，但在贸易出口方向采用人民币结算仅为 20%左右，当年 0.35 万亿元人民币向境外其他国家流出，跨境贸易中的人民币结算明显失衡。2011 年开始失衡状况明显改善，跨境贸易中人民币进口结算占比大幅提升，变为 1:1.7。人民币收付逆差扩大，意味着人民币通过贸易渠道流向境外。2015 年收付比达到 1:0.96[②]。结算业务不仅要关注总额增长，也要促进持续的结构优化，保持长期稳定发展的良好态势。既要维持一定的净流出人民币，又要确保结算收付比合理可控，也要让人民币汇率基本稳定，这才能促进人民币国际化发展。

3.1.4.3 人民币跨境结算金额逐年递增

2009 年，我国跨境贸易人民币结算尚不足 36 亿元，到 2018 年时，人民币结算业务总规模达 5.11 万亿元，即增长 1 400 多倍。截至 2020 年底，中国进出口贸易中采用人

---

① 陈小荣."一带一路"建设对人民币国际化的影响研究［D］. 河北大学博士学位论文，2019.
② 《2016 年人民币国际化报告》［R］，中国人民银行，2016.9.

民币进行结算约占 31%，但从全球范围看，世界贸易额中人民币结算比例仅为 3.38%。

据 SWIFT 的官方数据表明，截至 2019 年 1 月，在全球支付市场，人民币的比重为 2.15%，排在美元、欧元、英镑及日元之后，是支付货币第五位。2009 年 7 月，中国正式启动人民币跨境结算试点，其业务规模在短短几年里迅速扩大，人民币结算业务在交易品种和便利化方面都进行了创新和改革，也进一步拓展了结算领域和渠道。同时，人民币结算业务提高了境外经济主体和个人对人民币的信任度，现在越来越多的贸易参与者有强烈意愿将人民币作为结算货币，这极大地推动了人民币在跨境贸易中结算业务量的增加。

表 3-4　人民币跨境贸易结算额及增速（2010—2020 年）

年份	人民币跨境贸易结算（万亿元）	增速/%
2010	1.68	---
2011	2.08	23.8%
2012	2.94	41.3%
2013	4.63	57.5%
2014	6.56	41.7%
2015	7.23	10.2%
2016	5.23	27.7%
2017	4.36	16.6%
2018	5.11	17.2%
2019	6.04	18.2%
2020	6.77	12.1%

（数据来源：根据中国人民银行官网、IMF 官网数据整理）

人民币实现在跨境贸易中开展结算，这为贸易发展和对外投融资都提供了较大便利，中国金融机构推进跨境人民币业务的全面开展，显示了金融服务对境内外实体经济的支持力度正在加大。从境外情况看，东南亚十国以及中国港澳两个特别行政区首先开展跨境结算项目，而境内选择了上海市、深圳市等金融业发达地区开展首批跨境结算试点工作，虽然 2009 年全部结算额仅为 36 亿元，但是此后业务规模增加飞速。通过观察数据，我们可以看到图 3-2 显示出在 2016 年前，结算规模增长迅速，增速持续上升，此后两年总规模略有下降，进入 2018 年之后又恢复了增长，呈现小幅波动趋势，2019—2020 年呈现持续稳步增长。

中国央行已经基本放开经常项目和资本项目下的人民币跨境结算业务，人民币业务确实可以自由兑换，货币跨境流通和支付是人民币国际化中的核心关键环节。从跨境贸易总体规模分析，到 2009 年，在中国开展结算试点后，结算累计总额持续增长，期间仅有两年是较小幅度负增长，到 2020 年年末，人民币结算累计金额已达 19.78 万亿元，人民币已经在贸易结算中居于举足轻重的位置。

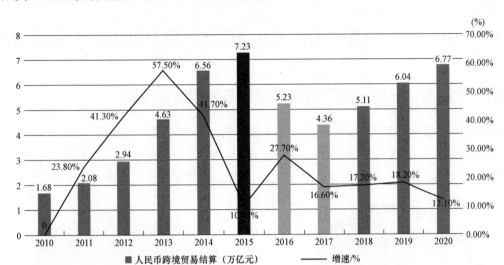

图 3-2 人民币跨境贸易年结算额及增速（2010—2020 年）

（数据来源：根据中国人民银行官网、IMF 官网数据整理）

人民币指数与跨境结算密切相关，其中，最有影响力的指数是渣打人民币环球指数，简称 RGI 指数，经过 7 年时间，已经从 2013 年基数 0 持续增长到了 2020 年 12 月的 2026 点。2015—2016 年前期，尽管汇率呈现波动形势，但交易量仍然上升幅度很大，2016 年最后一季度总交易量虽然较此前上升偏少，但对于汇率波动，市场可有序可控地做出反应。2020 年初新冠疫情爆发以来，人民币汇率稳中有升，2021 年以来人民币汇率越来越坚挺，人民币兑美元汇率的升幅日益扩大，说明人民币的货币认可度和币值稳定性、汇率制度适应性都在增强①。

3.1.5　人民币计价的债券票据发行规模快速上升

根据国际清算银行统计数据显示，2010 年，以人民币计价的国家债券发行量仅占国际债券市场总发行规模的 0.07%，居第 17 位。而在此后四年内，国际票据中采用人民币发行的规模与交易量增加迅速，到 2014 年份额已经达到 0.5%，排名已升到全球第 8 位。但根据数据显示，2017 年，美元、欧元、英镑和日元在世界金融市场中的国际债券和票据占比分别为 43.73%、38.48%、15.5%和 1.91%，表明人民币与美元、欧元等货币间仍存在较大差距。

同时，全球外汇市场中人民币的交易量也在不断扩大。据 BIS 统计数据显示，全球外汇交易量中离岸人民币在 2011 年至 2017 年间，从 0.9%上升到 4%，人民币处在全球第 8 位。这一时期，外汇交易处在世界前七名的国际货币，其份额分别为美元 87.6%，欧元 31.3% ，日元 21.6%，英镑 12.8%，澳元 6.9%，加元 5.1%以及瑞士法郎 4.8%，人

---

① 《人民币国际化报告 2021——双循环新发展格局与货币国际化》，人民大学国际货币研究所，2021.7.

民币外汇市场交易量与主要国际货币间的差距正在逐步缩小。

3.2 中国与"一带一路"沿线国家贸易互动发展现状分析

3.2.1 中国与"一带一路"沿线国家贸易发展情况分析

根据"一带一路"大数据中心测算，2020年，"一带一路"沿线国家GDP之和达到25万亿美元，占全球GDP的32%；总人口约为38亿，占世界人口的59%；对外贸易总额为9.3万亿美元，占全球贸易的28%，在全球经济贸易地图占据着重要地位。

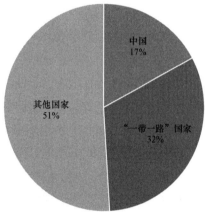

图3-3　2020年"一带一路"国家和
中国的GDP占全球比重
（数据来源："一带一路"大数据中心）

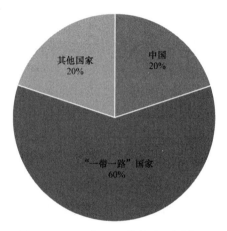

图3-4　2020年"一带一路"国家和
中国的人口占全球比重
（数据来源："一带一路"大数据中心）

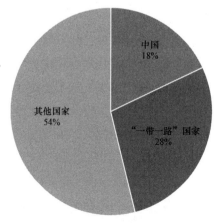

图3-5　2020年"一带一路"国家和中国的贸易额占全球比重
（数据来源："一带一路"大数据中心）

自"一带一路"倡议提出和实施以来，中国与沿线国家贸易发展稳中有进。据统计，

2013—2019 年，中国与"一带一路"沿线国家的贸易总额逐年递增，其中我国与沿线国家之间的货物贸易额突破了 5 万亿美元，并且其增速明显高于同期全国对外贸易整体增速水平。2019 年，中国与沿线国家贸易额已达 14 403.2 亿美元，同比增长 13.4%，增速高于中国外贸整体增速 5.9%。在出口方面，自 2011 年起，中国向沿线国家出口额占中国总出口额的比重逐渐上升，并于 2017 年达到相对高位。2019 年，中国对"一带一路"沿线国家进出口合计增长 10.8%，向沿线国家出口 7 848.5 亿美元，同比增长 8.5%，占中国总出口额的 34.7%；进口方面，中国自"一带一路"国家和地区进口 5 985.8 亿美元，同比增长 7.8%，在中国总进口中占比 36%。

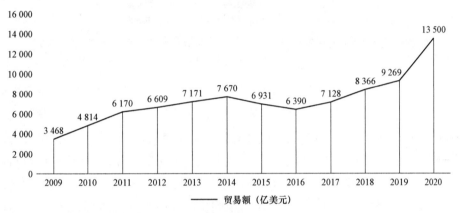

图 3-6 中国与"一带一路"国家的贸易额（2009—2020 年）

（数据来源："一带一路"大数据中心）

数据显示，中国与"一带一路"国家和地区的进出口总额在中国外贸总额中占比由 2008 年 13.26%上升为 2019 年的 36.5%，其中从沿线国家进口的数额在中国总进口数额中的占比由 2008 年的 14.22%上升为 2019 年的 36%，出口总额上升最大，占比也达到了 34.7%。通过数据可说明，中国与相关国家和地区的贸易往来和经济合作关系变得日益密切，因此中国与沿线国家的贸易总量和在中国外贸中的占比也在持续地上升。

3.2.2 中国与"一带一路"沿线国家贸易发展的分区域情况分析

将"一带一路"沿线国家分区域进行评估，可以发现中国与东南亚诸国的贸易关系最密切。数据显示，2008—2020 年，中国与东南亚实现的贸易额占其与"一带一路"国家和地区实现的贸易总额的比重从 48%升至 57%。中国与东南亚的对外贸易，发展势头长期向好，这是因为：一方面，东盟各国是中国对外经贸合作与贸易交往的优先区域，为两者间贸易增长提供了长期的动力；另一方面，中国与东盟各类对话机制开展以来，沟通顺畅、效果良好，双方签订了一系列有关贸易投资方面的协议。2010 年通过建立"中国—东盟自贸区"更大程度上推动了双边经贸的发展，（如图 3-7 所示）。

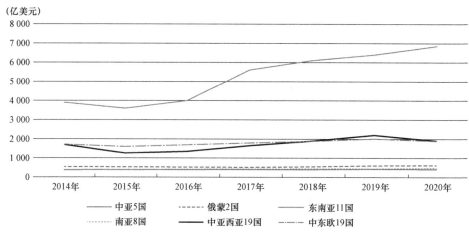

图 3-7   2014—2020 年中国与印度、东南亚及俄罗斯贸易额（单位：亿美元）

（数据来源：中国海关网）

与中国贸易关系紧密度仅次于东南亚国家的是西亚、中东 19 国。中国是能源资源需求大国，因此对矿物燃料、矿物油的需求量十分巨大，而西亚、中东地区资源丰富，其优势得天独厚，此外，中国工业制成品具有较强竞争力，可以向该地区出口急需的机电、电器等商品。数据显示，截至 2017 年底，中国与中西亚 19 国的进出口贸易规模在中国与"一带一路"国家的贸易总额中占比已超过 20%。继西亚、中东 19 国之后，南亚 8 国、蒙俄、中东欧 19 国、中亚 5 国与中国也有着较为紧密的贸易联系[①]。（如图 3-7 所示）。

2014—2020 年期间，以中国与"一带一路"沿线地区的贸易规模的增速来判断，东南亚 11 国是增速最快的地区，其次是西亚和中东 19 国，然后是南亚 8 国，而蒙俄、中亚 5 国的贸易份额出现下降。从国家角度来看，2020 年，在"一带一路"国家与中国的贸易额排名中，位于前十位的国家分别是：韩国、越南、马来西亚、印度、俄罗斯、泰国、新加坡、印度尼西亚、菲律宾和沙特阿拉伯，已占中国与沿线各国贸易总量的 68.9%；进出口贸易规模增长最快的国家为卡塔尔、黑山、蒙古和哈萨克斯坦，近 5 年中国与这 5 个国家的贸易年均增速都在 35% 以上。

2016 年，由于受全球经济复苏迟缓、贸易增长低迷和大宗商品交易价格大幅下降等不利因素的冲击，中国与"一带一路"国家和地区的进出口贸易相比 2015 年下降 4.9%。其中，出口下降 4.4%，进口下降 5.7%。但衰退现象在 2017 年得到遏制，当年中国沿线各国的贸易进出口总规模达到 14 403.2 亿美元，增长 13.4%，高于我国整体外贸增速 5.9%，占中国进出口贸易总额的 36.2%。2019 年，中国对"一带一路"沿线国家进出口合计增长 10.8%，向沿线国家出口 7 848.5 亿美元，同比增长 8.5%，占中国总出口额的 34.7%；进口方面中国向"一带一路"相关国家进口 5 985.8 亿美元，同比增长 7.8%，

① 《"一带一路"大数据报告 2018》，国家信息中心"一带一路"大数据中心，2018.10.

占中国总进口额的 36%[①]。近 5 年来中国对沿线国际的进口额增速多次超过出口增速，总幅度高出 11.3%。

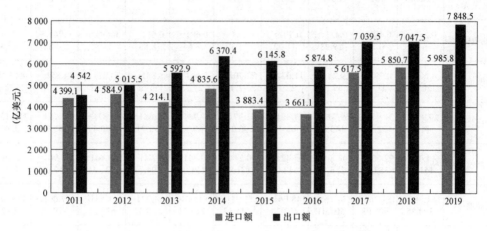

图 3-8 2011—2019 年中国与"一带一路"国家进口额、出口额
（数据来源：根据"一带一路"官网、中国海关网数据整理）

近 5 年，中国从沿线国家进口的原油、天然气、铜矿石、煤、纸浆、原木、大豆等大宗商品贸易额年均分别增长 13.4%、30.8%、12.7%、4.8%、5.7% 和 5.1%，充分满足了国内市场，而贸易顺差收窄 14.2%，说明沿线国家也从贸易更多获利。

分析贸易结构，可以发现在 2010—2019 年期间，中国在"一带一路"区域获得的贸易顺差总额持续增长，虽然 2016 年相比上一年度下降了 48.7 亿美元，但当年，中国仍对域内 52 个经济体有贸易顺差，在"一带一路"沿线国家中，中国对印度的顺差规模最大，达 470.7 亿美元；同期，中国对 12 个国家有贸易逆差，在"一带一路"沿线国家中，中国对马来西亚逆差额最大，达 109 亿美元。2019 年，中国与"一带一路"沿线各国的贸易总额 9.14 万亿元人民币，同比增长 10.8%，其中对沿线国家希腊、俄罗斯联邦以及沙特的贸易分别增长 31%、22% 和 21%。

综合分析，中国与沿线国家和地区的贸易总规模不断扩大，其占中国外贸进出口总额的比例也一直不断上升，特别是与"一带一路"沿线的新兴经济体的贸易发展更快。

3.2.3 中国与"一带一路"沿线国家贸易发展 Arcgis 可视图分析

基于各年份贸易总额的自然间断点分级法结果，本研究将贸易总额划分为 7 个分值区间，即空置区（0 值），低值区、较低值区、中值区、中高值区、较高值区以及高值区，颜色越深则代表某国的贸易额越大。

---

① 《"一带一路"建设发展报告（2020）》，柴瑜、王晓泉、任晶晶、王晨星，社会科学文献出版社，2020.8.

表 3-5　2010—2019 年中国与"一带一路"沿线国家贸易总额分值区间
（基于间断点分级法）

年份/贸易额（亿美元）	2010	2011	2012	2013	2014	2015	2016	2017	2018	2019
低值区	0.261～4.00	0.481～0.79	0.411～29.23	0.901～11.02	0.751～23.30	0.691～8.64	0.591～8.88	0.691～33.82	0.741～34.85	0.821～44.84
较低值区	4.001～20.97	0.791～31.41	29.231～69.71	11.021～27.32	23.301～52.97	8.641～27.73	8.881～31.65	33.821～80.82	34.851～115.79	44.841～132.13
中值区	20.971～44.40	31.411～92.58	69.711～143.84	27.321～65.42	52.971～90.24	27.731～80.73	31.651～93.71	80.821～160.44	115.791～245.90	132.131～224.80
中高值区	44.41～151.06	92.581～187.36	143.841～256.76	65.421～148.06	90.241～171.91	80.731～151.00	93.711～194.72	160.441～221.44	245.901～557.06	224.801～485.37
较高值区	151.061～300.85	187.361～402.08	256.761～504.41	148.061～462.34	171.911～444.57	151.001～215.51	194.721～535.31	221.441～633.31	557.061～878.92	485.371～1 097.42
高值区	300.851～742.322	402.081～900.22	504.411～948.31	462.341～1 060.84	444.571～1 020.06	215.511～972.58	535.311～982.66	633.311～1 219.92	878.921～1 481.03	1 097.421～1 620.83

（数据来源：根据中国海关数据、"一带一路"数据中心资料数据，采用自然间断点分级法计算）

观测年份 2010—2019 年，"一带一路"国家贸易额的相对大小呈现出明显的变化，具体而言：

越南、马来西亚、俄罗斯、泰国、新加坡等国家与中国的双边贸易总额长期处于较高的水平，即这些国家在 2010—2019 年一直处于较高值区或高值区。探究发现这些国家与中国的绝大多数贸易产品属于中间品，究其原因可能是受到近年来全球价值链结构变化的影响。当今的全球价值链逐步从由发达国家主导的全球价值链向全球价值多环流、区域价值链转变。中国从对欧美发达国家的贸易转向由自己主导的发展中国家价值链内贸易，而越南、马来西亚、俄罗斯、泰国、新加坡等国处于"一带一路"沿线，属于在中国主导的价值链内，这些国家与中国间的贸易多属于互补式贸易。具体而言，在该价值链内中国相对于新加坡属于分工低端位置，中国主要从新加坡进口一些高技术中间品，向其出口一些低技术中间品。越南相对中国处于分工链低端位置，因此其在与中国的双边贸易中，主要以向中国出口低技术中间品，从中国进口高技术中间品为主。这些国家由于国内政策支持或者利用一些技术优势与中国进行大额贸易。

柬埔寨、蒙古、希腊、罗马尼亚等国家基本长期处于中值区。通过查询中国与蒙古近些年来的贸易数据可知，中国主要从蒙古进口石油原油、未精炼的矿产资源等低技术中间品，向其大量出口汽车、电力和金属产品等中高技术产品。但中国与这些国家的贸易互补与需求对接没有较高值区及高值区国家的大，且相较于马来西亚、俄罗斯等国家，该分值区间的国家大多属于中低、低收入国家。可能是由于这些国家尚且处于发展阶段，与中国的贸易模式有较多重叠导致。

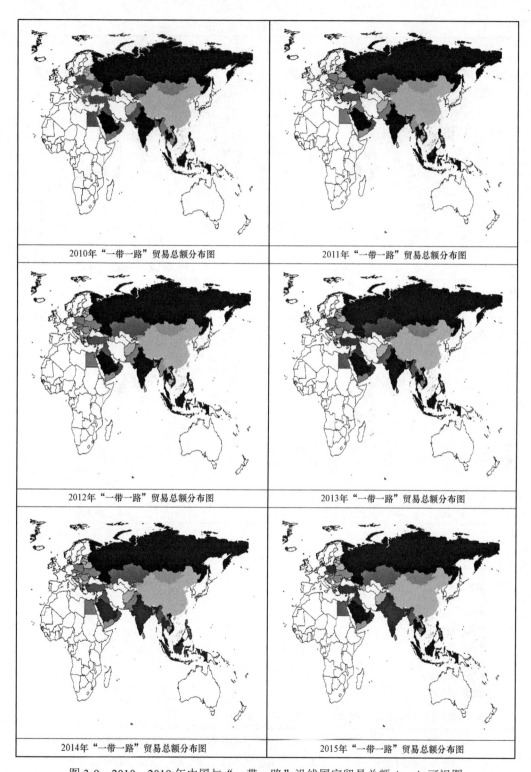

2010年"一带一路"贸易总额分布图　　　　2011年"一带一路"贸易总额分布图

2012年"一带一路"贸易总额分布图　　　　2013年"一带一路"贸易总额分布图

2014年"一带一路"贸易总额分布图　　　　2015年"一带一路"贸易总额分布图

图 3-9　2010—2019 年中国与"一带一路"沿线国家贸易总额 Arcgis 可视图

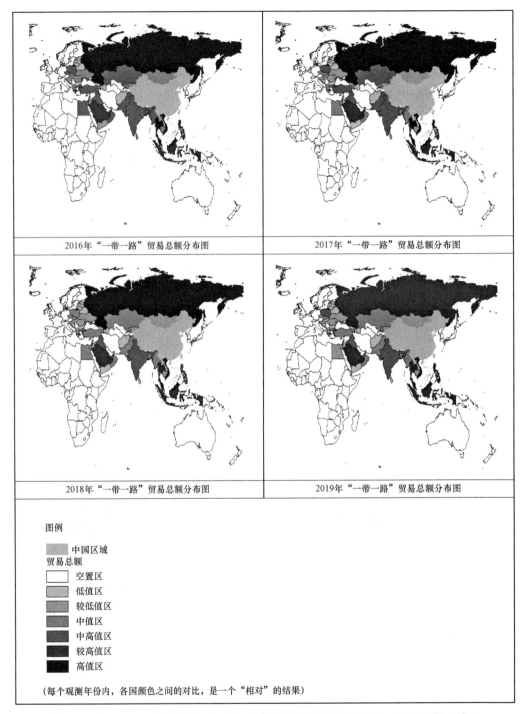

图 3-9　2010—2019 年中国与"一带一路"沿线国家贸易总额 Arcgis 可视图（续）
（数据来源：根据中国海关数据、"一带一路"数据中心资料，使用 Arcgis 软件 ARCSence 绘制）

此外，如以黑山、巴勒斯坦、波黑等国家则长期处于低值区或较低值区，即这些国家与中国的贸易往来关系没有其他国家紧密，因此与中国的双边贸易额较小。但是"一带一路"倡议的建设，可使得中国与这些国家建立多层次、多领域的合作。相较于中值区及以上分值区间国家，低值区的国家有更大的贸易潜力。

3.3 中国与"一带一路"贸易发展带动对外直接投资增长

"一带一路"倡议以共商共建共享为基本原则，旨在推动各国实现开放、包容、普惠、平衡、共赢的发展。自 2013 年"一带一路"倡议提出以来，中国与沿线国家的合作程度不断加深，中国对全球对外直接投资（OFDI）的贡献，以及投资对人民币国际化的正向影响也越来越引人关注。

3.3.1 "一带一路"倡议实施推动中国对外直接投资持续增长

中国对外直接投资存量连年增长。当前，全球经济正面临多重不确定性，地区性贸易保护主义日益加剧。2015 年来，全球外国直接投资连续三年下滑，在 2019 年出现小幅回升后，又因 2020 年新冠肺炎疫情的蔓延急剧减少。在全球外国直接投资构成中，发展中国经济体和新兴经济体合计占比超过 70%（分别为 2019 年的 71.74%），发达国家经济体对外直接投资流量波动较大。

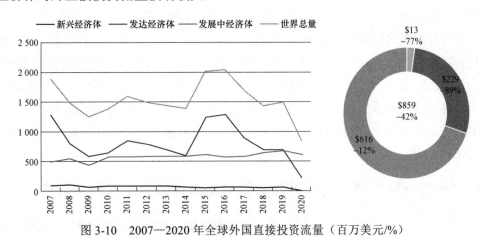

图 3-10　2007—2020 年全球外国直接投资流量（百万美元/%）

（注：2020 年为前 6 个月数据）

（数据来源：联合国贸发会议（UNCTAD）《2020 年世界投资报告》）

同一时期，我国的对外直接投资 OFDI 逆势而上，存量和流量均保持了平稳健康发展：2019 年我国对外直接投资总额 1 369.1 亿美元，流量规模仅次于日本（2 266.5 亿美元），蝉联全球第二，流量占全球比重连续 4 年超过 10%；2019 年末，中国对外直接投资存量达 2.2 万亿美元，保持全球第三，第一为美国（7.7 万亿美元），第二为荷兰（2.6 万亿美元）。在全球外国直接投资方面中国不断扩大了影响力，同时我国对"一带一路"

沿线国家投资稳步增长。

表 3-6 2003—2019 年中国对"一带一路"沿线地区直接投资存量

地区＼年份	2003	2004	2005	2006	2007	2008	2009	2010	2011
沿线地区（亿美元）	13.27	19.31	33.77	51.10	95.08	147.34	199.47	288.85	410.32
世界范围（亿美元）	332.22	447.77	572.06	750.26	1 179.11	1 839.71	2 457.55	3 172.11	4 247.81
沿线地区比重（%）	3.99%	4.31%	5.90%	6.81%	8.06%	8.01%	8.12%	9.11%	9.66%

地区＼年份	2012	2013	2014	2015	2016	2017	2018	2019
沿线地区（亿美元）	546.83	715.55	682.310 5	944.774	765.949 5	1 039.362	903.514	939.499
世界范围（亿美元）	5 319.41	6 604.78	6 155.992 5	7 283.36	9 807.472	7 914.4	7 151.846 5	6 853.600 5
沿线地区比重（%）	10.28%	10.83%	11.08%	12.97%	7.81%	13.13%	12.63%	13.71%

（数据来源：根据商务部、国家统计局和国家外汇管理局共通过发布的历年《中国对外直接投资统计公报》和联合国贸发会议（UNCTAD）历年《世界投资报告》相关数据计算得到。）

"一带一路"倡议为跨境投资发展搭建了新平台，沿线国家大都希望与中国相关企业和机构开展高水平、多领域、深层次的互利合作。2005 年，"一带一路"倡议尚未提出，中国对外投资累计金额 572.06 亿美元，流向"一带一路"沿线地区仅有 33.77 亿美元，仅占 5.9%。而到 2017 年，流向"一带一路"沿线地区的累计投资则达 1 039.362 亿美元，占比超过 11%，而且对沿线地区投资的年均增速也远高于同期对其他地区。中国对"一带一路"沿线国家和地区的对外直接投资累计额占投资总额的比例从 2003 年的 3.99% 上升至 2019 年的 13.71%，2013—2019 年中国对"一带一路"沿线国家累计直接投资 1 173.1 亿美元。

3.3.2 "一带一路"经贸合作助推中国对外直接投资向高质量转变

"一带一路"建设横跨亚欧大陆，东接东亚经济圈，西连欧洲经济圈，沿线分布 65 个国家，多数为发展中国家和新兴市场经济国家，人口众多、自然资源丰富、市场潜力巨大，在产业发展上与中国具有高度的互补性。2019 年末，中国境内投资者在"一带一路"沿线的 65 个国家设立境外企业近 1.1 万家，涉及国民经济 18 个行业大类，超七成投资流向制造、金融、建筑、批发和零售业四大行业。同时，流向科学研究和技术服务业和电力生产和供应业分别为 13.5 亿美元（7.2%）和 13.4 亿美元（7.3%），增长较快。预示着我国在提升对外直接投资规模的同时，也稳步提升质量，持续优化投资产业结构。

表 3-7 2019 年中国对"一带一路"地区 OFDI 直接投资的主要行业（亿美元）

行业分类	中国对"一带一路"沿线国家 OFDI 流量（亿美元）	同比增速/%
制造业	67.9	15.50%
批发与零售业	25.1	13.40%
建筑业	22.4	12.00%
金融业	15.9	8.50%
科学研究和技术服务业	13.5	18.10%
电力生产和供应业	13.4	10.30%

（数据来源：根据中华人民共和国商务部、国家统计局和国家外汇管理局共通过发布的历年《中国对外直接投资统计公报》相关数据计算得到。）

从国别构成看，中国对"一带一路"沿线国家的对外直接投资主要流向新加坡、印度尼西亚、越南、泰国、阿拉伯联合酋长国、老挝、马来西亚、哈萨克斯坦、柬埔寨等国家，对外直接投资呈显著的空间布局差异化，具体表现为：在东南亚地区的直接投资呈稳定增长态势，西亚及中东地区处于中国在"一带一路"沿线国家投资的第二梯队，在中东欧地区的直接投资规模最小。

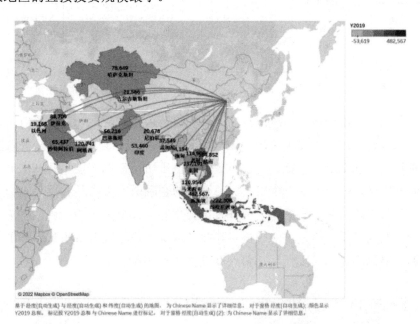

图 3-11 2019 年中国对"一带一路"沿线国家（前 16 个国家）OFDI 流量点分级图
（数据来源：历年《中国对外直接投资统计公报》，使用"智图交互地图"自行绘制）

2020 年以来，受新冠肺炎疫情的影响，跨境人员物资流动受到限制，在国家各项政策的支持鼓励下，我国各境外项目保持平稳有序发展。2020 年，我国企业对"一带一路"沿线 58 个国家非金融类直接投资 177.9 亿美元，同比增长 18.3%，占同期总额的 16.2%，较上年提升 2.6%。

2021 年前 4 个月，我国企业对"一带一路"沿线国家非金融类直接投资 59.6 亿美元，同比增长 14%，占同期总额的 17.4%，较上年上升 1.8%。在沿线国家新签承包工程合同额 415.6 亿美元，完成营业额 234.6 亿美元，同比分别增长 25.2%和 12.9%，"一带一路"沿线国家仍将是我国对外直接投资的重要目的地。

3.3.3 中国对"一带一路"沿线对外直接投资带动人民币国际化

人民币国际化指的是人民币实现跨国流通在境外交易和使用，逐步成为世界各国普遍认可和接受的计价、结算及储备货币的过程，而通过贸易与投资来推动人民币国际化，是"一带一路"建设和发展促进人民币国际化的两大途径。具体来说，在与沿线各国的贸易投资中使用人民币进行结算支付，将人民币作为输出资本，客观上刺激人民币的海外需求，也就是逐步实现人民币结算、投资和储备等国际化职能。通过与"一带一路"沿线国家开展高水平、多领域、深层次的互利合作，逐步形成人民币的贸易投资圈，最终使人民币走向国际化。

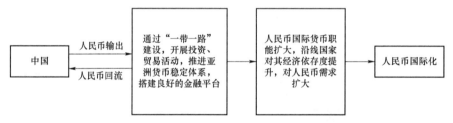

图 3-12 "一带一路"倡议实施进程中人民币输出输入及作用示意图

随着中国与"一带一路"沿线国家的贸易和投资项目广泛展开，各国对质量优良的金融平台需求逐渐增加。虽然现阶段中国对"一带一路"沿线国家对外金融直接投资的占比只有总投资额的 23%，但始终呈上升趋势。出于防范汇率风险、资产保值和收益考虑，可以提供离岸人民币市场更多用人民币计价的金融资产类产品和项目来吸引沿线各国投资者持有人民币的信心和意愿，另外各国会持有一部分人民币形式的外汇储备。最后，流出境外的人民币又能通过对国内进行投资或买入债券股票等方式流回国内，这样使人民币的国际循环流动实现闭环，最终实现人民币国际化。

3.4 人民币的"一带一路"区域化与人民币国际化现状分析

2019 年，人民币国际化再获新突破，计价货币功能进一步实现提升，支付货币的功能不断增强，投融资领域的货币功能持续挖掘，储备货币功能也初步显现，人民币继续保持了在全球货币体系中稳步提升的位置。

2019 年，人民币跨境收付规模迅速增长，全年银行代客跨境收付的金额为 19.67 万亿元，比 2018 年增长了 24.1%，创下了历史新高。人民币跨境收支的总体比例均衡，收付比为 1:0.96，净流入达 3 606 亿元。相关数据表明，人民币在 IMF 成员持有的储备资产中已排名第五，市场份额 1.95%，相比 2016 年人民币新加入特别提款权时提升了 0.88%；人民币在全球外汇交易中占 4.3%，相较于 2016 年上升 0.3%。根据统计数据，2019 年人民币在全球主要支付货币中排名世界第五，占比为 1.76%[①]。

近年来，国内外经济形势变化剧烈，各国间贸易交往进程出现反复，在资本流出压力升高以及人民币汇率波动等不利状态下，人民币跨境收付始终保持了快速增长，占本外币跨境收付比例不断创历史新高，人民币收支总体平衡。2019 年，人民币跨境结算支付呈现几个特点：第一，贸易结算和对外直接投资结算呈现出逆势增长的趋势；第二，大幅度增长的证券投资业务促进了人民币跨境结算支付；第三，有关人民币跨境流通使用的政策在不断地优化；第四，人民币国际化相关的设施和体系等有较大改进，清算行体系也得到一定完善，人民币跨境结算的主要模式也变成了 CIPS；第五，中国与沿线国家的货币合作得到深化，人民币境外使用障碍在不断地被消除。

2017 年初至 2019 年底，人民币在国际上的使用情况呈现的特点主要如下：一是经常项目下的收付持续增长，货物贸易从以前的净汇出转变为净汇入，另外服务贸易收付规模和收益性汇出的金额都扩大了。二是金融市场的开放程度不断提高，其中证券投资额的增长显著，银行间债券市场（CIBM）吸纳境外资金净流入占第一位。三是人民币的汇率弹性增强十分显著，汇率由市场供求来决定，呈现有贬有升、双向浮动的波动形态，币值在合理的区间内保持了相对稳定。

3.4.1 人民币跨境使用总体情况

2019 年，人民币的跨境收款金额总共为 10.02 万亿元，同比增加了 25.1%；跨境付款金额总计为 9.65 万亿元，同比增长了 23%；收付总金额为 19.67 万亿元，同比增长 24.1%。2019 年的人民币跨境金额收付比为 1:0.96，其中净流入为 3 606 亿元，比 2018 年的 1 544 亿元增长 1 倍多。人民币跨境收付在本外币跨境收付总额占比达 38.1%，比 2018 年提高了 5.5%，创了历史新高。

2019 年，人民币跨境收付总金额中占比前三的国家或地区依次为：中国香港、新加坡和德国，分别是 44.9%、10.3% 和 3.4%。中国台湾仅次于德国，位于第四，占比 3.3%。相比 2018 年，中国香港、新加坡、中国澳门、英国、荷兰、爱尔兰等国家和地区的人民币跨境收付均有一定上升。

2019 年，中国与沿线国家的跨境收付人民币业务金额超过了 2.73 亿元，这一金额在当年跨境收付人民币总额中占比 13.9%，其中占比最大的货物贸易 7 325 亿元，其次是直接投资 2 524 亿元，跨境融资 2 135 亿元。截至 2019 年末，中国已经和 21 个域内沿线国家签订了本币互换协议，并且和其中 8 个国家合作安排设置了人民币清算机制。

---

① 人民币国际化再上新台阶，李国辉，金融时报，2020-08-17（02 版）.

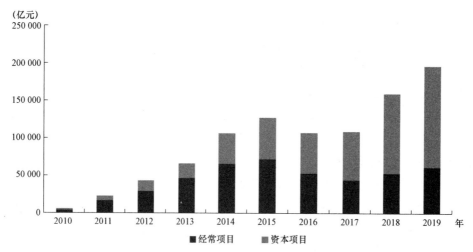

图 3-13　2010—2019 年人民币跨境收付情况（亿元）

（资料来源：根据中国人民银行官网数据、2010—2020 历年人民币国际化报告数据整理）

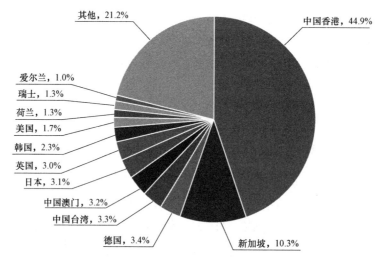

图 3-14　人民币跨境收付金额国别和地区分布情况（截至 2019 年 12 月 30 日）

（资料来源：根据中国人民银行官网、2020 年人民币国际化报告数据整理）

3.4.2　"一带一路"沿线国家和中国周边地区人民币使用情况

近年来，人民币由于国际市场需求旺盛，其周边化和区域化发展取得了很大进步。中国与"一带一路"国家共同推动人民币的流通使用，人民币正在被越来越多的国家和地区接受。数据统计，2019 年，中国与周边国家的跨境结算人民币业务规模达 3.6 万亿元，比上年增长 18.5%，其中货物贸易项人民币跨境收付总额共计 9 945 亿元，同比增长 15%；直接投资项人民币跨境收付额合计 3 512 亿元，比上年增长 24%。同时，中国与"一带一路"国家的人民币跨境收付总金额超过 2.73 万亿元，同比增长了 32%，其中货物贸易交易结算金额达 7 325 亿元，同比增长 19%；直接投资收付规模实现 2 524 亿元，同比增长 12.5%。人民币已与新加坡元、马来西亚林吉特、泰铢等 9 个周边国家和"一带一路"国家的法定货币实现了直接兑换交易，人民币与柬埔寨瑞尔等 3 个国家的法定货币也实现了区域交易。

中国金融市场的开放为周边国家以及"一带一路"沿线各国提供了多元的投融资渠道，这些国家和地区的投资者不仅可以通过 RQFII、沪深港通、直接入市投资、债券通等方式投资中国市场，中国的机构投资者也可以通过 RQDII 机制来投资周边国家及沿线国家金融市场中以人民币计价的金融产品。2019 年，菲律宾、葡萄牙、新开发银行、意大利存贷款集团等国的境外金融机构在中国债券市场与中方机构合作，共同发行人民币熊猫债超过 400 亿元，在 2019 年熊猫债发行总额中占比 68%。来自"一带一路"国家和地区的投资者积极投资，参与到中国金融市场中获取人民币金融资产的高投资回报和丰厚收益，分享了中国经济持续增长的好处。

与此同时，中国加快了与周边经济体及"一带一路"国家的双边货币合作，金融合作关系不断深化。2008 年以来，中国与俄罗斯、哈萨克斯坦、越南、老挝等 9 个周边国家及沿线国家合作签订了双边本币结算协议，与俄罗斯、印度尼西亚、阿联酋、埃及、土耳其等 23 个周边国家及"一带一路"沿线国家签署了双边本币互换协议。在被国际货币基金组织选入特别提款权 SDR 篮子后，人民币资产逐步成为周边国家以及"一带一路"国家或货币当局的外汇储备币种之一，韩国、新加坡、泰国、菲律宾、印度尼西亚等国的中央银行已将人民币放入国际外汇储备体系中[①]。

随着中国和"一带一路"域内经济体贸易发展的不断深化，两者间已形成相互依存的新型发展格局，人民币的深度国际化也获得了新机遇。

3.4.3 中国与他国双边货币互换情况分析

货币互换，亦可称货币掉期，具体解释为两笔资金的额度相同、期限相同、但计价货币种类不同的债务资金，根据需要进行的货币调换，同时也计算两种货币不同利息额。简单来说，利率互换是相同货币债务间的相互调换，而货币互换则是不同货币债务间的相互调换。货币互换双方互换的是货币，它们之间各自的债权债务关系并没有改变。2009 年，中国首次与别国（地区）签订双边货币互换协议，截至 2019 年，中国央行签订的互换协议总规模约为 4 万亿元人民币（其中由于部分国家续约，未重复计算）。2013 年，签订互换协议金额超过 10 000 亿元，为近 10 年来最大金额，2011 年、2014 年及 2017 年的协议金额超过了 4 000 亿元以上。由于人民币入选 IMF 特别提款权，这样其他国家（地区）的货币当局就可以选择人民币进入其储备货币体系，人民币已经更有保障地在这些国家和地区内使用和支付。

---

① 市场驱动下人民币国际化稳步推进，王曼，中国贸易报，2020-08-18（A3 版）.

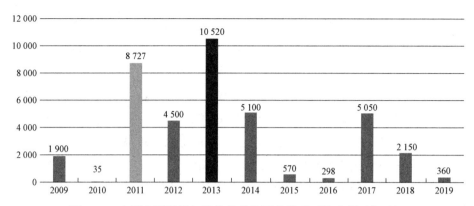

图 3-15　中国人民银行与其他货币当局的货币互换余额（亿元）

（数据来源：中国人民银行官网）

2009 年，中国与阿根廷、白俄罗斯、印度尼西亚等国也陆续签订了货币互换协议，当时的签署总规模是 1 900 亿元。此后 10 年，中国与新加坡、蒙古、韩国、哈萨克斯坦以及日本等 14 个周边国家及地区，同期中国又与加拿大、智利、巴西、阿根廷等六个国家，还陆续与阿尔巴尼亚、匈牙利、瑞士和欧洲央行等 10 个国家和机构，也先后与 6 个非洲国家都陆续签订了货币互换协议。在这些国家（地区）和机构中，货币互换规模排前十的国家和地区及机构分别是：中国香港、韩国、欧洲央行、新加坡、日本、加拿大、英国、澳大利亚、巴西和马来西亚。在前十签约国家（地区）中，央行与中国香港地区的协议总额最高，合计达 8 000 亿元人民币。签约的国家（地区）大多是经济实力强、经济规模大的世界重要经济体，与中国贸易往来也十分密切。货币互换使人民币境内外互动得到了保障，流通速度大为提高，扩大了地域范围，更得到了协议互换国家（地区）的认同，这也为人民币国际化奠定了坚实基础[①]。

表 3-8　人民币互换协议签署规模排名前十的国家地区

序号	国家/地区	签署规模（亿元）
1	中国香港地区	8 000
2	韩国	3 600
3	英国	3 500
4	欧洲	3 500
5	新加坡	3 000
6	印度尼西亚	2 000
7	澳大利亚	2 000
8	加拿大	2 000
9	日本	2 000
10	巴西	1 900

（数据来源：中国人民银行官网，2020 年人民币国际化报告）

---

① 《2020 年人民币国际化报告》［R］，中国人民银行，2020.8.10.

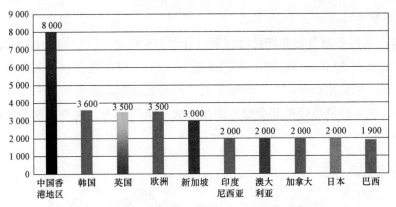

图 3-16 人民币互换协议签署规模排名前十的国家地区

（数据来源：中国人民银行官网，2020 年人民币国际化报告）

3.4.4 人民币经常项目收付情况

2019 年，跨境交易中人民币收付金额合计 6.04 万亿元，当年同比增长 18.2%，其中收入 2.66 万亿元，同比增长 28.6%；支出 3.38 万亿元，同比增长 10.8%；净支出 0.72 万亿元，同比下降 26.3%。经常项目下人民币的跨境收付在本外币跨境收付总额中的占比小幅上升，2019 年为 16.1%，与 2018 年相比提高了 2.1%。

3.4.4.1 货物贸易

2019 年，货物贸易跨境收付中的人民币业务金额合计 4.24 万亿元，同比增长 16%，在本外币跨境收付占比 13.4%，与 2018 年货物跨境收付金额相比收付比重提高 1.7%。货物贸易项下人民币资金净流入 2019 年合计 469 亿元，2018 年净流出金额共计 3 962 亿元。其中，一般贸易人民币跨境收付金额合计 2.66 万亿元，同比增长 20.2%；进料加工跨境人民币收付金额合 7 468.8 亿元，同比增长 19.6%。

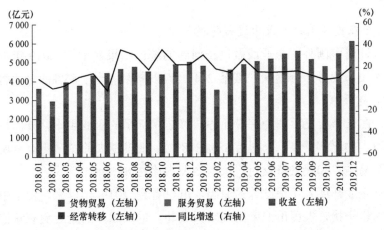

图 3-17 人民币经常项目跨境收付情况（2018.1—2019.12）

（资料来源：根据中国人民银行官网、2020 年人民币国际化报告数据整理）

3.4.4.2 服务贸易

2019 年，人民币服务贸易跨境收付额合计 9 515 亿元，同比增长 23.8%，占同期本外币跨境收付比例 23.8%，较 2018 年同比提高 3.4%。服务贸易项下人民币资金净流出达 1 631 亿元，同比增长 74.9%，增幅很大。据研究显示，服务贸易跨境收付的项目主要分布在国（境）外酒店住宿和会议、国际机票、境外学费、境外旅游及软件和外包服务等项目。

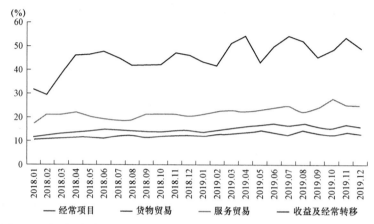

图 3-18　经常项目人民币占本外币跨境收付百分比（2018.1—2019.12）

（资料来源：根据中国人民银行官网、2020 年人民币国际化报告数据整理）

3.4.4.3 收益和经常转移

2019 年，收益项下人民币跨境收付额合计 8 048 亿元，同比增长 23.5%，经常转移项下人民币跨境收付额合计 372 亿元，同比增长 26.6%。人民币的收益及经常转移跨境收付在本外币跨境收付的占比是 49.8%，较 2018 年提高了 6.4%。收益项下人民币资金净流出达 6 388 亿元，同比增长 24.1%；经常转移项下净流入 240 亿元，同比下降了 1.6%。

3.4.4.4 外贸企业更多选择人民币进行跨境收付

根据央行针对中国外贸企业所做调查问卷的统计结果显示[①]，2019 年以来，外贸企业加入跨境人民币业务十分踊跃，截至 2019 年四季度，已有 85% 的企业将人民币选作跨境结算的主要币种。

据统计，在选择人民币作为跨境业务结算结算货币的企业当中，外商投资企业和港澳台资企业所占的比例最高，分别为 88% 和 89%。规模越大的企业更有意愿选择人民币来实现跨境贸易结算和投融资支付，大型企业占比达 89%。

通过分析企业开展人民币结算的原因，可以看到 2019 年以来，由于中美贸易摩擦等不利影响因素干扰，人民币汇率出现较大波动。越来越多的企业更有意愿来选择人民

---

① 2018 年以来，人民银行在全国范围内开展人民币跨境使用情况调查问卷工作，受访企业分布在全国 31 个省的 500 家企业，涵盖农林牧渔业、采矿业、制造业等 16 个行业，包含国有、私有和国外投资等 5 种经济类型企业。

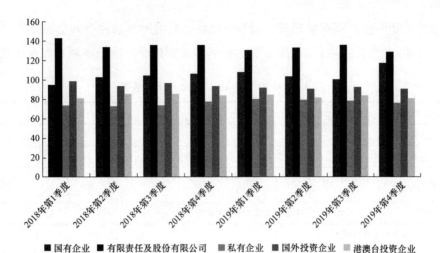

图 3-19　选择人民币进行跨境结算业务的企业类型百分比（2018.1—2019.12）

（资料来源：2020 年人民币国际化报告）

币开展跨境结算，以此帮助企业规避汇率风险，占比达 64.7%。此外，人民币结算流程简便、结算成本较低、财务核算便利性高、资金管理安全性强等也是企业选择人民币进行结算的主要原因。

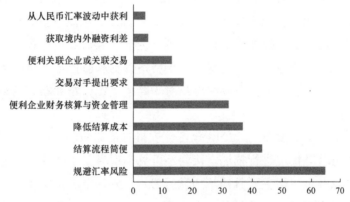

图 3-20　企业选择人民币跨境结算的动因分析

（资料来源：2020 年人民币国际化报告中 2018 年人民银行关于人民币跨境使用情况调查问卷）

调查显示，涉外企业希望继续保持跨境人民币政策的稳定性和连续性，加快资本市场开放，持续建设完善跨境交易支付基础设施，优化跨境人民币业务流程，加大政策宣传培训。

3.4.5　人民币资本与金融项目收付情况分析

3.4.5.1　资本项目自由化进程尚需推进

依据货币和资本市场的自由程度高低的标准，人民币的资本项目可划分为四块：完全可兑换项目、部分可兑换项目、基本可兑换项目和不可兑换项目。参考资本项目可兑换历史经验，如一国对国际货币基金组织（IMF）列出的金融和资本交易项目（共分七个大类以及 40 个交易子项目）[①]都实现了可兑换，则说明该国资本项目完全可兑换。

表 3-9 中国 7 类 40 项资本项目开放表

开放程度	开放领域	项目开放数量	占比
完全可兑换	暂无	0	0
基本可兑换	信贷工具交易、直接投资、直接投资清盘	14	35%
部分可兑换	债券市场交易、股票市场交易、房地产交易、个人资本交易	23	57.5%
不可兑换	非居民境内发行股票、货币市场工具和衍生品业务	3	7.5%

（资料来源：国家外汇管理局）

中国的资本项目中已有 37 个交易子项目做到了部分可兑换或更高水平，占交易子项目的比重达 92.5%。目前资本项目中只有资本衍生品、货币金融工具和非中国居民境内发股融资还属不可兑换。我们可以说中国的资本金融项目的可兑换工作已基本完成，因此其国际化所需要的阶段性目标也已经基本达成，但并不能说明我国金融资本体制已和国际接轨或市场开放程度就达到很高水平[②]。

其中，中国的股票市场目前处在部分可兑换阶段，不过实际上政策和管理规范严格限制了股票种类、机构资质和投资准入门槛，对单日投资额及总投资额等都严格监控。另外，中国虽已经批准了三种外资机构对中国国内的债券市场进行投资，一定程度上减少了海外资本进入境内债券市场的门槛，但仍严格管制和监控境外机构的规模及其收益水平。客观上讲，中国资本项目开放程度相对于跨境人民币结算略有滞后，应该继续提高部分可兑换项目的开放水平。

按国际货币基金组织发布的《2018 年汇兑安排与汇兑限制年报》，报告对 2017 年中国资本账户开放与管理情况进行描述，认为不可兑换项目集中在非中国居民在国内货币市场的投资权利以及金融衍生工具的境内发行等；另外，中国资本账户的部分可兑换项目，主要集中于股市交易、债券交易、个人资本交易以及不动产交易等多个子项目。

表 3-10 资本项目兑换情况

资本项目	基本可兑换	部分可兑换	不可兑换	合计
资本和货币市场工具	4	10	2	16
衍生工具和其他工具	0	2	2	4
信贷业务	5	1	0	6
直接投资	1	1	0	2
直接投资清盘	1	0	0	1

① 《2018 年汇兑安排与汇兑限制年报》，国际货币基金组织官网 www.imf.org.
② 巴曙松.推进人民币跨境使用 [J]. 资本市场，2012（8）.

资本项目	基本可兑换	部分可兑换	不可兑换	合计
不动产交易	1	2	0	3
个人资本交易	2	6	0	8
合计	14	22	4	40

（数据来源：国际货币基金组织《汇兑安排与汇兑限制年报》）

　　这份报告还指出，相比 2016 年中国又进一步放松了 7 个子项目的管制，具体是证券交易、衍生工具、境内直接投资、货币金融市场工具、集体类证券、金融信贷、商业信贷和和其他工具，这也证明了中国进一步推动了其资本账户的开放。

3.4.5.2　资本项目下人民币跨境收付情况

　　2010—2019 年，资本项目下人民币跨境收付增长速度较快，高于经常项目下人民币跨境收付增长速度，而 2019 年达 13.62 万亿元，比 2010 年增长了 200 倍，而到 2019 年经常项目跨境收付仅为资本项目下人民币跨境收付总额的 45%左右。

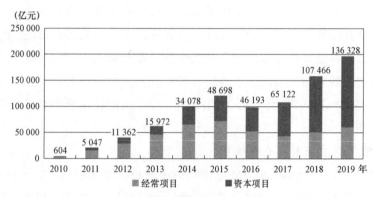

图 3-21　人民币资本项目跨境收付情况（2010—2020 年）

（资料来源：2016—2020 年人民币国际化报告）

　　2019 年，中国资本项目下跨境收付实现的人民币业务规模达到 13.62 万亿元，相较于上一年增长 26.7%，其中，收入 7.35 万亿元，支出 6.27 万亿元。其中，对外直接投资、人民币证券投资和跨境融资收付分别在资本项目收付总额中占比达 20%、70%和 7%。

3.4.5.3　资本账户下跨境人民币流动渠道呈现多样化

　　分析资本账户下的人民币跨境流动，从 2010 年起，我国逐渐在对外直接投资项目中开展了人民币跨境支付业务，该业务的投资总额在近几年中迅速增长，截至 2016 年底，该业务总计达到 695 28.9 亿元，外商直接投资（流入）人民币总额为 47 857.4 亿元，远高于对外直接投资 OFDI 金额 21 725.7 亿元。但从增速来看，后者却远高于前者，相比上一年提高 44.2%，这显示出随着中国的外贸与投资规模的不断扩大，越来越多的国家有意愿让人民币充当投资货币，使人民币在国际间的流动性不断增强。另一方面，随着深港通、沪港通以及跨境资金池（人民币双向流通）等业务的逐渐实现，使人民币得

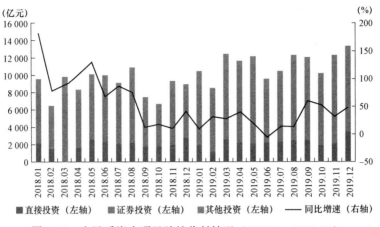

图 3-22　人民币资本项目跨境收付情况（2018.1—2019.12）

（资料来源：2020 年人民币国际化报告）

以在资本账户下实现更加多元化的跨境流通。

参考中国人民银行在 2018 年推出的人民币指数（Cross-border RMB Index，CRI），可以观察到，总体而言 2018 年上半年以来，人民币在离岸金融市场的使用水平逐渐升高，并且越来越多的融资活动从离岸市场逐步转移到了境内的资本市场。根据 IMF 数据显示，人民币已在各国外汇储备的货币种类中排名世界第五，国内外都认为人民币离岸市场将获得较快发展。根据 2020 年外汇管理局发布的统计信息，中国内地银行所涉及结算业务有超过 35%按人民币结算，由此看出，在中国的跨境货币结算和资金业务中人民币已经仅排在美元之后，成为第二大币种。

3.4.5.4　对外直接投资与外商直接投资

2001—2019 年，中国 OFDI 对外直接投资年增长率达 28.2%，中国 OFDI 在世界的占比也连续多年超过了 10%。2018 年按双向投资口径统计，中国 OFDI 总额与吸引外商直接投资基本持平。截至 2018 年底，中国 OFDI 存量 19 822.7 亿美元，较上年末增加 1 732.3 亿美元，是 2002 年年末存量的 66.3 倍，在全球中的占比由 2002 年的 0.4%提升至 6.4%，排名由第 25 位攀升至第三位。但是 2019 年 1—12 月，中国全行业对外直接投资 1106 亿美元，同比下降 8.2%。中国境内投资者共对全球 166 个国家和地区的 5 791 家境外企业开展非金融类直接投资。

表 3-11　2010—2019 年中国人民币对外直接投资统计（亿美元）

年度	年投资金额	累计金额（2010 年起）
2010	688.1	---
2011	746.5	1 434.6
2012	878	2 312.6
2013	1 078.4	3 391
2014	1 231.2	4 622.2
2015	1 456.7	6 078.9

续表

年度	年投资金额	累计金额（2010 年起）
2016	1 961.5	8040.4
2017	1 582.9	9623.3
2018	1 430.4	11 053.7
2019	1 369.1	15 436.1

（数据来源：中国人民银行官网）

人民币直接投资可以分为外商直接投资（FDI）和对外直接投资（OFDI）这两种。前者是指来自中国境外的投资者以开设外商投资企业、合资企业和跨国企业分公司等方式在中国境内投资并开展业务。后者是指我国境内的投资主体通过现金、实物、无形资产等方式在中国大陆以外的国家和地区进行投资，且核心经营活动为控制境外企业的经营管理权为目的。

（1）对外直接投资

中国对外直接投资（OFDI）规模，在 2011 年至 2019 年间逐年增加，特别是 2016年增速最高，达到了近年来的最高峰。仅 2016 年，我国境内的投资者就对境外的来自174 个国家和地区的近 6 300 家企业进行了非金融的直接投资，总金额约为 8 700 亿元。此后的 2018 年，我国对外直接投资额的年增速为 12.4%，达到了 9 765 亿元。自 2015年以来，受到"一带一路"倡议实施的影响，中国企业境外投资的硬件支持设施有了较大改善，使中国对外直接投资可以利用国内国外两个市场、多种金融资源，获得了更多的发展机遇。

（2）外商直接投资

流入中国的外商直接投资（FDI）也呈现上升势头，2011 年到 2019 年间，中国接受的 FDI 总体上也是逐年增长，特别是在 2014 年，实现了总额近 10 000 亿元，几乎是在一年时间内翻一番，而第二年总额也突破了 1.5 万亿元，实现同比增长 65%，实现连续2 年大幅提高。2016—2018 年，尽管外商直接投资总额较前几年略有下滑，但是依旧维

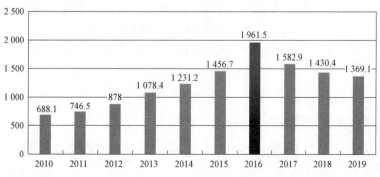

图 3-23 2010—2019 年中国人民币对外直接投资统计（亿美元）

（数据来源：中国人民银行官网）

持了一个相对平稳的水平。这也得益于"一带一路"倡议所带来的双向经济贸易活动，包括吸引外商直接投资和对外投资等国际经贸合作，也为人民币国际化注入了新活力、带来了新变量和提供了新机遇，更是我国提高外资利用水平的重要途径。

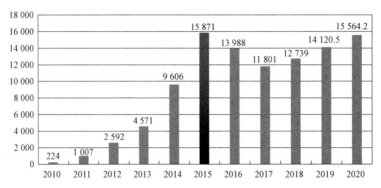

图 3-24　2010—2020 年接受外商直接投资统计（亿美元）

（数据来源：中国人民银行官网）

2019 年，在直接投资业务中实现了跨境收付总额破 3 万亿元人民币，当年增速为 4.5%；净流入 2 448 亿元，同比下降 0.6%。2019 年，对外直接投资（OFDI）人民币收付总额 7 555 亿元，同比下降 6.1%。2019 年，外商直接投资（FDI）人民币跨境收付总额 2.02 万亿元，同比增长 8.6%。

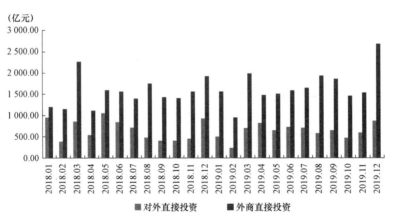

图 3-25　直接投资人民币跨境收付月度情况（2018.1—2019.12）

（资料来源：2020 年人民币国际化报告）

3.4.5.5　跨境人民币资金池

截至 2019 年末，全国共设立 2 341 个跨境人民币资金池，2019 年跨境人民币资金池流出 9 315 亿元，流入 8 890 亿元，共计 1.82 万亿元，同比增长 8.3%。

3.4.5.6　人民币熊猫债现状

截至 2019 年底，"熊猫债"涵盖的发债主体类别呈现多样化，其中包括政府类机构、国际开发机构、金融与非金融机构，"熊猫债"累计注册/核准总额 7 976 亿元，同时累计

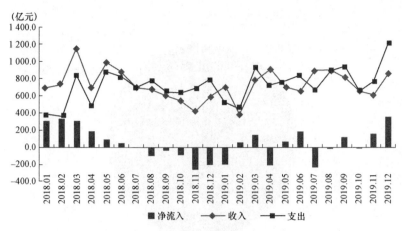

图 3-26 人民币跨境资金池业务收付月度情况（2018.1—2019.12）

（资料来源：2020 年人民币国际化报告）

发行总额为 3 751 亿元。在 2019 年，银行间以及交易市场合计发行"熊猫债"40 支，当年总规模 598 亿元，发行支数和规模与 2018 年相比均有所下降。

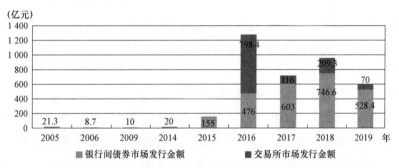

图 3-27 人民币熊猫债银行间市场和交易所市场发行额（亿元）

（资料来源：2020 年人民币国际化报告）

熊猫债发行规模不断增长有力地促进了中国国际债券市场的发展。近年来，随着熊猫债有关账户开立、资金存管、跨境汇划和数据报送管理不断完善，熊猫债发行流程不断简化、制度透明度不断提升，境外主体发债便利性和规范性稳步提升，熊猫债对境外机构吸引力加大。2019 年以来，该债券品种发行主体越来越多元化，参与的纯境外主体日益增多，境外机构选择以熊猫债作为其融资平台的数量也逐渐增加。

从发债主体看，发行主体涵盖多种类别，纯境外机构参与数量增加。2019 年，共 12 家纯境外机构发行了 23 支熊猫债，占新参与机构的 54%，比上年增加 7%。纯境外发行主体的增多，使得过去几年中方控制的机构发行人占绝对主流的状况发生了改变。分类别来看，熊猫债境外发债主体不断拓展，已覆盖外国政府、国际开发机构、金融与非金融机构等多种类别，其中非金融类的企业最多。

2019 年，境外发行主体中外国政府部门、国际开发机构、境外金融和非金融机构、企业等发行主体的比例分别为 7.5%、5%、10% 和 77.5%。熊猫债作为在岸人民币债券，

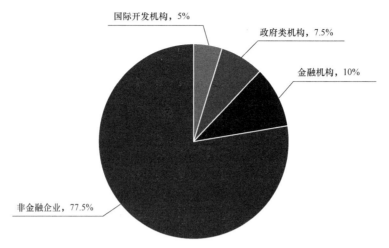

图 3-28　人民币熊猫债发行主体的构成情况（2019 年）

（资料来源：2020 年人民币国际化报告）

具有风险很低且投资回报稳定的特征，不仅为境外发行人拓宽融资、债务结构优化等提供了新方案，也为境内外企业合理配置资产、实现人民币资产多元化组合提供了新渠道。此外，对于在境内有业务基础和人民币使用需求的跨国企业集团，使用熊猫债进行融资可以降低币种错配，节约汇兑成本，减少汇率风险。

3.4.5.7　跨境证券投资

2019 年，人民币跨境收付业务中证券投资额高达 9.51 万亿元，人民币净流入额 6219 亿元，当年增速为 49.1%。2019 年，有 796 家境外机构通过各种渠道参与到银行间债券市场中，其中直接进入市场 435 家，另外通过"债券通"平台入市 491 家，其中 130 家为同时通过两种渠道入市。全年实现人民币流入 3.97 万亿元，流出 3.52 万亿元，实际净流入达 4 501 亿元。其中，直接入市渠道净流入 3 123 亿元，"债券通"渠道净流入 1 378 亿元。

"沪深港通"提供跨境人民币业务新平台。2019 年，"沪深港通"业务中跨境收付人民币达 1.03 万亿元，较上一年度增幅 22%，人民币资金净流入达 574 亿元，2018 年为净流入 2 093 亿元。"沪股通"和"深股通"合并净流入为 2 770 亿元，同时内地投资者用"港股通"持港股，总市值为 7 687 亿元，人民币净流出为 2 196 亿元。

RQFII 提供人民币投资新渠道。截至 2019 年末，共 21 个国家（地区）获得 RQFII 投资额度 1.99 万亿元，另外有 223 家境外机构合计申请投资额达 6 941 亿元。2019 年，RQFII 资金流入总金额 1 293 亿元，流出总金额 1 553 亿元，净流出 260 亿元。2019 年 9 月，中国监管部门宣布取消 RQFII 投资额度以及试点国家（地区）的限制性规则。

3.4.5.8　境外投资者持有境内人民币资产情况

截至 2019 年底，境外投资人持有境内（人民币计价和交易）股票、存贷款、证券以及票据等金融资产，共计 6.41 万亿元，比上年末增加 30.3%。其中股票 2.1 万亿元，债券托管余额 2.26 万亿元，存款 1.21 万亿元（含同业往来账户存款），贷款 8 332 亿元。

境外投资人通过境内资本市场持有人民币资产，其投资的主要品种集中于股票和债券等。到 2019 年底，境外机构和个人投资持有的境内人民币资产中，股票和债券总额同比增速达 48.6%，境外投资者持有的债券托管金额在银行间债券托管总量中占比仅为 2.33%，境外投资者持有股票总市值仅占 A 股市场总流通市值的 3.62%左右。但是境外投资者在 2019 年新配置的各类境内人民币资产中，中国境内股票的比例高达 66.6%。

3.4.6 人民币国际储备情况分析

根据 IMF 官方资料，其外汇储备货币构成（COFER）数据显示，至 2019 年第四季度末，人民币作为储备货币的规模达 2 176.7 亿美元，占外汇储备总额的 1.95%，排名超过占构成外汇储备总额 1.88%的加拿大元，居第 5 位，这是 IMF 自 2016 年来首次公布人民币作为外汇储备以来的最高水平。据统计，目前人民币已进入世界上 70 多个国家（地区）央行或货币当局的外汇储备货币名录内。

自 2009 年跨境贸易人民币结算试点工作推进以来，人民币国际化正式启动已有 11 年时间，并且人民币国际化程度也随着人民币跨境贸易结算规模的迅速扩大而不断提高。2016 年，IMF 将人民币正式纳入 SDR 特别提款权，人民币国际化又进入了一个更高的发展阶段，人民币被各国货币当局陆续纳入储备货币名录内。由于"一带一路"倡议的推进实施，沿线国家大幅度提升了人民币储备的比重。应当看到，尽管有越来越多的国家（地区）央行或货币当局将人民币纳入了官方储备货币，但是与美元相比，人民币与世界主流国际储备货币相比，总规模小、比重很低，仅为全球美元储备的 2%左右。

到 2020 年底，中国人民银行已与 89 个国家和地区的货币当局签署了基于人民币及对方主权货币的双边货币互换协议，互换货币达 4.38 万亿元。2020 年 12 月，国际货币基金组织（IMF）发布了"官方外汇储备货币构成"暨 COFER Data，数据显示，当前人民币已成为全球排名第 5 位的储备货币[1]。虽然人民币的国际货币进程发展较快，但其在世界各国央行的外汇储备中占比依然较低，仅在全球储备资产份额中占 1.07%，人民币在世界外汇储备中仍排在加元（2.04%）、澳元（1.85%）之后。尽管人民币要成为国际主流储备货币还有很长的路要走，有机构预计在今后五年内，人民币作为各国（地区）外汇储备的世界占比将达到 5%。

3.4.7 加入国际货币基金 SDR 助推人民币国际化

2016 年 10 月，国际基金组织正式将人民币纳入 SDR 货币篮子，成为了在美元、英镑、日元和欧元之后，得到基金组织认可的第五个主权货币[2]，人民币国际化又进入了

---

[1] IMF-官方外汇储备货币构成 COFER 数据表，国际货币基金组织，2020 年 12 月。

[2] 国际货币基金组织 IMF 官网：https://www.imf.org。

一个更高的发展阶段，货币国际地位因此得到提升，也被各国货币当局陆续纳入储备货币名录内。至 2019 年末，人民币在 IMF 成员持有的储备资产中已排名第五，市场份额1.95%，相比 2016 年人民币新加入特别提款权时提升了 0.88%；人民币在全球外汇交易中占 4.3%，相较于 2016 年上升 0.3%。根据统计数据，2019 年人民币在全球主要支付货币中排名世界第五，占比为 1.76%。然而，人民币是五大货币中唯一不可完全自由兑换的货币。人民币的国际货币职能特别是投资和储备职能受资本账户的影响最大，如果资本账户不能实现完全可兑换，人民币就无法成为真正的国际货币，所以进一步推动资本账户可兑换是人民币国际化必经之路。

3.5 人民币汇率与利率形成机制问题和市场化前景

3.5.1 人民币汇率形成机制现状分析

当前中国的汇率形成机制还有相当多的问题，还没有形成一套先进、完善的汇率体系。第一，人民币汇率的变化经常受到外汇市场不可控事件的影响，外汇交易的人为因素和心理偏差最为明显，这就致使我国汇率的市场机制未能出现；第二，现阶段人民币兑换外币的汇率机制还不够完善，同时机构和相关企业的风险意识并不到位。目前不够成熟的汇率机制经常容易导致较为单一趋势的预期，同时将人民币形式的外商直接投资（FDI）项目所面临的风险放大，最坏预计可导致境外投资者不愿意采用人民币进行直接投资。

分析现阶段中国银行等金融机构的盈利方式，参考国外金融市场的现状，中国的利率机制也需要进一步改革。目前中国内地银行的主要利润来源还是存贷款利差收益，盈利方式仍存在很多局限性。因此，人民币利率机制不完善可能引发货币市场震荡，会对银行业造成较大冲击。此外，中国的债券市场有诸多问题，包括债券品种过少、市场成熟度低、债市规模偏小等。综上所述，上述问题会造成中国金融体系总体效率过低，使金融体系不能及时应对市场变化和利率波动带来的冲击，也会间接对人民币跨境流通循环体系产生不利影响。

3.5.2 国内金融市场发育不充分

假设中国金融市场是高度发达的，这样就能向境外提供品种多样且更为优质的人民币金融资产，以此能降低从事进出口活动的机构和企业在外贸等业务中可能面临的外汇结算风险，也能使人民币的跨境循环体系更安全可控。中国金融市场体系尚不完善，因此会导致人民币流动规模受限以及人民币离岸市场建设受阻，具体可以从两个方面来分析：

首先，从中国国内金融市场相关法律和监管角度来看，国内的法制水平还需提高，金融市场相关制度仍有缺陷，但是其提升空间是非常大的，例如在市场的统一和开放体系建设以及有序竞争等方面可以提升水平；

其次，中国国内金融市场程度不高，仍是发展中状态，国内金融工具的种类十分有限，并且市场成熟度还有待提高，目前金融市场发展水平还不能够满足人民币跨境使用的规模要求和范围广度要求。

因此上述诸多现象对离岸人民币市场开展相关业务有一定的阻碍作用，例如我国金融市场提供的产品种类单一，不能满足境内外投资者日益增长的需求，因此对境外的投资人在离岸市场内长期持有人民币计价的资产可能有消极影响。

3.5.3 人民币离岸市场建设相关因素分析

近年来，人民币大力拓展对外支付业务，人民币的资金规模在海外市场迅速扩大，而离岸市场则是海外人民币计价的资产进行投资的主要场所。在现阶段，人民币离岸市场发展状况仍然存在不少问题，例如，可供选取进行投资和交易的业务和产品类型以及规模都十分有限，并且投资回报的吸引力也不够，因此人民币离岸市场的金融产品总体规模仍较小。由于在人民币离岸市场的内部各区块和各离岸市场之间没有架构起有效的海外"循环圈"，离岸人民币的资金量以及市场发展能力被大大制约了。对中国香港地区来说，其人民币离岸市场是全球最大的人民币境外交易场所，占全球人民币离岸市场总额的 50% 以上，但也存在一些问题，例如：人民币储备不足，增长速度慢，产品种类和规模偏小，流动性低等等。一旦汇率预期中人民币会出现走低趋势，就会令中国香港地区发行采用人民币计价的债券受到很大阻力。

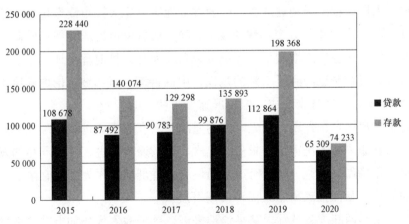

图 3-29 境外机构和个人持有境内人民币存贷款情况

（数据来源：中国人民银行）

虽然中国已经是世界级的经济大国，但是中国的资本项目仍处于不可兑换状态，人民币跨境流通和使用仍存在诸多制约因素，人民币离岸市场的建立有助于提高人民币在全球经济贸易中的地位。根据央行历年的年报显示，境外信贷以及境外证券是人民币离岸市场两个最重要的部分，人民币国际化发展水平的重要指标就包含了这两个方面的数据①，而对于外汇黄金买卖和保险业务等项目在报告中还未曾出现，所以本文对于这两项不进行分析研讨。

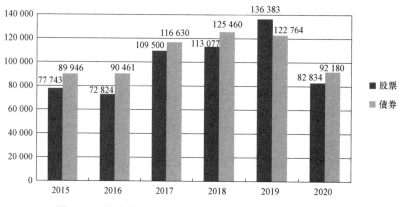

图 3-30　境外机构和个人持有境内人民币金融资产情况
（数据来源：中国人民银行）

香港地区离岸人民币市场的发展大致可总结为三个方面：建立离岸人民币资金池、拓宽人民币跨境贸易结算以及放开人民币投资主体范围。从 2007 年首支"点心债"发行至今，香港地区离岸人民币债券市场的发展可以简单的分为两个阶段：2007 年初至 2010 年的初步建立阶段和 2010 年至今的快速发展阶段。

在政策的推动下，香港地区人民币资金池建立并不断扩大，已经成为全球离岸人民币的枢纽，是境外最主要的离岸人民币市场和离岸人民币债券市场。人民币跨境贸易结算蓬勃发展，人民币投资限制逐渐放开，为香港地区离岸人民币债券市场的建立打好了基础。2014 年离岸人民币债券市场快速发展，除了在香港地区依然保持较高的增长速度外，在境外其他地区也纷纷增加了发行额度或首次发行。目前香港地区是主要的离岸人民币债券市场，发行量已经到了一定的规模，中国台湾、新加坡、伦敦的离岸人民币债券市场在 2013 年之后才逐步形成，但发展速度很快。

沪港通推动离岸市场发展。首先，沪港通的开启有利于通过投资形成离岸人民币的循环圈，大幅刺激离岸人民币的需求量。其次，沪港通将促进人民币产品的发展从而推进离岸人民币市场做大做强。最后，沪港通将巩固香港地区作为国际金融中心和离岸人民币中心的地位，从而推动离岸人民币市场发展。

离岸债券供需两旺或将持续。从供给端来看，融资成本优势加上政策鼓励，未来离岸债券供给或将延续上升态势。从融资成本来看，国际市场利率中枢普遍较低，而国内仍处高利率环境，金融机构贷款利率仍在 7%以上，境外融资成本优势明显；从需求端来看，人民币离岸市场的发展将持续支撑离岸人民币债券的需求。

---

① 《中国人民银行年报》2014 年、2015 年、2016 年、2017 年、2019 年，中国人民银行。

第四章

"一带一路"贸易发展与人民币国际化
互动机制理论分析

4.1 "一带一路"倡议与人民币国际化的互动关系分析

4.1.1 "一带一路"倡议推动域内贸易发展

"丝绸之路经济带"概念和"21世纪海上丝绸之路"概念由中国国家主席习近平发起提出，简称为"一带一路"。"丝绸之路经济带"简称"一带"，一般为陆路方式，起点在中国境内，分成三大路径走向。"21世纪海上丝绸之路"简称"一路"，起点在中国沿海港口，航线方向有两条。2013年9月，习近平主席在哈萨克斯坦的纳扎尔巴耶夫大学作演讲，首次倡议共同建设"丝绸之路经济带"。倡议提出后，7年间已有80多个国家（地区）和重要国际组织签订协议，加入了"一带一路"建设体系。按表4-1统计，截至2019年"一带一路"各国（除中国以外）人口占世界人口总数40%以上，其GDP（不包括中国）接近世界经济总量的20%。

"一带一路"倡议的推进和发展可以起到三方面的作用：第一，不仅为亚洲等地区的贸易和投资提供助力，也为沿线区域国与国之间的经济合作提供了平台，推动了地区经济增长；第二，对于中国的各类企业和业务"走出去"起到推动作用，增加产品出口，带动人民币区域化、国际化发展，同时又可以满足"一带一路"国家与地区对资金的多元化需求，改善区域内的货币使用结构；第三，还可以持续提供中国方案，助推各国经济进步，从而提高中国在世界上的影响力，促使国际经济治理机制和国际货币体系不断改革。

表 4-1 "一带一路"沿线国家名单

东亚的蒙古、东盟 10 国：新加坡、马来西亚、印度尼西亚、越南、菲律宾、泰国、老挝、缅甸、柬埔寨、文莱
西亚 18 国：土耳其、沙特阿拉伯、卡塔尔、科威特、也门、阿曼、阿联酋、巴林、叙利亚、约旦、伊朗、伊拉克、黎巴嫩、以色列、巴勒斯坦、希腊、塞浦路斯和埃及的西奈半岛
南亚 8 国：印度、巴基斯坦、阿富汗、斯里兰卡、马尔代夫、孟加拉国、尼泊尔和不丹
中亚 5 国：哈萨克斯坦、土库曼斯坦、塔吉克斯坦、乌兹别克斯坦和吉尔吉斯斯坦
独联体 7 国：俄罗斯、白俄罗斯、乌克兰、格鲁吉亚、阿塞拜疆、亚美尼亚和摩尔多瓦
中东欧 17 国：匈牙利、捷克、斯洛伐克、波兰、立陶宛、爱沙尼亚、拉脱维亚、希腊、阿尔巴尼亚、罗马尼亚、保加利亚、斯洛文尼亚、克罗地亚、塞尔维亚、波黑、黑山、马其顿

（注：以上"一带一路"国家均参考各类报道与文献，并无正式文件公布。）

4.1.2 "一带一路"贸易发展助推人民币国际化的机理分析

（一）"一带一路"贸易发展规模与人民币国际化成正相关关系

"一带一路"贸易发展为人民币发展成为国际货币提供了贸易规模方面的巨大助力[①]，同时，通过"一带一路"倡议，可以推动中国成为全球重要的资本输出国，逐步提升以人民币为计价的金融产品的规模与比重，促使沿线国家建立更多的离岸人民币市场，逐步提高人民币的可兑换性，加之人民币自身的稳定性，为人民币的国际化进程提供了强大的推动力。现在用中国银行离岸人民币指数（ORI）以及跨境人民币指数（CRI）可以大致衡量出人民币国际化水平正在逐年稳步提升，见表 4-2。

表 4-2 中国银行离岸人民币指数（ORI）以及跨境人民币指数（CRI）

人民币国际化指数 \ 年份	2013	2014	2015	2016	2017	2018	2019	2020
ORI	1.07%	1.37%	1.35%	1.15%	1.22%	1.37%	1.35%	1.54%
CRI	228	256	276	229	257	291	304	317

（数据来源：中国人民银行）

（二）"一带一路"贸易的国家分布差异影响人民币国际化水平差异

"一带一路"倡议是一个伟大的创举，但是其本身的区域性定位和涵盖众多国家的模式，一定程度会导致贸易发展和人民币国际化在不同国家之间的不平衡。沿线国家的数量虽然众多，但是大部分是发展中国家，而少部分是高收入国家，各国之间经

---

① 陈平. 人民币经济圈的构建——基于"一带一路"和人民币国际化战略融合的思考. 华南理工大学学报（社科版），2017，19（3）：4-10.

济发展水平差距也比较大。一方面,"一带一路"域内大部分发展中国家更容易接受人民币的使用和储备,而经济发展水平较高的国家对人民币的接受度较低。另一方面,很多发展中国家对于人民币国际化的推动力有限,其帮助作用更多的体现在与中国贸易量的快速增长方面,对于人民币国际化进程的影响比较间接。另外,"一带一路"域内很多发展中国家经济规模较小,其金融市场发展水平较低,对贸易发展和人民币国际化的影响都比较小;而"一带一路"域内经济规模较大、发展程度较高的国家,由于和中国的经贸体合作机制不够完善,特别是金融货币市场接轨程度不高,虽然贸易呈现增长趋势,但通常通过主要国际货币如美元、欧元进行结算,这直接限制了人民币的辐射范围。

（三）"一带一路"贸易发展促使人民币国际流动模式新旧转换

从历史经验来看,一国货币国际化要完全实现,必须获得世界大部分国家和地区的支持和认可。中国大力推动实施"一带一路"倡议,不仅加强了中国与沿线国家的贸易往来,助力当地的基础设施建设,强化了人民币在沿线国家金融市场地位,扩大与亚欧非大陆各国政治、经济、文化交流,更大程度上发挥了人民币在经贸交易和计价结算方面的作用,这也为人民币国际化发掘了更广阔的使用领域和发展空间,人民币的国际地位稳步提升,其影响力辐射范围显著扩大。首先,"一带一路"建设可以改变"贸易结算+离岸市场"的旧有模式,通过人民币直接跨境结算、投资,大大拓展了人民币的使用场景和规模,使得越来越多国家尝试在贸易中以人民币计价结算,双边互换合作不断加深,人民币也被更多国家（地区）央行和货币当局纳入其官方外汇储备,推动了人民币国际化进程。其次,"一带一路"建设可以促进国际分工结构的重组,将中国部分劳动密集型产能向内陆及沿线国家转移,帮助更多国家加入到全球化经济结构中来,为世界经济增长提供新的动力,也为人民币的国际货币之路改善了国际贸易分工的环境。最后,在"一带一路"框架中设立了亚投行（AIIB）等官方机构,为对外贸易大规模投资、大型基础设施建设融资提供重要支持,推动亚投行成为人民币出境的重要平台和载体,不断提升人民币在国际经济贸易交流中的规模和影响力,为人民币不断走向世界提供良好的市场环境[①]。

4.1.3 "一带一路"为人民币创造国际化新机遇的机制分析

"一带一路"倡议的实施需要诸多条件支持,其中一条是借助人民币资本输出境外,推动企业"走出去",从而提高产业和资本间的融合度。解读欧美发达国家经济发展的历史经验,让金融资本出境从而带动产业以及技术装备"走出去",是实现国家间产能合作、产业结构调整以及形成和优化全球产业链、价值链的重要的途径。当然中国提出

---

① 盛丹,包群,王永进,（2011）"基础设施对中国企业出口行为的影响:'集约边际'还是'扩展边际'？"《世界经济》第 1 期,P17-36.

的"一带一路"倡议和 70 多年前美国实施的"马歇尔计划"之间没有可比性，两者本质完全不一致，其动机、目的和具体措施都截然不同，但是对于本国货币的国际化等方面的作用和效果可以说十分相似。中国提出"一带一路"倡议欢迎沿线各国加入体系共同建设、协同发展，没有任何附加条件，这与美国的"马歇尔计划"完全不一样，后者带有严苛的附加条件，且对于社会制度和意识形态有过分的要求，只有完全符合美国的"心意"，才通过"马歇尔计划"进行援助建设。而"一带一路"倡议以中国与各国共同发展为根本宗旨，依照国家无论大小强弱一律平等的原则，以互惠合作为目标导向，其宗旨是促进各国互利互惠，实现共赢，进而促进"一带一路"区域经济的一体化。

"一带一路"倡议相关的建设发展与持续推进需要大量资金的支持，应当指出的是，"一带一路"基础建设项目，如"互联互通工程"等需要的资金，不可能全部由中国一方承担，可以通过各国合作的方式来共同建立有效的融资与投资渠道。"一带一路"倡议框架下区域金融合作，首先必须发挥货币的作用，特别是采用人民币来进行计价、结算和支付等。而且增加人民币在周边国家和沿线国家的使用，不仅能避免由美元汇率震荡所导致的汇率风险，也可以减弱因全球各国货币政策和导向日趋分化而带来的政策风险，还可以防范因大规模跨境资本流动而产生的潜在货币冲击风险，更能够让亚洲等地区的新兴经济体来有效化解建设项目在其投融资过程中产生的货币相关的各类错配问题。

4.2 "一带一路"合作建设中的人民币国际化发展路径

"一带一路"合作倡议是由中国国家主席习近平于 2013 年首次提出。当今国际政治经济局势剧烈变化，世界各经济体间高度关联，中国继续推进深化改革开放，"一带一路"合作倡议的实施很好地适应了中国和沿线地区的时代需要，也是中国经济实力及综合国力提升的必然结果，也是经济进入"新常态"后的发展新思路。2009 年全球金融危机后，美元霸权地位日渐衰落，中国在世界经济金融市场上获得更大话语权，给人民币国际化进程提供了良好契机。单一主权国家货币的全球流动与认可，很大程度上需要先完成周边化、区域化进程，而"一带一路"倡议则为人民币实现这一进程提供了广泛的经济贸易合作平台。

从长期看，"一带一路"倡议的深化实施会通过推动人民币顺序履行货币五大职能，即计价功能、结算功能、支付功能、投资功能和储备功能，来分三个阶段完成人民币国际化进程，其具体实现路径如下。

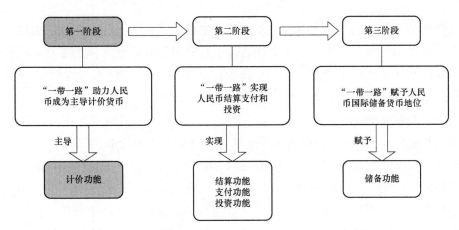

图 4-1 "一带一路"建设推动人民币国际化的实现路径

4.2.1 第一阶段："一带一路"建设助力人民币成为主导计价货币

4.2.1.1 基于 Grassman 法则的货币计价职能实现路径

第一阶段，按照 Grassman 法则，贸易双方所在国的贸易规模及产品类型是决定计价货币和结算货币选择的重要因素（Grassman，1973）[①]，大量学者针对该观点进行了理论与数据上的验证（Krugaman，1980；Giovannini，1988；Tavlas，1991）[②、③]。自改革开放伊始，基于中国工业的高速发展以及对外开放水平的不断提升，人民币因此在国际贸易中被接受为重要的计价货币，其主要路径机制如下。

根据 Grassman 的研究结论，贸易出口国的产品在国际市场上份额越大，其对应的影响力越强，进而在国际贸易结算币种的选择中占据优势地位，该国货币在贸易结算中被承认的机会也就越多。自中国加入 WTO 以来，中外贸易实现了飞速发展，尤其在"一带一路"倡议正式向国际社会提出之后，中国的外贸总规模已经实现连续 20 年的大幅攀升，而该特殊经济体制所引领的开放性合作趋势、低阻力的资金融通与自由便利化的贸易交互格局使得中国在与众多沿线国家之间的经济往来中，人民币成为事实上的主导计价货币。2019 年中国同"一带一路"相关国家（地区）的货物进出口总额累计共达1.3 万亿美元，其增速显著超过 6%（即近年中国 GDP 的目标增速）并占对外贸易总额的 29.4%，较上年大幅上涨 2%。"一带一路"倡议下中国对外贸易总量增长构成了人民币计价的基础数量需求，中国同"一带一路"沿途国家货物贸易和服务贸易进出口规模，对人民币计价产生了兼具长期性和持续性的影响。据官方统计，截至 2020 年中国外贸国际市场份额创出历史最高水平，已成为世界主要经济体的最大贸易伙伴，货物贸易第一大国地位继而得以巩固，在国际商品市场中保有极高比重。"一带一路"倡议框架下

---

① Grassman S . Currency distribution and forward cover in foreign trade：Sweden revisited，1973［J］. Journal of International Economics，1976，6（2）：215-221.

② Giovannini A . Exchange rates and traded goods prices［J］. Journal of International Economics, 1988, 24 (1-2):45-68.

③ Krugman P R. Scale Economies, Product Differentiation, and the Pattern of Trade［J］. American Economic Review, 1980, 70 (5): 950-959.

经贸合作的范围之广、程度之深进一步深化了中国与其他各国的合作伙伴关系，从而对未来人民币在国际贸易与跨境投资方面需求的持续性增长提供了强力支撑，进而提高了人民币在国际贸易结算中的便利性和在跨国投融资中的可兑换性，而随着"一带一路"中人民币的计价地位根本革新，将为后续的职能强化奠定坚实基础，极大程度地推动了我国人民币国际化的进程。

4.2.1.2　主要国际货币波动提供人民币成为主导计价货币历史机遇

此前，大部分发展中国家开展的贸易和接受的外国投资一般由美元计价，而随着全球流动性泛滥，美国实施极端的量化宽松货币政策，导致了美元贬值与愈发动荡的国际经济金融态势，大部分外币计价和结算的货物与服务项目出现严重减值，提升人民币的国际信用，为中国争得国际竞争优势与货币安全，获得人民币在跨境交易中的定价能力尤其关键[①]。当前中国已同 50 多个沿线国家和机构签署双边本币互换协议，"一带一路"建设使人民币国际化迈上了新的台阶。

"一带一路"其特殊经济运行机制所引领的开放性合作趋势、低阻力的资金融通与自由便利化的贸易交互格局，使得中国在与众多沿线国家之间的经济往来中，人民币已经或正在成为事实上的主导计价货币。人民币在国际经贸活动中的计价职能，关系到我国实现从制造大国向经济金融强国过渡的重大目标，该职能的建设对人民币国际化具有里程碑式的意义。

4.2.1.3　俄罗斯和伊朗放弃美元，各类交易人民币计价比重提升

（1）俄罗斯：由于受到以美国为首的西方阵营长期经济制裁，为尽可能地摆脱在国际经贸交往中对于美元等主要国际货币的依赖，获得大宗商品定价话语权和贸易计价结算的自由，减少制裁带来的经济损失，俄罗斯需要全新的国际货币计价和结算机制。这一思路直接推动了俄罗斯启动了以摆脱美元为主导的国际货币体系的战略和措施，以构建更具自主性的贸易投融资新格局。事实上，近 10 年来俄罗斯已多次向外界传达"加速去美元化"的信号，其国家财富聚集的基金、期货、债券、股市和大宗商品交易平台都在逐步取消美元计价，抛售美元资产，并觅寻优质的替代货币来进行国际经贸活动的计价和结算，其中包括大幅度提升人民币计价的交易活动和人民币资产比重，这些都为人民币国际化增添了新的筹码。

（2）伊朗：作为石油大国，面对美国的一系列制裁，已经开始推行多项措施去美元化，比如说利用人民币计价交易，推行区块链加密货币开采与使用合法化，还有就是锚定本币和购入黄金等方式，目的就是避免美元计价交易，绕开美元支付通道。伊朗已与我国签署长达 25 年期的石油合作协议，未来的石油贸易中人民币将成为主要计价货币。伊朗曾与欧洲合作试图建立结算系统 INSTEX，绕过美国的金融制裁，但 INSTEX 只能"以物易物"，而伊朗赖以维系经济命脉的石油，却被排除在外。由于制裁，伊朗石油产量已下跌到 40 年来最低水平。对于计划将日产量提高到 1 000 万桶，迫切希望扩大在石

---

① 马斌. 人民币国际化的影响因素研究——基于国际货币职能视角［D］. 东北财经大学博士论文，2015，23.

油市场份额的伊朗来说，最重要的就是"战略客户"中国。随着区域性的贸易投资格局深化，"一带一路"中人民币的计价货币地位已局部实现，为深度国际化奠定了坚实基础。

4.2.2 第二阶段："一带一路"实现人民币投资货币地位和结算支付功能

4.2.2.1 基于 Grassman 法则的投资货币和结算支付功能实现路径

随着全球流动性逐渐泛滥，美元贬值趋势日益明显，世界上各类交易结算支付以及国际投资多以美元兑现的方式已经出现较大隐患，风险集聚效应明显。因此，大部分"一带一路"沿线国家和世界上的发展中国家要求改革国际货币体系的呼声也越来越高，其中尤其是针对投资货币和结算支付功能等核心问题，希望改变对美元依赖的要求也日渐突出，这就给人民币以很大发展空间去逐步实现投资货币和结算支付功能。

Grassman 法则认为，倘若出口国的商品在国际市场中处于弱势地位，并且其对外国竞争对手的产品具备高度替代性时，基于激烈的国际竞争，出口公司更倾向于将境外竞争对手所在国的货币作为定价货币（Bacchetta 和 Wincoop，2005；Mickinnon，1979）[1][2]。差异化程度较高的工业制成品等（Ⅰ类贸易商品）或可理解为异质性商品，具有更强的出口商议价能力和计价货币话语权，通常以生产国的货币计价；而对于原材料、能源等非精细加工产品（Ⅱ类贸易商品）或可理解为同质化商品，在进出口贸易中，双方都会希望交易价格可以维持相对固定，一般情况下就更倾向于币值长期稳定的美元结算和支付。

按这一理论，由于产品的差异化程度同贸易产品的具体类型高度相关，尽管各国的进出口产品类型存在些微差异，但一般而言贸易产品的差异化程度愈高，出口商国家货币（PCP）计价采用越多。这就使得中国这样出口部类众多、贸易产品的加工程度和差异化程度都较高的国家，可以推进其主权货币—人民币在外贸进出口中的结算和支付。虽然同质化程度高的产品尤其是大宗初级产品，通常采用单一的国际货币结算支付，由于美元币值波动和风险累计，欧元、日元等主要国际货币也相继疲软，这也在结算支付方面给了中国人民币很大发展空间。

4.2.2.2 中国产品部类多差异大有利于人民币发挥结算和支付职能

伴随着中国制造业水平的不断提升，出口初级产品在中国外贸中占比呈现持续下降趋势。依托工业生产水平和能力迅猛增长，我国生产制造工业品无论是质量还是数量都发生了巨大改变。1978 年至 2018 年，40 年间我国货物出口总额增长 979 倍。更值得关注的一组数据是出口产品结构的变化：新中国成立初期，出口商品中 80% 以上是初级产品，到 1978 年，初级产品出口比重降到 53.5%，工业制成品出口占 46.5%，2000 年以

① Bacchetta P, Wincoop E V. A theory of the currency denomination of international trade [J]. Journal of International Economics, 2005, 67.

② Mckinnon R I . Money in International Exchange: The Convertible Currency System [M]. Oxford University Press，1979.

后，中国工业制成品一路上升到 90% 以上。产品差异化程度已经非常高，这就使得中国出口商有很大话语权，能提出人民币在交易中履行定价、结算和支付的职能。

随着中国在国际贸易分工体系中的地位不断提高，出口工业制成品附加值的持续攀升，人民币同其他国际货币的比较优势，人民币货币计价、结算和支付也越来越具话语权[①]。此外，"一带一路"倡议继续推进也将有利于发挥人民币的国际货币结算功能与支付功能，而这两种货币职能在经济金融活动实践中往往互相交织结合，较难分割，总之"一带一路"建设发展与出口产品异质化程度提高都将促进人民币国际化。

4.2.2.3 人民币结算和支付是"一带一路"深入推进的内在要求

对于"一带一路"沿线大量发展中国家而言，本身的主要国际货币美元、欧元等外汇储备量明显不足，制约了其经济贸易规模的增长和国家发展。根据货币区域化理论，多个国家在同一区域内开展贸易的优势之一，就是国家贸易往来可以绕开美元这一交易屏障，适应了其经济发展的便捷性、多边贸易的安全性、利润空间的稳定性需求；而中国更是"一带一路"沿线各国交通、通信等基础设施、民生领域合作、贸易金融产业的核心合作方，应顺势推动人民币的国际结算和支付功能，强化人民币地位对"一带一路"沿线各国经济社会发展具有实质性帮助作用。

根据 2020 年中国人民银行新发布的《人民币国际化报告》，在市场的需求动力下，近年来人民币在"一带一路"沿线国家使用取得突破性进展，跨境贸易结算金额、直接投资收付金额、人民币跨境收付金额均再创新高，极大程度上彰显人民币国际化中的区域成就，互相依存的贸易发展格局，为人民币的进一步国际化创造了新机遇。在金融投资领域，多层级、多渠道投入域内各国的人民币资金成为其实现支付与结算的有力支撑，以熊猫债、RDFII、RQFII 为代表的一系列金融产品和投资渠道，为我国与"一带一路"沿线国家配置了人民币双向资金流通渠道[②]。

在"一带一路"大框架下，在上海建立首个以人民币计价的原油期货合约，构建人民币跨境支付体系（CIPS）整合跨境贸易结算，中国与多国签订人民币清算机制安排，设立构建了亚洲基础设施投资银行，推进中国领先的支付应用软件进军以东南亚为代表的沿线国家与地区，均是我国主动深化人民币结算与支付职能的有益尝试，也是人民币国际化长期战略的有机组成部分。未来基于人民币币值坚挺与其余国际货币的相对稳定性下降等原因，"一带一路"沿线国家势必会更多地使用人民币作为经济贸易活动的结算支付货币，这也为人民币进一步国际化，实现国际储备职能提供了新的可能性。

---

① 陈雯，李强. 全球价值链分工下中国出口规模的透视分析——基于增加值贸易核算方法 [J]. 财贸经济，2014.（7）：107-115.

② 中国人民银行官网《2020 年人民币国际化报告》。

4.2.3 第三阶段："一带一路"高水平发展赋予人民币的储备功能

4.2.3.1 基于货币国际化规律的人民币储备货币功能实现路径

国际储备货币的定义是：一国政府拥有的可直接进行国际支付的通用的货币资金，也是政府在维护本国货币汇率稳定时，可以随时调动和干预外汇市场的国际清偿能力。人民币国际化的最终目标也毫无例外的将是实现其储备货币的职能。王元龙（2009）提出中国推进人民币国际化，在地域上实现既定目标可采取"人民币周边化→人民币区域化→人民币国际化"的分步骤战略；在货币职能上实现既定目标，可采取"结算货币→投资货币→储备货币"的分步战略[①]。

货币储备的地位是由贸易和金融投资中的结算和交易量所决定，因此扩大跨境贸易和投融资活动中的人民币计价和结算，是实现人民币国际储备职能的必要前提。前文基于 Grassman 法则和相关文献，综合分析中国对外贸易发展和对外投资现状，已论述了中国对外贸易和对外投资对人民币作为计价货币和结算货币的关键性作用。因此，可以推断中国对外贸易发展通过促进人民币的计价与结算支付，也间接地促进了人民币作为"一带一路"沿线国家的储备货币。

4.2.3.2 "一带一路"区域内在需求决定人民币走向储备货币

在"一带一路"背景下，人民币充当储备货币的益处较多，其吸引力不断提升，因此人民币流出量依据各国的储备需求就势必不断扩容增长。"一带一路"倡议对于人民币的国际认可度有巨大提升作用，人民币的国际化又最终必须体现在国际货币的储备职能上。在全球范围内，即使聚焦于"一带一路"沿线各国，美元与欧元仍处于关键性储备货币的地位。沿线经济体的市场开放程度、外部依赖性、经济发展能力均有很大差异，但沿线大部分国家都远离传统的世界经济发展优势区域，属于原有国际货币体系的边缘成员，因此美元与欧元尽管仍是垄断性的储备货币，但其地位在"一带一路"大部分区域并不是绝对无法动摇的。美元的霸权地位根植于美元主导计价的世界贸易格局，以及具有广度和深度的多层次、跨洲际的世界金融市场，欧元储备货币职能的成功也依赖于欧洲市场的庞大规模，以及世界范围内最领先的经济一体化体系。"一带一路"建设是全新思路，其构建是基于沿线国家诸多新兴市场的迅速发展，这一新体系为人民币逐渐成为储备货币创造了机会。

由中国与众多国家（地区）签署的双边货币互换协议，以为贸易和投资提供便利化的优势，及其对第三方货币汇率风险的规避，很大程度上推动了对人民币的储备需求，可以助力减少发展中国家对美元、欧元等的过度依赖。根据 IMF 相关规定，人民币可以作为国际货币，因此已事实上逐渐成为"一带一路"沿线多国的外汇储备币种选择。一些暂未同我国签署相关货币协议的经济主体，例如菲律宾、柬埔寨、沙特阿拉伯、法国、

---

① 王元龙. 国际金融体系改革的战略与实施［J］. 经济理论与经济管理，2009，V（009）：5-9.

德国、坦桑尼亚、赞比亚、津巴布韦等，也已将人民币纳入央行资产负债表中。人民币储备职能的强化，具备一定内在优势，如币值稳定、经济增速较高等。人民币汇率的稳步升值将增强"一带一路"各国对人民币的信心，提高了心理预期，也直接对储备更多人民币产生积极作用。

4.3 "一带一路"战略是继续扩大对外开放的顶层设计

近年来，贸易保护主义和反全球化经济政策，给世界经济发展蒙上一层阴影，中国始终坚持扩大对外开放，积极参与国际经贸交流合作，推进经济全球化进程，实施"一带一路"倡议目的之一也是促进地区间贸易投资自由化和便利化[①]。随着"一带一路"倡议的持续推进，中国与"一带一路"沿线国家的经贸合作日益加深，即使有中美经贸关系转变等不确定因素影响，中国与"一带一路"沿线国家的贸易增速不断上升，也逐渐成为中国外贸新的亮点，也成为推动中国经济发展和深化改革开放的新动力。

4.3.1 "一带一路"经贸发展形成中国全方位对外开放新格局

虽然改革开放以来，中国经济社会的发展成就被全世界高度认可，但受地理位置、资源环境、市场机制、产业水平等因素影响，中国东西部发展不平衡的局面也在不断加剧，总体呈现东快西慢的格局。近年来中国经济增速已经明显放缓，部分产能严重过剩，东西部之间发展水平较大差距也限制了中国经济整体发展水平，不同地区间经济发展不平衡问题成为关注热点。"一带一路"倡议的实施[②]，不仅为中国中西部内陆地区对外开放提供了历史机遇，也加强了中国沿海地区与内陆地区之间的经济交流与合作，同时促进了中国国内经济要素的自由流动和生产资源的市场配置，实现沿海与内陆的有效衔接，缩小了中西部地区与沿海地区的经济发展差距，为中国经济增长实现全方位、多层次的对外开放提供了新动力。

4.3.2 "一带一路"经贸发展推动中国经济均衡协调发展

"一带一路"倡议的实施，一方面有利于协调和平衡国内外的发展一致性，另一方面提高了中国从沿海到内陆全方位的对外开放程度，是推动国内市场与跨亚欧国际大市场进行协同联动的有力抓手。中国经济过度倚重沿海及东部地区发展格局或因"一带一路"倡议而有所变化，从而构建出新时期全方位对外开放新格局：第一，建设完善东西部地区互相连通、协同发展的市场机制，建设完善全国统一大市场。第二，沿海与内陆

---

① 樊秀峰，余姗."海上丝绸之路"物流绩效及对中国进出口贸易影响实证 [J]. 西安交通大学学报（社会科学版），2014（3）：13-20.

② 何茂春，田斌."一带一路"战略的实施难点及应对思路——基于对中亚、西亚、南亚、东南亚、中东欧诸国实地考察的研究 [J]. 人民论坛·学术前沿，2016（5）：55-62.

开放齐头并进，打造国内各区域平衡发展和协调开放水平的"内外一体"新格局。第三，国内各区域统筹发展，推进海陆共同协调开放，促进"一带"与"一路"协同联动发展效应[①]。

"一带一路"建设不仅可以促进相关沿线国家经济发展，也可以提升中国内陆地区对外开放水平，改变中国长期过于倚重沿海地区对外贸易的经济结构，推动中国国内市场纳入到亚欧大市场中去，形成全方位、东西平衡的对外开放格局[②]。首先要形成全国性的统一大市场，建立健全东西部互通协同的市场机制。其次要深挖内陆开放潜力，让海陆开放形成整体协同、联动发展，做到平衡东西部发展与深化改革开放"内外并举"的新格局，发挥"一带"和"一路"的协同效应。此外，由于受2008年美国次贷危机影响，全球总需求持续疲软，中国投资和消费需求增长放缓，造成中国国内出现结构性产能过剩，虽然近年来政府一直加强供给侧改革，但由于市场规律的惯性作用，一些过剩产能的生产还在进一步的扩大，国内经济下行的压力不断增大，通过"一带一路"倡议的实施加强沿线国家基础设施建设，可以挖掘出基础设施建设领域的大量产能需求，为中国转移过剩产能和劳动密集型产业提供了难得的窗口机遇。

4.4 "一带一路"贸易格局发展改变贸易计价货币选择机理

分析贸易格局一般通过贸易结构、方式及状态三个角度来进行研究。国际贸易格局的转变一般受经济增长、战争与冲突、经济金融危机、科技进步等影响。新的国际贸易模式的产生往往是从区域的局部的变化开始，不断发展最终量变形成新的商业格局，其典型案例就是"一带一路"沿线贸易的发展带来的国际格局的多方面变化。贸易模式的改变的同时往往会伴随着交易货币的变化，其影响通过金融部门的放大并进一步形成贸易货币替代的正反馈，最终体现在国际货币模型之中。

第一，历史研究发现，新兴的国际贸易大国，其货币具有成为新的国际估值货币的潜力。新贸易大国的崛起会影响其周边区域贸易格局，同时也会强化周边国家的地理经济联系，形成区域化交易货币的替代，最终改变国际货币格局。

第二，新的贸易结构和商业领域会对新的货币进行重新估值。区域贸易大国发行的货币在经济贸易区域化的进程中会不断取代原有的国际贸易货币的作用，最终成为该地区区域贸易的首选货币，而地缘经贸活动的区域化正是贸易格局以及经济形势变化的重大特征。

第三，新兴市场国家具有推动货币替代的强烈动机。在当今经济全球化的浪潮中，

---

① 陈德胜. 我国与"一带一路"沿线国家的外贸发展对人民币国际化的影响：经验检验和企业案例分析 [D]. 杭州：浙江工业大学硕士论文，2019.

② 林乐芬，王少楠. "一带一路"进程中人民币国际化影响因素的实证分析 [J]. 国际金融研究，2016（2）：75-83.

新兴市场国家往往能利用其成本优势来增加国际贸易中的市场份额，改变其原有的国际贸易结构。由于世界上最主要国际货币发行国——美国不能改变其资本主义周期性衰退及经济危机的特点，新兴市场国家具有强烈动机使用其他货币来替代美元计价的方式来降低其国际贸易成本和风险。

4.4.1 贸易计价结算功能是人民币国际化的基础

"一带一路"倡议实施过程中，人民币国际化的主要步骤之一就是促进人民币在国际贸易中对估值和计价功能的显现。2008 年爆发的美国次贷危机引发全球性的金融危机，让全世界意识到美元主导下的国际货币体系其单一结构下的系统性风险。在世界格局不断发展变化的今天，国际货币应体现新兴市场国家对国际贸易和世界经济发展的贡献和作用，实现多元化的国际货币体系有利于世界经济格局的健康稳定发展。以人民币为代表的新兴市场国家货币能够在国际贸易中对估值和结算方面产生积极的影响，为国际贸易提供多样化的结算和储备手段，达到优化国际货币体系的目的。

中国是全球唯一拥有全部工业门类的国家，是最大的世界工厂及最大的贸易出口国。尤其是加入 WTO 以来，外贸进出口总额不断增长，国际贸易的市场需求和市场份额不断增加，人民币的使用场景和需求也在不断扩大，人民币国际化既是贸易发展的必然阶段，也是现实的客观需要。通过提升人民币在全球贸易格局中的地位，能够有效改善中国进出口贸易平衡，减少以美元作为主要外汇储备的压力，并对维持国内低通胀目标产生积极影响。历史研究表明，贸易估值是推动一国货币国际化进程初期阶段的主要动力。在国际贸易中提高人民币贸易支付结算的比率，尽可能使用人民币作为结算货币，能将进出口贸易中各种成本大幅度降低，避免因美元等世界贸易货币汇率变动带来的风险因素，是更好的促进中国国际贸易、促进多边贸易往来，更好地利用国际市场，来进一步发展中国经济的有力手段。

同时，人民币在中国的外贸中作为计价结算工具，已经推动人民币进入到国际商业金融领域开展交易，增加人民币作为国际交易的计价、储值工具的需求。中国不断坚持金融领域改革和扩大开放，客观上增强了中国金融机构在国际市场中进行资源分配的能力，提升了中国金融的国际竞争力。

4.4.2 贸易发展助推人民币计价结算

（一）贸易份额提升推动人民币发挥更大作用

世界主要贸易货币的国际化进程通常伴随着贸易地位的提升。近年来，中国对外贸易不断调整增长，在部分经济小国中中国商品市场份额已经占到较大比重，这些都表明中国在国际贸易中的地位显著提升，已经成长为全球贸易当中具有决定性影响力的贸易。同时，由于中国商品在国际贸易市场的份额不断提升，其价格的波动已经影响到一些经济小国国内商品市场价格稳定。如果中国进行对外贸易时坚持使用美元进行结算和计价，人民币与美元之间的汇率变化将使经济小国的贸易成本增加，使其在国际市场竞争中处于不利地位。为维持经济小国生产商生产成本的稳定，在与中国进行贸易往来时选择人民币进行结算和计价将是其更优选择。

（二）贸易结构改善助力人民币贸易结算支付比例提高

随着中国的经济发展，国内产业结构得到进一步升级，中国国际贸易结构得到进一步优化，低附加值加工贸易增长放缓，高附加值产业在出口贸易中的比例持续上升。由于高附加值产业具有不可替代性、独特性和差异性等特点，使中国出口商在国际贸易中的话语权不断提高，能够选择更多货币作为商品交易的计价和结算工具，而不需要被迫选择竞争对手的计价和结算货币。随着中国贸易总额的提升，在国际贸易中的影响力扩大，出口商将更多选择人民币作为贸易计价货币，使人民币在世界贸易的结算份额不断扩大[①]。

（三）经济指标稳定为人民币计价结算提供有力保障

由于货币本身具有储值功能，在影响贸易参与方选择计价货币的各项因素中，最重要的因素就是货币币值的稳定还有国家经济发展的水平。中国特色社会主义市场经济制度能够在世界发生全球性金融危机和经济危机时，有迅速的和较强的政府介入干预，结合市场基础配置功能，一并起到稳定国内经济的目的，并且独立自主的货币政策也使得中国能够长时间保持较为稳定的低通货膨胀率。长期稳定的宏观经济和相对稳定的汇率，为人民币国际化提供了高质量的经济支撑因素。

4.5 人民币国际化促进区域经贸合作的机制分析

横贯欧亚大陆的"一带一路"，可分为三部分，东边是活跃的东亚经济圈，西边是高度发达且一体化的欧洲经济圈，中间广阔腹地则是具有巨大经济潜力的国家群落。"一带一路"沿线国家包括：东盟 10 国、中亚 5 国、中东 16 国、独联体 7 国、南亚 8 国、西亚 18 国和东亚的蒙古等，这些国家的经济规模和经济增长率都有较大的差异。截至 2019 年末，"一带一路"相关国家（含中国）人口达到 49 亿，占全世界口的 59.8%，GDP 达 54 万亿美元，占全世界经济总量的 41.8%。"一带一路"沿线国家和我国的双边贸易额超过 1 万亿美元，达到了全国外贸总额的 1/3 以上。

4.5.1 人民币结算助推中国与"一带一路"沿线国家贸易额增长

人民币国际化还应该体现在其履行结算货币功能等，其重要实现渠道包括贸易与对外直接投资（OFDI）。2009—2019 年，中国和周边国家及"一带一路"沿线国家的经贸关系逐渐密切，对外经贸交流不断增多，投资数额持续增长。其中我国最主要的进出口

---

① 邵建春. 中国对新兴经济体出口的影响因素研究——基于国别面板数据的实证研究[J]. 国际贸易问题，2014（11）.

贸易目的地区域是东盟经济区和中西亚地区。中国已经是世界上近 130 个国家（地区）的最大贸易伙伴国，这当中就包括"一带一路"沿线约 40 个国家（地区）。现阶段中国已经是俄罗斯、巴基斯坦、印度、孟加拉国、缅甸、哈萨克斯坦、土库曼斯坦等国家（地区）的第一大贸易伙伴；是乌兹别克斯坦、吉尔吉斯斯坦等国家（地区）的第二大贸易伙伴；同时也是塔吉克斯坦的第三大贸易伙伴。人民币在境外的流通和使用规模随着中国外贸规模的增长而持续扩大，特别是"一带一路"沿线的贸易规模迅速膨胀，人民币也在日益强化其国际结算功能[①]。

2001 年中国加入世贸组织（WTO），此后我国一直积极主动贯彻 WTO 的宗旨，不断深化与世界各国（地区）的经贸合作，开展贸易交流，实现互惠互利。尤其是近年来我国与沿线国家（地区）的贸易往来与合作取得了飞速发展。在 2008 年的金融危机发生之后，中国与沿线国家（地区）的贸易发展势头十分强劲。数据表明，2001 年，即中国入世当年，中国与沿线国家（地区）贸易总额仅为 84 亿美元，而在 2014 年（宣布"一带一路"倡议后的一年）这一数字已增长至 7 670.48 亿美元，此后进出口贸易总额继续不断上升。

持续推进"一带一路"倡议的发展，提供流动性支持，促成更多融资合作，势在必行。由于人民币在 2016 年已被 IMF 纳入 SDR 货币，可以利用好这一优势推动与更多沿线国家（地区）的央行和货币当局签订双边机构的金融跨区域合作。另外，应到沿线主要国家（地区）开设银行和非银金融机构的分支机构，建设更多的境外人民币业务清算网点，真正实施"走出去"战略。还要在人民币境外市场加强多方合作，出台举措支持和鼓励更多沿线国家（地区）开展人民币离岸业务，尤其应扩大人民币在"一带一路"沿线区域的流通使用规模。还有进一步发挥新兴经济体组建和主导的多边金融合作体系，作为"一带一路"建设的实施载体和金融政策工具，亚投行、金砖银行以及正在筹备成立的上合银行等，可以在人民币国际化进程中提供更多支持，发挥积极作用。

4.5.2 人民币国际化反哺推进"一带一路"贸易发展与建设

区域经济合作是"一带一路"倡议中的重要内容，即经济主体为了谋求经济社会利益，促使生产要素在区域之间流动和重新组合，而其核心内容是贸易合作。加强中国与沿线国家的贸易合作需要多方条件的支持，其中建设地区金融体系以及建立与完善合作机制将起到十分重要的作用。由于"一带一路"建设的资金需求量庞大，需要不断创新与拓展投融资渠道，通过不断强化与沿线国家（地区）的金融合作，扩大区域内人民币供给总量，能够有效地帮助"一带一路"国家实现经贸发展，使其获得更丰富的资金支持和资本积累，拓展更多途径的融资渠道。亚投行、金砖国家银行和"丝路基金"等机

---

① 张伯伟，田朔. 汇率波动对出口贸易的非线性影响——基于国别面板数据的研究 [J]. 国际贸易问题，2014，（6）：131-139.

构的设立为"一带一路"沿线国家的发展和基础设施建设带来了强大的金融驱动力,加速亚太地区各个国家之间实现互联互通,为中国与沿线国家持续加强金融合作提供了新的历史机遇①。

依照历史经验,区域内各国的金融合作可以采取资金聚集度提高、金融需求的多元化促进金融资源在区域内的自由流动和优化配置等措施来实现,最终进一步加强区域内金融资源和货币流通效能。近年来,"一带一路"倡议推进中,仍面临着诸多挑战,其中首当其冲的便是货币流通问题。必须进一步降低交易成本,促使贸易更加畅通,最终还需要实现沿线国家基础设施方面互联互通。人民币在其国际化的过程中为"一带一路"的贸易发展与经济合作提供资金融通,是沿线国家(地区)贸易发展和金融资源支撑的战略支撑,会有力地推动区域经济一体化进程。在"一带一路"建设中,互联互通需要长期稳定的资金投入,中国以加大人民币对外输出的方式向域内各国(地区)提供充足的货币供给,借助这一平台推动人民币"走出去",让其在区域内行使货币的多项职能,服务于当地经济实体和社会发展,这样既能不断扩大人民币的使用范围,也可以破除金融瓶颈、提升沿线国家(地区)的金融便利化水平。

人民币国际化也可以使得"一带一路"建设的各类风险明显降低,这些风险领域主要涉及贸易进出口、基建投资及能源项目等。目前由于美元依然是各类货币中国际化水平最高、国际经贸领域使用最频繁的一个货币,并始终掌握着大宗商品绝大多数交易的定价权,然而自 2008 年爆发全球金融危机之后,美元汇率剧烈震荡,导致了其结算支付的风险和成本大为提高,这也使国际上对人民币的需求逐渐开始增多。

4.5.3 人民币国际化助力中国与"一带一路"国家贸易商品结构改善

1. 进出口份额

2001 年 11 月中国加入 WTO,此后中国与世界各国的贸易活动日趋紧密,与"一带一路"沿线国家更是建立了良好的贸易关系,十几年来贸易规模增长迅速,沿线国家与中国的外贸额占中国全部进出口总额的比重不断提升。但在中国与"一带一路"沿线国家贸易结构中,中国的出口商品结构还没有优化,竞争优势并不明显,其中密集型产品对沿线国家的出口增长最快,而高新技术产品出口虽有增长表现却并不抢眼,中国对沿线区域出口结构提升优化过程相对落后。

对比出口,中国进口结构的变化却比较明显。进口商品种类日趋集中,进口能源资源产品占比不断提高。2014 年,中国从沿线区域的进口商品中,全部能源产品占比高达42.52%,相较于 2001 年其比重增长了 18 %,矿类产品进口也有一定程度上升。至今中国能源进口的大部分来自于该区域,沿线国家(地区)对中国的能源战略与经济发展显得日益重要。

---

① 周宇. 以人民币国际债券支持"一带一路"基础设施投资:基于美元、日元国际债券的比较分析 [J]. 世界经济研究, 2017(10).

据统计，中国出口"一带一路"地区的商品中，占比分别位列前三的是：机械设备、纺织服装和五金制品。从数据中可以看到"一带一路"国家有着不同的经济发展模式和发展水平，其商品需求结构也有所不同，中国出口商品对不同国家而言侧重不同，其出口结构有着一定差异性。进口方面，现阶段中国经济增速仍较快，正是能源消费的快速增长时期，满足能源产品需求的压力日益增大，因此能源产品的稳定进口事关中国经济的安全，居于进口产品最重要的位置。

2. 有关部门分析

按企业机构性质来看，在中国面向"一带一路"的出口中，民营企业这一部门类别所占的比例持续升高，已经由 2011 年的 47%上升至 2017 年的 58%，继续稳定地作为第一大出口部门，在外贸中发挥着举足轻重的作用；国有企业以及外商投资企业在中国的出口总额中所占比重都呈现长期降低的趋势，其中国有企业占比由 18%下降至 13%左右，而外商投资企业则由 35%下降至 28%左右。

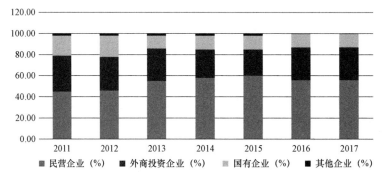

图 4-2　2011—2017 年中国对"一带一路"沿线国家出口贸易部门变化

（数据来源：中国海关网）

与出口贸易相比，在进口贸易中各个部门类别主体的进口额占比差距并不大。2017年外商投资企业的进口份额略高于其他部门，占比达 37%；国有企业占比长期下降，已经由 2011 年的 43%下降到了 2016 年的 31%左右；同时，民营企业却在逐步提高，已经由 22%上升至 28%左右。

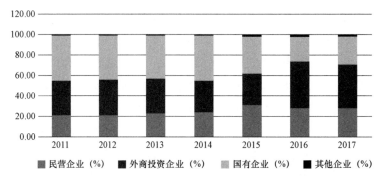

图 4-3　2011—2017 年中国对"一带一路"沿线国家进口贸易部门变化

（数据来源：中国海关网）

4.6 人民币在"一带一路"沿线区域的合作机制分析

4.6.1 人民币跨境贸易结算和货币互换协议持续增多

近年来，人民币已经在货币的跨境流通与收付等领域承担了越来越重要的作用，首先这一作用体现在我国跨境收支领域各类货币的使用频率与收付份额上，自 2010 年以来，在各类跨境收付币种中人民币已经连续六年稳居第二位，2019 年其金额比重更是占到了 28%左右。相关统计数据也显示，在 2019 年底使用人民币开展跨境结算与收付业务国内企业数量已经达到了 25 万家，国际市场中的经济主体对人民币接受程度的提高，也是这一作用的具体体现。2019 年全年跨境收付领域的人民币使用额更是突破了 9 万亿元，其具体组成分为以下几个部分：经常项目收支为 5.4 万亿元，占到了约 53%；对外直接投资（ODI，Outbound direct investment）中人民币金额达到 1 675 亿元，占比 1.6% 左右；外商直接投资（FDI，Foreign Direct Investment）部分的人民币金额为 1.4 万亿元，占 14%左右。

截至 2019 年，累计已有 19 个国家或地区获批成为人民币合格境外投资者（RQFII），其中沿线国家有 6 个，占比接近 30%，RQFII 额度全部获批国家（地区）总额的 17%左右。我国银行及其分支机构的业务目前已覆盖了"一带一路"沿线 30 多个成员国，其中包含了 35 家分行，18 家控股投资的子行，9 个业务代表处，但从地域分配来看，大部分机构分布于周边国家或"一带一路"沿线区域，最集中的是东南亚国家，如新加坡等，而北非、中亚、西亚等沿线国家（地区）的分支网点分布数量偏少。

4.6.2 "一带一路"国家（地区）人民币储备增加助推贸易与融资发展

当前人民币已经成为世界第二大贸易融资货币，同时也是第四大外汇交易货币，各个国家对人民币流通使用与持有储备的信心也在不断提升。国际货币基金组织（IMF）于 2015 年批准人民币加入特别提款权（SDR），这一事件也助推了人民币的不断国际化。以"一带一路"为框架展开的经贸合作有助于中国与越来越多的沿线国家构筑起长期而稳健的合作关系，这将有助于建立起一个覆盖包括沿线国家（地区）在内的跨境人民币支付清算体系，进而增强人民币被各国接纳成为储备货币的可能性。

通过分析 SWIFT 提供的有关数据，当前阶段人民币国际化已有一定成果：到 2019年底，人民币市场份额占到了 1.89%，被纳入到 60 多个国家（地区）的储备货币序列内，这当中就包括了 12 个"一带一路"国家。已经有部分国家和地区的民众将人民币作为其重要的储存手段，可见其对人民币信心的提升。在东亚、南亚等地区，人民币受欢迎程度和被经济社会信任的程度不断上升，部分国家甚至允许人民币在其境内的全境自由流通。在蒙古、老挝、柬埔寨等我国邻国和缅甸北部地区，人民币已经在一定程度上替代了脆弱的当地货币，被视为了主要的贸易货币。但另一方面，美元还作为远东和欧盟各国的主要储备货币，在这些国家人民币较少被当做储备货币。

到目前为止，中国银行系统已经在中国香港、中国澳门、中国台湾等地区，以及新加坡、首尔、法兰克福、伦敦、巴黎和卢森堡等不同地区建立起了人民币结算机制。除了已与美元、欧元、英镑和日元等货币兑换外，人民币还与俄罗斯卢布（RUB）、马来西亚林吉特（MYR）、澳大利亚元（AUD）以及新西兰元（NZD）等"一带一路"沿线国家官方货币实现了直接兑换与交易。近年来，中国也和越来越多的国家和地区签署了货币互换协议，有助于人民币更好地发挥其作为储备货币的功能。

截至 2019 年，中国央行通过与相关国家（地区）货币当局订立双边协议，已经实现了与 41 个国家（地区）双边本币互换的便捷化。这些协议的总规模达到了约 3.89 万亿元人民币，其中就有很多"一带一路"国家（地区）与中国签署了双边货币互换协议。以上货币互换协议的签署和实施，有助于降低这些国家对于美元和欧元的依赖程度，为人民币未来在周边国家发挥储备货币的作用，提供了制度化、契约化的保障。

4.6.3 离岸市场发展保障"一带一路"国家的人民币流通与循环

一般而言，一个国家的经济总量和对外贸易规模、该国的资本市场对外开放程度以及官方货币的币值稳定性和可流通性三大因素决定了一个国家的国际货币化程度，这一观点也被货币经济学家 P. Hartmann（1998）和 B.J.Cohen（2000）所接受。根据这一理论，保障人民币国际化的稳步推进需要构筑起完善且强大的离岸流通与循环机制。2014年 2 月至 2016 年 1 月期间，新加坡离岸市场曾一度超越英国伦敦离岸市场，作为仅次于香港，新加坡的人民币市场是排名海外第二的离岸中心，这一地位已不可动摇。我国已在包括卡塔尔在内的 7 个沿线国家建立起了人民币清算银行，为推进人民币的跨境流通、结算和使用提供了更多的便利条件。

近年来，中国始终致力于推动离岸人民币债券市场的发展和创新，包括在沿线国家的离岸人民币市场创新债券发行种类，扩大发行规模，给境外投资者以更多选择，提升其持有意愿。具体包括在卢森堡发行"申根债"，由马来西亚发行"金虎债"，在阿联酋发行的"酋长债"。然而，目前离岸人民币业务仍存在分布地域不均衡等问题：当前的人民币离岸债券发行仍主要集中在东南亚地区，如中国香港和新加坡，较少涉足中亚、西亚与欧洲等地区，这些地区的离岸市场规模相对较小。

中国各类人民币存款余额为 113.9 万亿元，其中最大离岸市场香港的人民币存款也仅占 1%。2019 年香港金融管理局局长陈德霖估计，离岸美元存款相当于美国本土存款的 30%左右，离岸人民币市场规模相较美元低相当多。这也印证了巴曙松、叶聃等（2016）对于目前香港离岸人民币资金池规模仍然较小的观点。

4.7 人民币区域化国际化对"一带一路"
贸易发展的推动作用分析

国际货币不仅指的是能够跨越国界、在世界范围内任意流通的货币，更是国际上发挥主要计价、结算及储藏功能的货币。目前国际货币的种类较多，美元、欧元、日元等都属于常用的国际货币。货币的国际化不能一蹴而就，而是要经历一个长周期的过程，主要可以概括为以下四个阶段：

1. 经常项目下的自由兑换；

2. 资本项目下完全可兑换，政府对投资和金融项目中的本外币兑换取消限制；

3. 政府引导本币国际化，使其成为本国之外的其他国家（地区）可接受的交易、投资、结算和储备的货币；

4. 实现充分的可兑换，政府对于不发生跨国交易的境内居民的本外币实行自由兑换，不进行限制。

人民币国际化也对推动"一带一路"贸易发展具有重要作用，在框架下"一带一路"人民币在跨境贸易、大宗商品买卖、沿线国家基础设施建设和投资项目等领域拥有了更大的市场能力和合作机会，促进了中国与沿线国家的贸易往来和金融合作，人民币国际地位的提高会很大程度上促进中国与"一带一路"国家（地区）贸易的增长以及经济领域合作的强化。

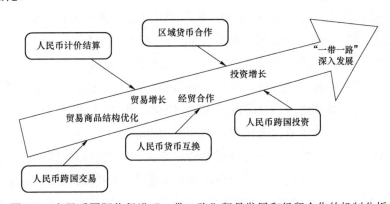

图4-4 人民币国际化促进"一带一路"贸易发展和经贸合作的机制分析

4.7.1 人民币的货币惯性和网络外部性对"一带一路"贸易发展的作用

网络的外部性导致了货币惯性，这也就是经济学家杜森·贝利提出的制轮效应（ratcheting effect），这会继续加强货币使用者兑换并使用某种货币的心理暗示。概括地说，由于网络外部性的存在，货币惯性会继续增强。如果有越来越多的人将某货币充当价值储藏的手段时，交易的货币转换成本就可能降低，这就提高了该种货币的使用频率和流动性,将培养货币使用者对该货币产生使用粘性。

"一带一路"倡议的实施加强了中国与沿线国家的贸易往来和协作关系,而人民币在"一带一路"区域内不断强化的货币优势,也进一步促进了区域经济合作新格局逐步形成。人民币与沿线各国(地区)的互换合作不仅加强了人民币本身的使用流通频率,也通过大规模贸易结算等交易培养了人民币使用粘性,反过来促进了"一带一路"贸易的增长。据统计,2014 年跨境贸易人民币结算超过 6.55 万亿元,比上年增加 42%左右,全球贸易中人民币结算的占比上升了约 3%,人民币在国际市场的资本和金融交易占比达 2.8%以上。截至 2020 年,外国央行和货币当局手中持有的人民币金融货币资产余额近 1 万亿元,人民币境外持有数量的上升和国际地位的提高对中国与"一带一路"国家(地区)深入开展经贸合作具有积极影响。逐渐形成的人民币货币惯性势必推动"一带一路"贸易发展的网络外部性优势。

4.7.2 人民币区域化和国际化对贸易发展的促进机制分析

人民币国际化进程的不断加快也在很大程度上推动了中国外贸的高速发展和规模不断扩大,也促进了"一带一路"倡议深化发展,使中国与沿线国家(地区)的贸易量不断增加[①]。随着"一带一路"国家(地区)越来越多地使用人民币进行贸易结算和投资交易等经济活动,截至 2019 年,中国与沿线国家贸易额占中国贸易总额的比例,已从 2000 年的约 15%,增长到接近 30%,其中,中国出口占比相较于 2000 年翻了一番以上。"一带一路"倡议提出以来,沿线国家与中国的双边贸易发展非常迅速,增长也十分稳定。统计数据显示,2014 年("一带一路"倡议提出一周年),沿线各国与中国的出口、进口以及进出口总额占到中国外贸总额分别达 42.1%、43.9%和 43.1%。2019 年,中国外贸总规模较上一年度仅增长 3.4%,但由于沿线国家使用人民币进行交易的比例大幅提高,维持了贸易交易的稳定性,确保了货币和汇率的安全性,因此中国对"一带一路"沿线国的进出口总额达 9.27 万亿元,增长 10.9%,远高于进出口总额的增长率,中国对"一带一路"沿线的贸易占全年贸易总额的 30%以上,这显示了"一带一路"倡议的作用越来越强大,与之相应的贸易规模也逐年变大。一国货币的国际化,其中很重要的因素之一便是贸易发展,同时货币的国际化也会促进相关贸易的增长,比如日元在最先的两个阶段利用制轮效应也称为棘轮效应走向国际化[②]。该效应首次被美国学者 James Stemble Duesenberry 提出,人的消费习惯形成之后有不可逆性,易于向上调整,而难于向下调整,以致产生有正截距的短期消费函数,尤其是在短期内消费的习惯效应较大。这种习惯效应,使消费取决于相对收入,即相对于自己过去的高峰收入。正因如此,人民币在各国(地区)越来越广泛地使用和流通,其国际化程度不断提高,

---

① 申现杰,肖金成. 国际区域经济合作新形势与中国"一带一路"合作战略 [J]. 宏观经济研究,2014(11).

② 陆长荣,崔玉明. 日元国际化重启及其对人民币国际化路径选择的启示 [J]. 日本学刊,2017(5):105-129.

就可以持续加强棘轮效应，使各国（地区）更多地进口中国商品，不断扩大与中国的进出口贸易。

4.7.3　人民币国际化对贸易增长及经济发展的刺激作用

对于国民经济发展和 GDP 增长，传统上有"三驾马车"拉动经济增长的提法，即出口、投资和消费共同推动了经济的增长。"一带一路"倡议提出和实施以来，中国对沿线国家（地区）的贸易规模扩大很快，人民币在区域内流通和使用的数量也在快速增长，对"一带一路"经贸项目，国内企业等经济主体的参与率不断提高。在中国经济进入"新常态"后，"一带一路"倡议全面深化发展可以为中国经济的可持续发展提供新动力，确保 GDP 持续稳定增长，同时由于人民币借势获得国际化水平的提高，反过来也对贸易增长和经济发展产生刺激作用[①]。

2000 年入世前，人民币尚未开启国际化进程，当时中国的进出口贸易额仅为 3.92 万亿元人民币。2020 年，中国跨境贸易人民币结算业务发生额 6.77 万亿元，同比年增长 12.09%，与之相对应，到 2020 年中国的进出口贸易额已超过 29 万亿元人民币的规模，20 年间无论是出口还是进口的年均增速都超过了 15%。同时 GDP 总值维持了较高的增长态势，20 年的年均增速在 9.9%。这一组数据表明人民币国际化程度与中国对外贸易增长以及经济发展水平间是有正相关性的，且强度较大。另外"一带一路"倡议的实施推动了中国与众多沿线国家（地区）双边贸易与投资规模的持续扩大，这就使得人民币在更广泛的领域内流通和使用，同时进一步刺激了中国经济的增长。当然，中国对外贸易规模扩大、经济发展水平不断提高、经济实力持续增强也无疑能对人民币国际化起到积极推动的作用。

4.7.4　人民币国际化对金融发展水平和汇率稳定的作用机制分析

一国货币国际化的进程受很多因素影响，其中金融发展水平是影响货币国际化的重要因素之一，同时货币的国际化也会对本国的金融市场和汇率稳定带来影响。例如，美元国际化大发展是由于其对外贸易规模持续扩大，尤其是进口大于出口的逆差情况在很长的历史周期始终发生，此后美元的全面国际化则离不开其发达程度最高的金融市场，同样美元成为世界级的国际货币，也反哺了美国的金融市场进一步发展。由此可见，人民币的国际化也离不开金融发展水平的提高，同样也会对金融发展水平起到不可替代的重要作用。在"一带一路"区域，东亚新兴经济国家群和欧洲发达国家群可以构成"一带一路"金融发展的两极，助推人民币国际化进程，这种金融两极可以持续增大其辐射范围，为中国人民币"走出去"并成为区域主导货币提供机遇。"一带一路"区域内有 7

---

① 跨境贸易人民币结算与人民币国际化——基于人民币国际化实现路径的研究，王刚贞，王慧芸，王虹倩，《东北农业大学学报（社会科学版）》；2017-02-15.

个国际金融中心[①]，它们之间的互动发展效果也将会逐步显现，这会为中国金融市场的可持续发展以及人民币国际化战略提供上佳的支点。另外，国内的上海、广州、深圳和北京等金融发达城市以及中国香港等国际化城市可以借力"一带一路"倡议，发展自身金融实力，打造区域级甚至世界级金融中心城市，逐渐成为人民币跨境发展的枢纽和动力输出点。

只有尽可能维持货币价值的稳定性，才能维护和切实履行货币各项职能属性，进而更好地体现国际货币的职责，也进一步推动中国金融市场体系的不断完善。人民币背后包含着中国的庞大经济规模，有世界最大制造业的实力作为背书，这决定了"一带一路"框架下中国与沿线各国开展金融合作的核心诉求之一就是人民币国际化。与此同时，中国亟需对现有的金融市场体系以及相关金融制度等进行完善，甚至实施系统性改革。

"一带一路"合作发展金融产业，在其建设与创新过程中，中国应考虑到沿线各国（地区）带有差异化的诸多利益要求，积极响应区域内各国对于原有国际货币体系进行改革的呼声，逐步构建起专业化的人民币流通使用渠道和机制，这不仅会为中国与沿线国家间贸易提供更好便利，也会提高人民币币值的稳定性。2015 年人民币兑美元汇率曾冲高至 6.25:1 左右，成为近十年最高汇率水平，2019 年 8 月人民币兑美元汇率曾一度跌至 7.15:1 左右，为近十年最低汇率水平，2020 年之后人民币汇率始终保持坚挺，2021 年 3 月人民币兑美元曾一度达到 6.37:1 的水平，近年来人民币兑欧元、英镑和日元，也保持了汇率稳定，币值十分坚挺，这就使得越来越多的国家（地区）愿意使用、持有和储备人民币，随着人民币区域化的不断发展，其国际化水平的提高，也会对使用人民币进行交易和投资的国家（地区）的金融发展水平和其本币与人民币之间的汇率稳定起到关键保障作用。

中国始终不断推进"一带一路"框架下金融市场协同监管工作，持续加强与沿线各国（地区）央行和其他管理部门之间的金融监管合作，继续建设和完善包括预防各类市场风险、应对金融突发事件和危机的防范处理机制，构建好区域金融安全网和减震器，进一步完善多方合作的区域经济金融监督管理合作机制，这将为人民币汇率的持续稳定和币值信心提供良好的制度环境。

---

① IFCD INDEX "新华－道琼斯国际金融中心发展指数"，中经社，芝加哥商业交易所集团指数服务公司（道琼斯指数公司）联合发布。

第五章

"一带一路"贸易与人民币国际化实证分析

5.1 人民币国际化指数与实证分析

5.1.1 人民币国际化 RII 指标体系

国家外汇储备之中的货币权重基本反映了世界各国对储备中各类货币的国际化程度和使用便利度的考量。根据 IMF 的统计规则,政府接受 IMF 官方储备作为最高的国家外汇储备,之后再由 IMF 确认公布。当前只有美国、欧洲、日本、瑞士、加拿大和澳大利亚的货币,能满足 IMF 按世界各国外汇储备的货币 1%以上比例计算并公布货币的要求,因此人民币国际化程度不算很高,也不能用世界各国用于外汇储备的货币权重来衡量人民币国际化程度。

通过分析国际货币协会在 2010 年提供的数据,假设在中国资本账户完全开放,这样人民币就能够在对外直接投资(OFDI)和国际金融市场中发挥功能作用,数据指出了人民币能在交易转账汇款中发挥直接投资的计价作用,还可以在债券交易中承担国际货币的职能,这可以算是一种特别货币形态。中国人民大学采用适当的变量和指标为基础,编制了人民币全球指数(人民币国际化指数 RII 指标),以此直观反映人民币国际化真实程度。RII 结构和价值的变化可以判断人民币国际化的水平,并了解对人民币在境外的流通使用规模产生影响的主要因素,以此对人民币运作进行分析指导,RII 指标使人民币的全球使用情况有了更优衡量方法[1]。由此政府部门和企业能对人民币国际化过程中的动态变化精确把控,抓住国内外的新机会,分析面临的挑战,消除潜在的风险,制定

---

① 陈德胜. 我国与"一带一路"沿线国家的外贸发展对人民币国际化的影响:经验检验和企业案例分析 [D]. 杭州:浙江工业大学硕士论文, 2019.

出对应的调控手段以及措施办法，政府部门和企业就有了科学决策依据以及有效调节措施。

根据货币理论，可以了解到货币具有三个功能，即计价尺度，支付手段，价值储藏。在国际贸易中，货币估价通常是付款货币。编制 RII 指数有多重目的，其一就是了解人民币在国际交易中的使用情况，从而将货币支付媒介所拥有的价值计量功能和支付功能相整合，以实现定价的功能以及作为支付手段的功能。所以人民币一级指数可以设定两个功能指标：计价支付功能以及国际储备功能。其中，计价支付功能反映在人民币计价的贸易和金融交易中，与国家外汇储备功能这一指标平级，权重设定为 1/3。采用 RII 设定实体经济的货币流通功能指标，人民币的支付功能是国际市场各类交易中的重要部分。三级指标可参考人民币结算贸易额在世界贸易总额当中的占比。

表 5-1 人民币国际化指数指标体系

一级指标	二级指标	三级指标
国际计价支付功能	贸易	世界贸易总额中人民币支付比率
	金融	人民币信贷占全球信贷总额中的比例
		人民币债券和票据占全球的比重
		人民币债券和票据余额占全球的比率
		人民币直接投资占全球直接投资中的比率
国际储备功能	官方外汇储备	全球外汇储备中的人民币储备比率

（资料来源：人民币国际化报告 2018）

其中，各三级指标的计算公式如下：

（1）世界贸易总额中人民币支付比率=跨境贸易中以人民币计价及结算的金额/世界贸易进出口总额；

（2）人民币信贷占全球信贷总额中的比例=境外人民币信贷额/全球信贷总额；

（3）人民币债券和票据占全球的比重=人民币计价债券发行量+人民币票据数量/国际债券总量+世界票据总量；

（4）人民币债券和票据余额占全球的比率=人民币计价债券发行量余额+人民币票据总数余额/国际债券的余额+世界票据总量余额；

（5）人民币直接投资占全球直接投资比率=人民币直接投资额/全球直接投资的总额；

（6）人民币储备在全球外汇储备中的比率=人民币官方的储备余额/全球外汇储备。

人民币 RII 数据主要来自 PBOC，IMF，BIS，IBRD 和 UNCTA。在 RII 指标体系中，每项三级指标都是比例数值，并且变动幅度单位并没有差异，RII 编制无需做无维度及平均处理，就可以直接编制。

$$RII_t = \left(\sum_{j=1}^{5} X_{jt} W_j\right) / \left(\sum_{j=1}^{5} W_j\right) \times 100 \qquad (5-1)$$

其中，RII_t 表示第 t 期的人民币国际化指数，W_{jt} 表示第 j 个变量在第 t 期的数值，W_j 为第 j 个变量的权数。

RII 指数的经济学意义可以作如下解释：假设人民币作为世界上唯一的国际货币，RII 体系中全部指标数值均是 100%，则此时 RII 是 100。再做相反假设，如人民币未被市场采用为交易货币，那么每项指标数值为 0，即 RII 是 0。如果出现 RII 数值持续增加的情况，那样就显示出人民币在世界市场中起到国际货币的职能越来越大。假设 RII 指数等于 10，那就表明全球所有国家（地区）的官方货币储备、贸易投资、资本交易和其他商业活动中 1/10 都采用了人民币。

为了精准分析其他主要储备货币和人民币国际化水平的差异，用 RII 相同的方式编制欧元、美元、英镑以及日元的国际化指数。从表 5-2 可以得出，近年来人民币国际化指数有明显上升，但与上述主流储备货币的国际化指数比较，仍然有差距，证明人民币国际化还处于起步阶段，需要继续推动人民币国际化发展。

表 5-2　主要货币国际化指数比较

	2014 年 12 月	2015 年 12 月	2016 年 12 月	2017 年 12 月	2018 年 12 月	2019 年 12 月
美元	52.34	53.41	55.24	54.97	54.45	54.85
欧元	23.60	32.02	25.32	23.71	23.25	19.90
英镑	3.98	4.39	4.94	4.53	5.06	3.92
日元	4.46	4.24	3.82	4.29	4.17	4.73
人民币	0.92	1.69	2.47	3.6	2.16	3.13

（资料来源：2020 年人民币国际化报告、IMF 官网）

5.1.2　基于 VECM 模型的贸易发展与人民币国际化关系实证分析

5.1.2.1　相关变量选择

人民币国际化，目前主要可以采用三个指数体系进行量化描述，分别为 CRI（人民币跨境指数）、境外人民币存款指数以及 RGI（渣打人民币环球指数）。其中，RGI（渣打人民币环球指数）由渣打银行于 2012 年 11 月推出宣布，是当前货币市场上首个能够多方位追踪和反映人民币发展的指标系统，按月公布，该指标涵盖了三个人民币离岸市场，通过衡量相关的经济金融数据，以量化的手段反映离岸人民币的趋势、水平和规模，为企业和个人投资者提供金融数据信息服务，也进而可以观测到人民币作为国际储备货币的发展形势。

随着国际贸易的不断发展，贸易的规模、结构、模式和风险都在不断变化，这些因素也深刻影响着人民币国际化，因此，进出口贸易的发展对人民币的影响也逐渐成为研究重点之一，通常采用跨境贸易中的人民币结算额来设定人民币指数中的外贸发展指标。而在实证分析中，为避免遗漏人民币指数相关的重要解释变量而造成误差，同时考虑其他影响因子对人民币国际化的影响，需采用多个外贸变量进行实证研究。结合相关文献、数据和国内外最新的分析报告，笔者发现当前对于人民币国际化的研究分析还不够全面，甚至缺失的要素比较多，比如中国企业的国际化程度、跨国经营水平等。所以，本章选取了 4 个国内外学界上普遍接受的经济变量：国内生产总值、实际有效汇率水平、跨境贸易人民币结算额以及香港人民币存款余额，通过定量指数测算，对人民币国际化水平进行评价和分析。

（1）国内生产总值

这里选用实际国内生产总值，用 GDP 表示。一个国家的经济发展对于外贸有着重要的推力作用。一国自身经济总量越大、经济实力越强，该国在贸易活动中就会占据越大的竞争优势，获得更大的话语权。而 GDP 也客观反映了国民经济发展变化的情况，其数值可以参考成为一国（地区）贸易"晴雨表"。40 年的改革开放，中国经济发生了质的变化，开放为中国带来了新的发展机遇和新的增长点，对外贸易在中国经济结构中扮演着越来越重要的地位。特别是自 21 世纪来，中国经济经济发展迅速，始终保持了较高速度的增长，这也使中国在外贸竞争中获得了长期优势。为排除变量中隐含的季节因素影响，本文利用 Eview 10.0 的 Census X12 方法，对选用的 GDP 数据进行季节调整。

（2）实际有效汇率水平

这里选用实际有效汇率，用 E 来代表。汇率是影响一个国家（地区）对外贸易的重要因素之一，其最为直观的体现便是汇率的变动对贸易商品价格的影响，同时，汇率的变动也会在一定程度上影响一国（地区）的外汇储备规模。实际汇率的上升表示本国货币的相对价值在提高，而下降则表示本国货币贬值，货币贬值会带来的很多负面影响。若能消除或减少货币贬值带来的不利影响，就能够刺激产业升级和推进经济高质量发展。汇率变动在金融市场中同样有着重要影响，无序的汇率变动扰乱金融市场，进而影响一个国家的经济、金融安全。

（3）跨境贸易人民币结算额

本章所述跨境贸易人民币结算额，可以用 CBA 表示。跨境贸易人民币结算额是指跨境贸易中采用人民币结算的资金额。跨境贸易人民币结算，意味着人民币国际地位的逐步提升，人民币国际化进程不断推进，有利于中国外向型经济的发展，鼓励贸易投资交往，助推中国经济更好发展，并积极融入世界经济发展。贸易计价结算功能可以说是人民币国际化的基础，可选用跨境贸易中的人民币结算金额数值来指代外贸发展指标。

（4）香港人民币存款余额

选用香港人民币存款余额，可以用 HK 表示，香港离岸人民币市场都扮演着重要的角色，且有着特殊的地位。如多次的人民币贬值，便是从香港离岸市场最先传导的。香港人民币存款，一方面可以反映香港的人民币离岸中心建设水平和发展程度，从另一方面也可以说明人民币国际化对香港金融发展的重要性。

本文使用的数据时间序列为 2016 年 9 月到 2019 年 12 月，数据来源包括香港金融管理局网站、学术类金融数据库及相关公文，具有时效性与严谨性。在进行实证分析前，对所有研究样本进行了对数化处理，主要变量的描述性统计如下（表 5-3）。实际有效汇率水平（lne）的标准差最小，波动水平最低，而渣打人民币环球指数（lnrgi）的标准差最高，波动程度最高。变量国内生产总值、跨境贸易人民币结算额以及香港人民币存款余额的波动程度相似。

表 5-3　样本的描述性统计

变量名	样本数	平均数	标准差	最低值	最大值
lnrgi	39	7.206	0.741	4.605	7.759
lngdp	39	11.99	0.288	11.308	12.441
lne	39	4.77	0.075	4.604	4.87
lncba	39	7.027	0.439	5.833	7.645
lnhk	39	8.754	0.369	6.917	9.214

5.1.2.2　计量模型

传统的经济学理论尽管可以较好地反映各项因素的重要程度和关联程度，而计量模型才能够通过定量的方法更精确地分析经济数据，将两者相结合，本章构建一个基于对经济数据开展定量分析。在进行分析时，既可能用到 VAR 模型（向量自回归模型），也可能用到 VECM 模型（向量误差修正模型）。而由于考虑到本文所选用的宏观数据的时间序列是非平稳的，同时可能存在协整关系，所以针对于平稳序列数据的 VAR 较难适用，因此通过构建 VECM 模型来探究外贸发展对人民币国际化的短期和长期影响[①]。

在本章的向量自回归模型（VAR 模型）中，没有区分内生变量和外生变量，而是把所有变量都看作是内生变量，初始对模型系统不加任何约束，即每个方程都有相同的解释变量——所有被解释变量若干期的滞后值。因此在分析过程中，一般不去研究各变量间的相互影响，而是分析某个误差项及其变化值，也可以测算系统在经过某一项冲击时点上的变化，因此也被称为脉冲响应函数法。

该模型的优点是它将系统内部任何一项内生变量均作为其内生变量滞后值的函数进行模型构造，从而避免了结构化模型的需要，可以较合理地描述变量之间的相互关系。VAR 的一般模型如下：

设 $y_t=(y_{1t},y_{2t},\cdots,y_{kt})\not\subset$ 为一 k 维随机事件序列，$t=1,2,\cdots,T$，且 $y_t\sim I(1)$，$i=1,2,\cdots,k$，则首先可建立 VAR 模型：

$$y_t=A_1y_{t-1}+A_2y_{t-2}+\cdots+A_py_{t-p}+u_tt=1,2,\cdots,T \qquad (5-2)$$

其中，$A_1,\cdots,A_p,u_t$ 为误差项，（5-2）式经过协整变换后可得 VECM 模型：

---

① 郭新华，张思怡，刘辉. 基于 VECM 模型的信贷约束、家庭债务与中国宏观经济波动分析 [J]. 财经理论与实践，2015（1）：46-49.

$$\Delta y_t = \alpha\beta' y_{t-1} + \sum\Gamma_i\Delta y_{t-i} + u_t = \alpha ecm_{t-1} + \sum\Gamma_i\Delta y_{t-i} + u_t$$

其中，$\beta' y_{t-1} = ecm_{t-1}$ 为误差修正项，反映变量之间的长期均衡关系。

由于所选用宏观数据的时间序列都是非平稳的，且可能存在协整关系，因此对于非平稳时间序列提供的数据，VAR 模型难适用，因此构建 VECM 模型来考察外贸发展对人民币国际化的短期和长期影响。模型设定如下：

$$\Delta y_t = \alpha_{11}\left(y_t + \theta_1 x_t + \theta_2 z_t + \theta_3 l_t + \theta_4 m_t\right) + \beta_{11}\Delta y_{t-1} + \beta_{12}\Delta x_{t-1} + \beta_{13}\Delta z_{t-1} + \beta_{14}\Delta l_{t-1} + \beta_{15}\Delta m_{t-1} + \varepsilon_{1t}$$

$$(5\text{-}3)$$

$$\Delta x_t = \alpha_{21}\left(y_t + \theta_1 x_t + \theta_2 z_t + \theta_3 l_t + \theta_4 m_t\right) + \beta_{21}\Delta y_{t-1} + \beta_{22}\Delta x_{t-1} + \beta_{23}\Delta z_{t-1} + \beta_{24}\Delta l_{t-1} + \beta_{25}\Delta m_{t-1} + \varepsilon_{2t}$$

$$(5\text{-}4)$$

$$\Delta z_t = \alpha_{31}\left(y_t + \theta_1 x_t + \theta_2 z_t + \theta_3 l_t + \theta_4 m_t\right) + \beta_{31}\Delta y_{t-1} + \beta_{32}\Delta x_{t-1} + \beta_{33}\Delta z_{t-1} + \beta_{34}\Delta l_{t-1} + \beta_{35}\Delta m_{t-1} + \varepsilon_{3t}$$

$$(5\text{-}5)$$

$$\Delta l_t = \alpha_{41}\left(y_t + \theta_1 x_t + \theta_2 z_t + \theta_3 l_t + \theta_4 m_t\right) + \beta_{41}\Delta y_{t-1} + \beta_{42}\Delta x_{t-1} + \beta_{43}\Delta z_{t-1} + \beta_{44}\Delta l_{t-1} + \beta_{45}\Delta m_{t-1} + \varepsilon_{4t}$$

$$(5\text{-}6)$$

$$\Delta m_t = \alpha_{51}\left(y_t + \theta_1 x_t + \theta_2 z_t + \theta_3 l_t + \theta_4 m_t\right) + \beta_{51}\Delta y_{t-1} + \beta_{52}\Delta x_{t-1} + \beta_{53}\Delta z_{t-1} + \beta_{54}\Delta l_{t-1} + \beta_{55}\Delta m_{t-1} + \varepsilon_{5t}.$$

$$(5\text{-}7)$$

式（5-3）～式（5-7）中，y, x, z, l, m 分别代表 lnrgi, lngdp, lne, lncba, lnhk 变量，$y_t + \theta_1 x_t + \theta_2 z_t + \theta_3 l_t + \theta_4 m_t$ 表示 lnrgi, lngdp, lne, lncba, lnhk 之间的协整关系，$\alpha_{11} \sim \alpha_{51}$ 是各变量回归到均衡位置的调整速度即调整系数。$\varepsilon_{1t} \sim \varepsilon_{5t}$ 表示其他因素对输出结果的影响。

VECM 模型是在建立 VAR 模型的基础上，为了可以避免 VAR 模型对于非平稳时间序列进行回归时可能导致的伪回归现象，因此构建了一个具有多变量且带有约束性的向量自回归模型。VECM 模型既具有 VAR 模型的一系列优点，应用多个方程式联立，将系统内研究的变量全部作为内生变量处理，并对滞后值进行回归，以此估算出系统内全部变量之间的动态关系，还可以针对各内生变量间的长期关系开展定量分析研究。

5.1.2.3　平稳性和协整检验

若研究样本出现单位根，则回归过程中独立变量有可能出现伪回归现象，解决方法有以下两种：一是差分法，对出现单位根的样本进行一阶差分，其缺陷是差分后变量的经济含义与原序列不同，且导致解读实证结果的难度加大；二是协整法，通过对样本的协整解决单位根问题，同时继续分析原序列，协整分析法的要求之一是所研究的序列必须是一阶单整过程。本文通过 ADF 的方法检验以下五个时间序列变量的平稳性，如果检验结果 p 值不超过 5%，则可以得出序列平稳的单位根假设，从而得出所有的时间序列变量都满足一阶单整，变量之间的相关性可能是因为存在协整关系。

表 5-4 显示，LnGDP 和 LnE 两个变量的时间序列原本是非平稳序列，通过对所有变量进行一阶差分后，其时间序列均为平稳序列。

表 5-4 平稳性检验—ADF 检验

变量	ADF 值	临界值	P 值	是否平稳
LnRGI	−9.688	−3.662	0.006	是
LnGDP	−2.127	−3.662	0.559 0	否
d.LnGDP	−11.311	−10.638	0.000	是
LnE	−2.144	−3.662	0.227 4	否
D.LnE	−4.825	−3.668	0.000	是
LnCBA	−3.013	−2.964	0.298 2	是
LnHK	−9.006	−3.662	0.003 7	是

在确定协整秩的数值前，需要先把系统对应的 VAR 滞后阶数确定下来，因为 Johansen 协整检验极易受滞后阶数变动的影响。从下表显示，AIC 值在滞后阶数为 2 的时候最小，且滞后为 2 时，SBIC 也是最小值，由此可以得出该模型的滞后阶数（p）的最优选择应为 2。

表 5-5 最优滞后期数（p）测定

Lag	LogL	LR	df	P	FPE	AIC	SBIC	HQ
0	−1 307.6				$3.2×10^{25}$	72.922 1	72.998 9	73.142
1	−1 139.95	335.3	25	0.000	$1.2×10^{22}$	64.997 2	65.457 8	66.316 8*
2	−1 100.33	79.248	25	0.000	$5.7×10^{21}$*	64.184 8*	65.029 2*	66.604 1
3	−1 076.97	46.711*	25	0.005	$7.9×10^{21}$	64.276 2	65.504 4	67.795 1

对各变量的协整关系进行进一步的检验，表 5-6 为协整秩迹的检验，含有常数项和时间趋势项，其结果表明协整向量中只有两个是线性无关的。根据最大特征值的检验，在显著性水平 5% 下可以拒绝原假设 H0，即协整秩等于 0，但"协整秩等于 1"的原假设无法被拒绝。因此，各变量之间存在协整关系，且协整秩为 2。

表 5-6 协整秩迹检验

Rank	parms	LL	Eigenvalue	Max statistic	5% critical Value
0	35	322.183 58	.	91.021 7	77.74
1	44	339.657 24	0.611 13	56.074 3	54.64
2	51	354.238 44	0.545 33	26.911 9*	34.55
3	56	360.724 51	0.295 73	13.939 8	18.17
4	59	365.884 24	0.243 39	3.620 3	3.74
5	60	367.694 41	0.093 21		
Rank	parms	LL	Eigenvalue	Max statistic	5% critical Value
0	35	322.183 58	.	34.947 3	36.41
1	44	339.657 24	0.611 13	29.162 4	30.33

续表

Rank	parms	LL	Eigenvalue	Max statistic	5% critical Value
2	51	354.238 44	0.545 33	12.972 1	23.78
3	56	360.724 51	0.295 73	10.319 5	16.87
4	59	365.884 24	0.243 39	3.620 3	3.74
5	60	367.694 41	0.093 21		

5.1.3　VECM 模型长期均衡与短期效应分析

鉴于变量 lnrgi、lngdp、lne、lncba 和 lnhk 存在协整关系，所以本文针对这五个变量使用 Johnansen 的 MLE 的方法估计系统的向量误差修正模型（VECM），具体估计系数见表 5-7。

表 5-7　VECM 参数估计

		Coef.	St.Err.	t-value	p-value	[95%Conf	Interval]	Sig
D_lnrgi	L._ce1	−0.043	0.015	−2.93	0.003	−0.071	−0.014	***
	L._ce2	0.092	0.023	3.96	0.000	0.046	0.137	***
	LD.lnrgi	−0.282	0.130	−2.16	0.031	−0.538	−0.026	**
	D.lngdp	−0.138	0.251	−0.55	0.584	−0.631	0.355	
	LD.lne	−0.051	0.420	−0.12	0.903	−0.875	0.773	
	LD.lncba	0.368	0.070	5.27	0.000	0.231	0.505	***
	LD.lnhk	0.227	0.078	2.91	0.004	0.074	0.380	***
	Constant	−0.001	0.013	−0.08	0.939	−0.027	0.025	
D_lngdp	L._ce1	−0.016	0.010	−1.62	0.104	−0.035	0.003	
	L._ce2	0.019	0.016	1.24	0.217	−0.011	0.050	
	LD.lnrgi	0.098	0.087	1.13	0.260	−0.073	0.270	
	D.lngdp	−0.484	0.168	−2.87	0.004	−0.814	−0.154	***
	LD.lne	−0.706	0.282	−2.50	0.012	−1.258	−0.154	**
	LD.lncba	−0.059	0.047	−1.26	0.207	−0.151	0.033	
	LD.lnhk	0.036	0.052	0.68	0.494	−0.067	0.138	
	Constant	0.028	0.009	3.18	0.001	0.011	0.045	***
D_lne	L._ce1	0.013	0.006	2.40	0.017	0.002	0.024	**
	L._ce2	−0.010	0.009	−1.18	0.240	−0.028	0.007	
	LD.lnrgi	−0.122	0.050	−2.46	0.014	−0.219	−0.025	**
	D.lngdp	0.045	0.095	0.48	0.634	−0.142	0.233	
	LD.lne	0.428	0.160	2.68	0.007	0.115	0.741	***
	LD.lncba	−0.014	0.026	−0.55	0.585	−0.066	0.037	
	LD.lnhk	0.031	0.030	1.03	0.301	−0.027	0.089	
	Constant	0.008	0.005	1.60	0.109	−0.002	0.018	

续表

		Coef.	St.Err.	t-value	p-value	［95%Conf	Interval］	Sig
D_lncba	L._ce1	−0.066	0.037	−1.79	0.073	−0.139	0.006	*
	L._ce2	0.115	0.059	1.95	0.051	0.000	0.230	*
	LD.lnrgi	−0.455	0.332	−1.37	0.170	−1.105	0.195	
	LD.lngdp	−0.499	0.639	−0.78	0.435	−1.752	0.754	
	LD.lne	0.149	1.069	0.14	0.889	−1.945	2.244	
	LD.lncba	−0.002	0.178	−0.01	0.991	−0.350	0.346	
	LD.lnhk	0.533	0.199	2.68	0.007	0.144	0.922	***
	Constant	0.000	0.033	0.01	0.990	−0.065	0.065	
D_lnhk	L._ce1	0.034	0.020	1.70	0.090	−0.005	0.074	*
	L._ce2	−0.044	0.032	−1.36	0.175	−0.107	0.020	
	LD.lnrgi	−0.140	0.182	−0.77	0.442	−0.497	0.217	
	D.lngdp	0.220	0.351	0.63	0.531	−0.468	0.907	
	LD.lne	0.913	0.587	1.56	0.120	−0.237	2.062	
	LD.lncba	0.112	0.097	1.15	0.251	−0.079	0.303	
	LD.lnhk	0.187	0.109	1.72	0.086	−0.027	0.400	*
	Constant	0.009	0.018	0.51	0.611	−0.026	0.045	

*** $p<0.01$，** $p<0.05$，* $p<0.1$。

AR 模型主要用来检验模型的稳定性，如果模型不稳定，则其检验结果不可靠。下图为 stata 软件计算得出的稳定性检验的结果图（图 5-1）以及模型单位圆（图 5-2），结果表明，伴随矩阵包含的所有特征值，除 VECM 模型自身假设的单位根以外，都落在单位圆之内，由模型特征方程的所有特征根均落在单位圆之内可得出模型平稳的结论，与实际情况相符。

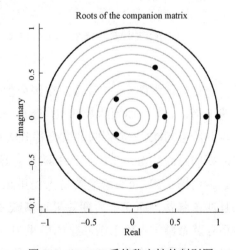

```
Eigenvalue stability condition

  Eigenvalue                Modulus

        1                       1
        1                       1
        1                       1
   .8646787                 .864679
   .2697998 +  .5332806i    .615558
   .2697998 -  .5332806i    .615558
  -.6020694                 .602069
   .3788155                 .378815
  -.1822717 +  .1976133i    .268838
  -.1822717 -  .1976133i    .268838
```

图 5-1　模型稳定性检验结果

图 5-2　VECM 系统稳定性的判别图

5.1.4 脉冲响应分析

对于前面所分析的协整系统，人民币国际化的进程可能会同时受到来自其自身以及其他因素的影响。本文在给予各个变量一个标准差冲击的假设下，得到了该 VECM 系统中对于人民币国际化的正交化脉冲响应函数，检测不同时期重启如何影响人民币国际化。如图 5-3 所示，体现了国内生产总值、跨境贸易人民币结算额、实际有效汇率以及香港人民币存款余额对于人民币国际化的冲击影响。

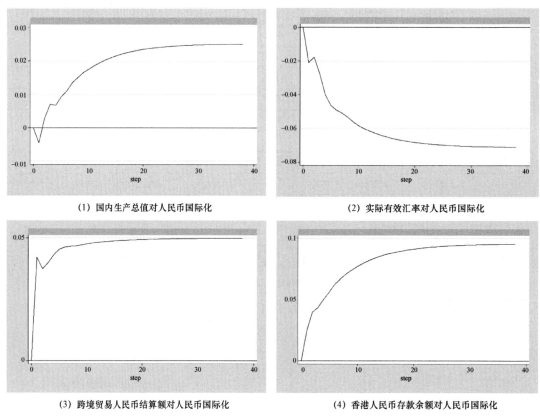

(1) 国内生产总值对人民币国际化   (2) 实际有效汇率对人民币国际化

(3) 跨境贸易人民币结算额对人民币国际化   (4) 香港人民币存款余额对人民币国际化

图 5-3　正交化的脉冲响应图

首先，由图（1）可得，在国内生产总值的冲击下，人民币国际化指数在短期内急速下降，于第 2 期到达最低点，随后开始快速增长，但增速逐渐放缓，在后期趋于稳定。表明给予 GDP 一个正向冲击会提升人民币的国际化水平。由图（2）可得，给实际有效汇率的正向冲击，在短期和中期都会导致人民币国际化水平降低，且冲击效应短期内较强。而图（3）表明跨境贸易人民币结算额对人民币国际化的作用主要集中在短前期，且冲击强劲，而在中后期效果逐渐减弱，趋于平缓。最后，由图（4）可知，香港人民币存款余额对人民币国际化的效果和国内生产总值类似，两者差异在于香港人民币存款对人民币国际化在短期内并未产生负面冲击。

5.1.5 实证结果分析

通过模型进行实证分析。根据协整检验结果得出，长远来看，RGI 指数水平和经济水平 GDP、渣打人民币环球指数 CBA、香港人民币存款余额 HK 及汇率水平 E 等均保持均衡。可以发现，对于渣打人民币环球指数 RGI 影响最为显著的一项变量为汇率水平 E，其次则为经济水平 GDP 以及跨境结算额。

通过脉冲响应函数计算，其结果显示，当跨境贸易结算额受到一个正向冲击时，在较短的时间内会对渣打人民币环球指数造成正向或者负向的冲击影响，而长期内会促进人民币国际化进展。如果跨境贸易结算额增加，则正向反应有可能更加明显。

方差分解结果表明，汇率变动因素对 RGI 中的预测方差影响非常显著，汇率是引发冲击影响的重要因素。跨境贸易结算额的影响虽然没有汇率因素的影响大，但其对 RGI 造成的影响会随时间延续而持续增强。

通过以上几种方法进行实证分析可以得知，中国对外贸易的持续发展对人民币国际化产生了重大影响。当今全球经济步入下行通道，以及新冠疫情的冲击波影响依旧显著，很大程度上中国经济此类外部因素影响较大，急需对以前的贸易形式和贸易结构进行升级和创新。在中国经济进入"新常态"时期，提出和实施"一带一路"倡议，的确增强了中国沿线国家（地区）的贸易协作活跃性，同时也拓宽了经贸合作领域，进一步优化了中国的贸易结构，陆续出现了新的贸易增长点。通过"一带一路"发展，中国与周边国家的贸易不断发展，更推动了人民币跨境结算规模的持续扩大，对人民币国际化水平也起到了很大的促进作用。

5.2 标准差椭圆公式测度"一带一路"沿线国家贸易额分布特征变化

5.2.1 标准差椭圆公式实证分析

标准差椭圆通过中心、长短轴、方位角等参数定量描述"一带一路"沿线国家贸易额在空间上的中心性、延展性、方向性等分布特征。相关计算公式如下：

加权平均中心：

$$\bar{X} = \left(\sum_{i=1}^{n} w_i x_i \right) / \sum_{i=1}^{n} w_i \; ; \quad \bar{Y} = \left(\sum_{i=1}^{n} w_i y_i \right) / \sum_{i=1}^{n} w_i$$

x、y 轴标准差：

$$\sigma_x = \sqrt{\frac{2\sum_{i=1}^{n}\left(w_i \bar{x}_i \cos\theta - w_i \bar{y}_i \sin\theta \right)^2}{\sum_{i=1}^{n} w_i^2}} \; ; \quad \sigma_y = \sqrt{\frac{2\sum_{i=1}^{n}\left(w_i \bar{x}_i \sin\theta - w_i \bar{y}_i \cos\theta \right)^2}{\sum_{i=1}^{n} w_i^2}}$$

式中：$\bar{X}$、$\bar{Y}$ 分别加权平均重心坐标的经纬度；σ_x、σ_y 分别为标准差椭圆 x、y 轴的

标准差；x_i、y_i为第 i 个沿线国家首都的经纬度；θ 为椭圆的方位角；w_i 表示第 i 个沿线国家的贸易额。

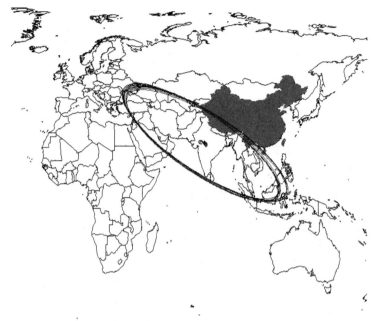

图 5-4 2010—2019 年"一带一路"沿线国家贸易额标准差椭圆

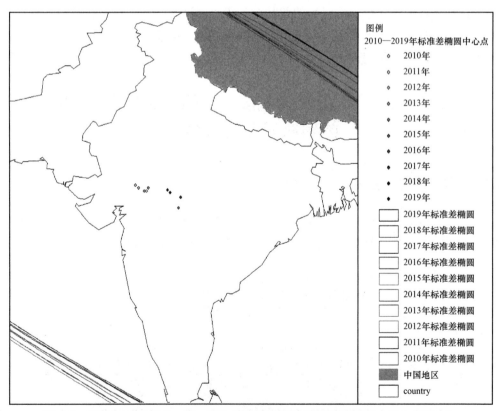

图 5-5 2010—2019 年"一带一路"沿线国家贸易额标准差椭圆（中心点放大）

通过以"一带一路"沿线 39 个国家的首都为中心，以贸易额为权重，本文使用标准差椭圆从全局及时空角度定量解释各国贸易额时空分布的中心性、延展性、方向性和空间形态，在此展示 2010—2019 年全部结果。详情见图 5-5，从方位角变化范围来看，"一带一路"沿线贸易额总体呈现出"西北—东南"方向的空间分布格局，该地理空间走向大致与中东、中亚以及欧洲等各地人口分布以及经济实力差异相关。转角由 2010 年的 117.593 8° 波动缩小到 2019 年的 115.742 9°，表明"一带一路"沿线贸易空间分布格局存在微弱的向"东南—西北"方向偏移的趋势，这意味着大致位于沿线地区东南方向的国家贸易额增长程度要略强于西北地带。

标准差椭圆的长短轴之比较大，由此也证实了"一带一路"沿线贸易额的空间分布具有明显的方向性特征。从长轴方向来看，长半轴标准差先由 2010 年的 49 768.4 km 波段上升至 2019 年的 50 875.55 km，意味着该时期"一带一路"沿线贸易额在主要方向即"西北—东南"方向上呈现扩张趋势。从短轴方向看，短半轴标准差变化特征与长半轴标准差相似，由 2010 年的 13 600.8 km 波动增加至 2017 年的 13 884.37 km，由此可知"一带一路"沿线贸易额在地理空间上呈扩张分散化的趋势，证明"一带一路"沿线国家贸易额总体上都有较大增长。

从空间重心来看，"一带一路"沿线贸易额的空间分布重心均落在印度国界内，2010 年至 2016 年间，一直向西南方向发生偏移，由（74.773 06°E，23.292 34°N）迁移至（77.738 8°E，22.527 76°N）2016 年后又向西北方向迁移。而加权标准差椭圆的面积也主要呈上升趋势，这说明"一带一路"沿线贸易额的空间离散程度在增加。

5.2.2 贸易额中心移动的经济学解释

贸易中心移动与贸易额的变动有着直接的关系。2010 年至 2016 年，中心向东南方向移动，说明中亚、东南亚国家的贸易相对于中欧等国家有更为明显的增长。而 2016 年后，中心又向西北方向移动，体现出中欧沿线国家贸易的快速增长。而这都与"一带一路"倡议的不断推进有着密切的联系。

首先，从宏观角度来看，"一带一路"倡议的推进对于沿线国家的贸易有着重要的辐射带动作用。通过"一带一路"沿线国家与非"一带一路"沿线国家对外贸易增长率的对比。可发现，"一带一路"沿线国家的增长率与非"一带一路"沿线国家十分接近，但总体上沿线国家增长率略高，这说明了沿线国家贸易额的增长在很一定程度上受到了"一带一路"倡议的推进[①]。

除了总体上对沿线国家贸易额的辐射带动，对于不同国家的贸易额增加有着不同的影响，体现为贸易额中心的移动。这主要可从以下两个方面来看。

从战略发展方面而言，"一带一路"倡议于 2013 年提出，由中亚、东南亚国家开始，

---

① 曲凤杰. 构建"一带一路"框架下的人民币国际化路线图 [J]. 国际贸易，2017（08）：67-70.

进而不断向中欧国家推进，发展的方向呈现为自东南向西北，"一带一路"倡议对于贸易的辐射带动作用也不断延伸、不断拓展。

从贸易通道方面而言，"一带一路"倡议中大力完善建设基础设施，铁路、公路、港口、油气管道、电力线路的建设，促进了"一带一路"倡议与沿线国家发展战略的相互衔接，加速与沿线国家的贸易往来，使得贸易得到纵深发展。其中，中欧班列便是"一带一路"倡议中基础设施互联互通的重要一环。2011 年中欧班列全年开列仅 17 列，年运送货物不足 6 亿美元，而 2018 年，中欧班列累计开航超 12 000 列，年送运货物总额达 160 亿美元。到达国家多，运送时长短，促进了与沿线国家贸易交流合作，带动中欧、中亚国家贸易发展。

5.3 基于"固定效应模型"的回归实证——中国与"一带一路"沿线国家的贸易对人民币国际化影响实证分析

为了研讨在"一带一路"背景下对外贸易的规模与人民币国际化的互动机制，本章将根据两组数据：全球样本数据和"一带一路"沿线国家的样本数据，分别进行实证检验，并比较检验结果，以研讨中国与"一带一路"沿线国家的贸易对人民币国际化的效应。实证所使用的分析软件是 Stata15。

5.3.1 指标和说明

表 5-8　变量的解释和数据来源说明

	变量名称	指标意义	数据来源
被解释变量	FES	FES 即人民币在样本国家外汇交易市场使用的比重	国际清算银行（BIS）的三年期调查报告
解释变量	EXP	EXP 即中国对样本国家出口占样本国家总进口的比重	联合国贸易数据库（UNComtrade）
	IMP	IMP 即中国对样本国家进口占样本国家总出口的比重	联合国贸易数据库（UN Comtrade）
控制变量	GDP	GDP 即中国和样本国家 GDP 规模之比	世界银行（WB）的数据库
	PGDP	PGDP 即中国和样本国家人均 GDP 之比	世界银行（WB）的数据库
	ER	ER 即中国与样本国家的双边汇率	世界银行数据库和查汇率网
	PCS	PCS 为中国与样本国家私人信贷部门占 GDP 比重之比	全球金融发展数据库

本文的具体变量如上表，数据的时间跨度为 2010—2019 年，其中人民币在样本国家外汇交易市场使用的比重，其数据来源是三年期报告，故数据年份选择为 2010 年、2013 年、2016 年和 2019 年的数据。

为实证证明与"一带一路"沿线国家的贸易与人民币国际化的互动机制，本文实证分析分为两部分,其一是全球样本国家和地区,另一个是"一带一路"样本国家和地区。其中,全球样本国家和地区有 42 个,具体为:阿根廷、奥地利、比利时、保加利亚、巴西、智利、哥伦比亚、捷克共和国、德国、丹麦、西班牙、芬兰、法国、希腊、中国香港特别行政区、匈牙利、印度尼西亚、印度、爱尔兰、以色列、意大利、韩国、立陶宛、卢森堡、拉脱维亚、墨西哥、马来西亚、荷兰、挪威、新西兰、秘鲁、菲律宾、波兰、葡萄牙、罗马尼亚、俄罗斯联邦、沙特阿拉伯、新加坡、斯洛伐克共和国、泰国、土耳其、南非。而"一带一路"样本国家选择了 22 个,具体为:保加利亚、捷克共和国、德国、法国、匈牙利、印度尼西亚、印度、以色列、意大利、韩国、立陶宛、拉脱维亚、马来西亚、菲律宾、波兰、罗马尼亚、俄罗斯联邦、沙特阿拉伯、新加坡、斯洛伐克共和国、泰国、土耳其。

5.3.2 模型说明

模型的具体形式设定为:

$$FES_{it} = \alpha_{it} + \beta_1 * EXP_{it} + \beta_2 * GDP_{it} + \beta_3 * PGDP_{it} + \beta_4 * ER_{it} + \beta_5 * PCS_{it} + \mu_{it} \quad （5\text{-}8）$$

$$FES_{it} = \alpha_{it} + \beta_1 * IMP_{it} + \beta_2 * GDP_{it} + \beta_3 * PGDP_{it} + \beta_4 * ER_{it} + \beta_5 * PCS_{it} + \mu_{it} \quad （5\text{-}9）$$

式(5-8)和式(5-9)式中,变量 FES、EXP、IMP、GDP、PGDP、ER、PCS 的含义如前所述,i 为截面,t 为时间,α_{it}、β_{it} 代表估计系数,μ_{it} 代表随机扰动项。

5.3.3 描述性统计

通过对比表 5-9 和表 5-10 所述的全球样本国家和"一带一路"样本国家的描述性统计结果,可以得出:全球样本国家的各项指标与"一带一路"样本国家相较,全球的数据波动较大,而"一带一路"样本国家进出口贸易的数据其标准差小,较为稳定。两组样本相较之下,"一带一路"的 FES 平均值比全球的 FES 平均值高,那么可以得出,中国在"一带一路"沿线国家外汇交易市场的人民币使用率高于全球其他国家。

表 5-9 全球样本的变量的描述性统计结果

Variable	观测值	平均值	标准差	最小值	最大值
fes	168	0.008	0.026	0	0.18
exp	167	0.113	0.093	0.012	0.619
imp	167	0.094	0.104	0.002	0.509
gdp	168	47.561	67.996	1.792	418.731
pgdp	168	0.668	0.801	0.043	4.866
er	168	59.456	279.33	0.111	2 046.7
pcs	168	2.45	1.774	0.616	11.529

(数据来源:同表 5-1 的指标和说明)

表 5-10 "一带一路"样本国家的变量的描述性统计结果

Variable	观测值	平均值	标准差	最小值	最大值
fes	84	0.011	0.016	0	0.082
exp	84	0.109	0.076	0.026	0.348
imp	84	0.093	0.099	0.002	0.327
gdp	84	60.151	88.317	1.792	418.731
pgdp	84	0.659	0.617	0.096	2.932
er	84	95.564	383.653	0.111	2 046.7
pcs	84	2.594	1.29	0.931	7.409

（数据来源：同表 5-1 的指标和说明）

5.3.4　实证分析结果

中国与全球样本国家贸易规模对人民币国际化影响，以及中国与"一带一路"样本国家的贸易规模与人民币国际化的影响，如表 5-11 和表 5-12 分别所示。比较全球样本和"一带一路"样本，可以看出全球样本数据的回归结果和"一带一路"数据的结果是存在一定差异的。根据全球样本的结果显示，解释变量 EXP 和 IMP 对被解释变量 FES 并不显著，即纯粹的贸易规模扩大，并没有有效增加人民币在各国外汇交易市场的使用率。

表 5-11　全球样本国家人民币规模固定效应

	（1）	（2）
	固定效应	固定效应
VARIABLES	FES	FES
imp	−0.099 5*	
	(0.054 2)	
exp		0.143
		(0.087 7)
gdp	−7.45e-05*	−4.81e-05*
	(4.31e-05)	(2.39e-05)
pgdp	−0.030 4*	−0.036 2*
	(0.016 7)	(0.019 1)
er	4.17e-05***	3.64e-05***
	(1.09e-05)	(8.94e-06)
pcs	−0.002 94*	−0.000 885
	(0.001 49)	(0.001 16)
Constant	0.031 3**	0.008 01
	(0.013 6)	(0.007 03)
Observations	84	84
R-squared	0.387	0.430
Number of code	21	21

表 5-12　"一带一路"样本国家人民币规模固定效应

VARIABLES	(1) FES	(2) FES
imp	−0.036 9	
	（0.024 8）	
exp		0.139**
		（0.061 0）
gdp	−0.000 109*	−8.60e-05*
	（5.50e-05）	（4.67e-05）
pgdp	−0.015 2*	−0.018 5
	（0.008 21）	（0.011 0）
er	2.58e-05***	1.62e-05*
	（5.04e-06）	（8.68e-06）
pcs	−0.001 65*	−0.000 208
	（0.000 947）	（0.000 758）
Constant	0.018 1***	0.000 496
	（0.006 32）	（0.004 47）
Observations	167	167
R-squared	0.168	0.206
Number of code	42	42

其中，括号中为稳健标准误差，且 *** 表示 $p < 0.01$，** 为 $p < 0.05$，* 为 $p < 0.1$。

对"一带一路"数据的回归结果显示，进口对人民币在各国外汇交易中使用占比的效应为负，与本文假设存在差异，但在统计学上未达到显著性水平（即 $p > 0.1$），笔者认为这是年度数据缺失造成的误差。而出口量对被解释变量 FES 有积极作用。

可以认为，当前中国与"一带一路"国家（地区）进行双边贸易，贸易规模的扩大，尤其是中国出口总量的增加时，在一定程度上是有利于提高人民币在国际外汇市场的使用率，从而提升人民币的国际地位。

5.3.5　本节研究小结

基于实证研究，本节结合理论分析和实证分析结果，对文章的论点作一总结，并结合新时期中国"一带一路"倡议的实施情况，对于通过扩大与沿线国家的贸易规模以推进人民币区域化向国际化的相关影响，进行了定量分析。

本节在人民币国际化的相关理论和国际贸易数据的基础上，通过对全球和"一带一路"两组样本数据的回归，研讨了中国对"一带一路"沿线国家贸易规模与人民币国际化的互动机制。实证分析证明了，中国在全球的贸易规模扩大，对于推动人民币国际化的效果并不显著，说明当前中国在全球贸易中的增长过多依赖于美元等主要国际货币结算，因此对人民币国际化影响较小。但是中国与"一带一路"沿线国家的贸易规模增长，显著促进了人民币在各国外汇交易中的使用占比，即推动了人民币的区域化，从而加快了人民币国际化进程。研究也表明，当前人民币国际化面临一定的阻碍和挑战。国际情势紧张，部分西方国家贸易保护主义的崛起，以及新冠疫情爆发后给全球贸易格局带来的影响，给中国对外经贸合作造成了不小的阻碍，因此更需要"一带一路"倡议发挥其积极作用，推动人民币国际化。

5.4 人民币在"一带一路"沿线地区货币合作成本分析——OCA 指数模型实证

"一带一路"倡议实施七年多以来，随着各项措施的逐步推进，中国与沿线国家在贸易、投资、金融等方面的双边合作不断深入，作为 SDR 篮子货币的人民币在合作过程中有效发挥计价结算和储备的功能，因此，"一带一路"倡议可以说已经为人民币国际化开创了非常有利的区域发展条件。研究表明，对货币国际化产生重要影响的因素之一是其转换成本，即转换所使用的货币而付出的额外费用。以英镑和美元的国际化进程来看，两种货币都是在当时的世界经济贸易中心区域先产生影响力，再逐步形成了货币交易网络，最后覆盖到全球范围，在此基础上英镑和美元不断降低两个货币的转换成本，以此巩固本币在国际上的势力范围，并且有效排斥了另外国家（地区）货币的进入和竞争。

综上所述，作者在"一带一路"国家（地区）中选取部分样本国家，采集相关指标数据，建立起 OCA 指数模型[1]，并考量人民币在沿线国家（地区）的流通使用状况，进一步估算人民币在相关国家（地区）的货币合作成本，通过对相关数据进行检验和分析，从而评价人民币的区域化程度。

5.4.1 OCA 指数模型设定

5.4.1.1 样本国家的选取和数据来源

"一带一路"涵盖的区域范围很广，横跨亚非欧三个大洲，国家众多，幅员辽阔，各个国家（地区）之间存在着较大差异，本文将"一带一路"沿线国家划分为"一带"沿线、"一路"沿线和中东欧国家由于研究指标涉及的数据广泛，选取全部沿线国家作为样本并收集各国数据并不现实，所以本章选择中国和 10 个具有代表性且数据相对健全的沿线国家作为样本。

表 5-13　OCA 指数"一带一路"国家（10 国）数据选样表

序号	国家	
1	中国	数据指标： 年末双边汇率 广义货币供给 对外直接投资 OFDI 净流出 外国直接投资 FDI 净流入
2	新加坡	
3	马来西亚	
4	泰国	
5	菲律宾	

---

① 蔡宏波，宋小宁，熊爱宗.东亚货币合作的经济基础：基于 OCA 指数的一体化水平分 [J].中央财经大学学报，2010（7）.

序号	国家	
6	印度尼西亚	
7	土耳其	实际 GDP
8	哈萨克斯坦	名义 GDP
9	蒙古	通货膨胀
10	俄罗斯联邦	各国进出口贸易
11	波兰	

本章采用的 11 国数据信息主要包括：年末双边汇率、广义货币供给、对外直接投资 OFDI 净流出、外国直接投资 FDI 净流入、名义 GDP、实际 GDP、通胀率和贸易规模。主要的数据是从国际货币基金组织 IFS 数据库、国际清算银行 BIS 统计数据库、国际收支数据库等获取；其中，名义 GDP、实际 GDP 及通胀率的数据来源均为世行（World Bank）国民经济核算数据库以及经合与发展（OECD）国民经济核算数据库；另外，11 国的贸易数据来源是 UNCOMTRADE 统计数据库；本章 OCA 模型涉及的指标数据都使用 Stata14.0 软件操作处理。

5.4.1.2 变量的选取标准和指标数据处理

1. 研究变量的选取

按照 OCA 理论，在国际（区域）货币合作过程中必须建立起区域汇率稳定机制，这是货币合作的必经阶段。其中双边汇率波动率这个指标可以较准确地估算货币合作成本，如果波动率越大，那么两国间货币合作的成本就越高，货币合作可能性就越低。所以本章参考 Bayoumi & Eichengreen（1997）使用的针对 OCA 指数模型的变量选取办法，同时也参照了此前的多项研究，将被解释变量选定为中国与沿线国家间的年末双边汇率波动率，模型的解释变量体系选用了对年末双边汇率波动率有影响的因素，重构了 OCA 指数回归方程，进行回归计量，确定了对中国同沿线国家开展货币合作的成本有影响的因素。OCA 指数方程可以表示如下：

$$SD(e_{i,j}) = \alpha + \sum_{k=1}^{n} \beta_k X_k + \varepsilon_{i,t}$$

其中，$SD(e_{i,j})$ 表示中国同沿线 10 国在 2011—2019 年期间的双边汇率波动率，方程式的计算方法为选取每年各个月末各国的名义双边汇率，对数值取对数后的标准差，指标值与两国之间货币转换成本本正向变动。选取的解释变量个数用 n 来表示，各个解释变量用 X_k 来表示。β_k 为待求的解释变量回归系数。误差项用 $\varepsilon_{i,t}$ 来表示，解释为对双边汇率波动率有影响的其他诸项因素。该方程式选取的解释变量主要包括：经济的结构性差异、通胀率差异、产出波动差异、国家货币政策差异、市场开放程度差异以及外贸关系紧密程度等六个变量指标[①]。

2. 模型变量指标的处理

通过 Mundell（1961）的要素流动性理论进行分析，可以获结论如下：在两个国家（地区）之间，资本和劳动等经济要素有越高的流动性，它们的经济周期就体现越高的一致性，而它们的产出波动性就会越小，那样两国之间的货币合作成本也会越低[②]。由此可得，两国的产出波动差异与它们的货币合作成本是高度相关的，而且两者之间呈正相关。本章选取基于 2010 年美元的不变价格计算的各国 GDP 增长率，计算年度差值后取绝对值，来反映各国的产出波动差异，同时也消除了物价波动的影响。方程计算方法如下：

$$yield = \Delta y_{i,t} - \Delta y_{j,t}$$

其中，两个国家间的产出水平波动差异可以用 yield 来表示；它们在各个年度的实际 GDP 增长率可以分别用 $\Delta y_{i,t}$ 和 $\Delta y_{j,t}$ 来表示，模型的回归变量采用了 2011—2019 年之间每年度差值的绝对值来表示。指标值越大，表示两国间的产出水平波动越大，测算出两国间的货币合作成本其实就越高。

产品结构的多样性能够将外部冲击产生不利影响大为减弱，因此可维护一个国家宏观经济的稳定发展。两国的产品结构如有比较高的相似性，也会导致在遭受到外部冲击时，两国政府会做出相似性较高的政策调整。从理论层面分析，两国经济结构差异性越高，双方开展货币合作的成本也越高，即两个变量之间有正相关性。所以本章选取了各国第一、二、三产业的增加值在 GDP 中占比，形成对经济结构的分析指标，用两国的三次产业年度增加值在 GDP 中占比的差值，再取绝对值后进行加和平均，获得的数值来作为双方经济结构相似性的指标。计算方法为：

$$Ecostru = \frac{\sum_{n=1}^{3} |W_{i,n,t} - W_{j,n,t}|}{3}$$

其中，Ecostru 表示两个国家的经济结构差异；用 $W_{i,n,t}$ 和 $W_{j,n,t}$ 来分别表示两国三次产业的增加值分别占本国第 t 年 GDP 的比重，公式中的回归变量就是 2012—2019 年之间各年上述数值的差值，然后取绝对值加总再用算术平均法计算出均值，该数值就是回归变量。如果该指标数值越高，就表明两国的经济结构差异程度越高，货币合作的成本一般会越高。

同时，如果两国间的物价水平十分接近，它们选用相似甚至相同的宏观经济政策的可能性越大，那样由于货币通胀的跨国输出或输入而引起汇率波动的风险就越低。所以，国家间的通胀率水平差异与货币合作成本也具有正相关性。本章选用方法是采用 GDP 平减指数，以此计算出年通胀率，用通胀率衡量各国物价水平，再用年通胀率差值取绝对值的办法，来反映两国的物价水平差异。计算方法为：

---

① 朱小梅，汪天倩.中国与"一带一路"沿线国家货币合作的实证研究——基于最优货币区（OCA）指数的聚类分析[J]. 金融经济学研究，2020.

② Mundell R.A theory of optimum currency areas [J]. American Economic Review，1961（51）：657.

$$\text{Inflat} = |\ \Delta P_{i,t} - \Delta P_{j,t}\ |$$

其中，用 Inflat 来表示两国间的物价水平差异；两国各年通胀率可以用 $\Delta P_{i,t}$ 和 $\Delta P_{j,t}$ 来分别表示，采用 2012—2019 年各年份的差再取绝对值当作回归变量。Inflat 的数值越大，说明两国间的物价水平差异性越高，即两国开展货币合作的成本越高。

按照政策一体化理论来解释，如果两国的宏观经济政策选择是趋同的，就可能出现政策效果比较等效的情况，那样两国的宏观经济周期也会高度一致，这样经济的非对称性就会减弱，双方更容易达成货币合作协议并建立协调机制。本章考察两国政策一体化程度而选取了政策一体化作为相应变量。选取 M2（广义货币供应量）在本国 GDP 中的占比作为货币政策制度的反映指标，这一指标能较好地反映一国经济的货币化水平，如果数值越高，就说明货币政策可影响到的范围越大，其金融化程度也就越高，那样货币政策就有更高效的传导机制，其政策效果也就越明显。公式还计算两国分别 M2 占 GDP 比例之间的差值，再取绝对值，以此表示两国货币政策的差异程度大小。计算方法为：

$$\text{DM} = \text{LN}\left|\ \frac{\text{M2}_{i,t}}{\text{GDP}_{i,t}} - \frac{\text{M2}_{j,t}}{\text{GDP}_{j,t}}\ \right|$$

其中，用 DM 作为指标，表示两国达到的货币政策一体化程度；$\text{M2}_{i,t}$ 和 $\text{M2}_{j,t}$ 则表示第 t 年 i 国和第 t 年 j 国的广义货币供给 M2；而 $\text{GDP}_{i,t}$ 和 $\text{GDP}_{j,t}$ 分别表示 i 国和 j 国在 t 年的经济总量 GDP 数值，采用了 2011—2019 年各年 M2 占 GDP 比重的差值，用其绝对值再取对数值，获得的结果作为回归变量。这一数值结果越大，就证明两国之间的货币政策呈现差异化，因此经济政策一体化程度偏低，那样双方进行货币合作的成本会较高。

根据经济开放度理论，两国之间经济开放程度越高，它们开展货币合作的可能性就越大。本章选择某国贸易总量占当年 GDP 的比例，来表示这个国家的贸易开放度；同时选取某国对外直接投资（OFDI）净流出额以及外国直接投资（FDI）净流入额占当年 GDP 的比例，来表示其投资开放度。采用两国间两组数值的差值分别表示它们的贸易开放度差异以及投资开放度差异，总体上就可以体现出两国的经济开发度差异。计算方法为：

$$\text{OPEN} = \left(\text{LN}\left|\ \frac{\text{IM}_{i,t} + \text{EX}_{i,t}}{\text{GDP}_{i,t}} + \frac{\text{IM}_{j,t} + \text{EX}_{j,t}}{\text{GDP}_{j,t}}\ \right|\right)$$

其中，用 OPEN 这个指标表示两国间存在的经济开放度差异；用 $\text{IM}_{i,t} + \text{EX}_{i,t}$ 来表示第 t 年 i 国的进出口；用 $\text{IM}_{j,t} + \text{EX}_{j,t}$ 来表示第 t 年 j 国的进出口；再选择用 $\text{GDP}_{i,t}$ 和 $\text{GDP}_{j,t}$ 来分别表示两个国家在第 t 年的 GDP 总量数值；计算 2012—2019 年各年上述指标值得差值，取绝对值后算出对数，再以它们的均值作为回归变量，如果该指标值越大，就说明两国间经济开放程度的差异性越高，即两国之间货币合作成本越高而可能性越低。

McKinnon（1963）研究提出了经济开放度理论，后续有学者对理论进行了拓展。蔡宏波等（2010）研究中增加了一个贸易紧密度指标，可以用以分析两国间的贸易相关程度，如果两国双边贸易中的出口比重越大，表示它们之间的经贸依赖程度越高，也说明上述两国宏观经济周期吻合性越高，经济冲击对双方的影响会趋同。这一理论也指出，基于上述情形的两个国家，它们的货币合作成本会越低，实现的可能性会非常大。因此该理论表明，贸易紧密度指标与货币合作成本之间是负相关的关系。本章参考了蔡宏波等（2010）研究成果中的办法，选择了两国间的贸易出口量在各自国家 GDP 总量中的占比之和，这个数值作为两国的双边贸易紧密程度的指标。计算方法为：

$$\text{Trade} = \frac{\text{EX}_{ij,t}}{\text{GDP}_{i,t}} + \frac{\text{EX}_{ji,t}}{\text{GDP}_{j,t}}$$

其中，Trade 表示两国的贸易紧密度；用 $\text{EX}_{ij,t}$ 和 $\text{EX}_{ji,t}$ 来分别表示第 t 年 i 国对 j 国的出口量数值以及 j 国对 i 国的出口量数值；用 $\text{GDP}_{i,t}$ 和 $\text{GDP}_{j,t}$ 分别表示 i 国和 j 国在第 t 年的 GDP 总量数值；回归变量的计算是将 2012—2019 年各年比重数值求和。这项指标的数值越大，说明两国之间的贸易紧密度越高，货币合作成本就会越低。按照上述变量的选取和计算方法，OCA 指数模型可以表达为：

$$SD(ei.j) = \alpha + \beta_1 yield + \beta_2 Ecostru + \beta_3 inflat + \beta_4 DM + \beta_5 open + \beta_6 trade + e_{i,t}$$

$$SE_{ij} = \alpha + \sum_{k=1}^{n} \beta_k * X_k$$

其中，采用 X_k 来表示第 k 项解释变量，α 是常数项，β 是模型系数，也就是第 k 项解释变量的权重，n 表示上述模型内含有的解释变量的个数，而 SE 则表示该国货币与他国货币之间的名义汇率之波动率，而且 SE 须满足方程 $SE_{ij} = SD(\ln(E_{ij}))$ 的函数关系，在函数中 E_{ij} 表示两国间双边名义汇率（取每年的年末值），用这一指标来测算名义汇率波动的幅度。

通过建立回归方程，进行实证分析，然后把上述影响因素的实测数值或预测数值代入这一回归方程，最后就可以计算出相应的 OCA 指数，也就是基于本币与其他国家相关货币双边汇率波动性的估测值，用这一数值来表示区域内有关国家的货币合作可能性大小以及货币转换成本的高低。OCA 指数越小，可以说明本币在区域内的货币合作成本就越低，所以国家间进行货币合作的可能性就越高。

表 5-14 指标解释及说明

方程或指标名称	指标解释	计算公式
OCA 指数方程	SD(ei, j) 表示中国同沿线 10 国在 2011—2019 年期间的双边汇率波动率	$$SD(ei, j) = \alpha + \sum_{k=1}^{n} \beta_k X_k + \varepsilon_{i,t}$$ n 解释变量个数，X_k 表示解释变量，β_k 为待求变量回归系数，$\varepsilon_{i,t}$ 表示误差项
两个国家间的产出水平波动差异 yield	指标值越大，表示两国间的产出水平波动越大，两国间的货币合作成本越高	$$yield = \Delta y_{i,t} - \Delta y_{j,t}$$ 在各个年度的实际GDP增长率可以分别用 $\Delta y_{i,t}$ 和 $\Delta y_{j,t}$ 来表示
双方经济结构相似性的指标 Ecostru	指标数值越高，就表明两国的经济结构差异程度越高	$$Ecostru = \frac{\sum_{n=1}^{3} |W_{i,n,t} - W_{j,n,t}|}{3}$$ Ecostru 表示两国经济结构差异；用 $W_{i,n,t}$ 和 $W_{j,n,t}$ 分别表示两国三次产业增加值分别占本国第 t 年 GDP 比重

续表

方程或指标名称	指标解释	计算公式
两国的物价水平差异 Inflat	Inflat 的数值越大,说明两国间的物价水平差异性越高,货币合作可能性越小	$$\text{Inflat}=\mid \Delta P_{i,t}-\Delta P_{j,t}\mid$$ Inflat 来表示两国间的物价水平差异;两国各年通胀率可以用 $\Delta P_{i,t}$ 和 $\Delta P_{j,t}$ 来分别表示
两国货币政策的差异程度 DM	数值结果越大,就证明两国之间的货币政策呈现差异化,因此经济政策一体化程度偏低,那样双方进行货币合作的成本会较高	$$\text{DM}=\text{LN}\mid \frac{\text{M2}_{i,t}}{\text{GDP}_{i,t}}-\frac{\text{M2}_{j,t}}{\text{GDP}_{j,t}}\mid$$ $\text{M2}_{i,t}$ 和 $\text{M2}_{j,t}$ 则表示第 t 年 i 国和第 t 年 j 国的广义货币供给 M2;而 $\text{GDP}_{i,t}$ 和 $\text{GDP}_{j,t}$ 分别表示 i 国和 j 国在 t 年的经济总量 GDP 数值
贸易开放度差异以及投资开放度差异 OPEN	指标值越大,就说明两国间经济开放程度的差异性越高,即两国之间货币合作成本越高而可能性越低	$$\text{OPEN}=\left(\text{LN}\mid \frac{\text{IM}_{i,t}+\text{EX}_{i,t}}{\text{GDP}_{i,t}}+\frac{\text{IM}_{j,t}+\text{EX}_{j,t}}{\text{GDP}_{j,t}}\mid\right)$$ $\text{IM}_{i,t}+\text{EX}_{i,t}$ 表示第 t 年 i 国的进出口;$\text{IM}_{j,t}+\text{EX}_{j,t}$ 表示第 t 年 j 国的进出口;$\text{GDP}_{i,t}$ 和 $\text{GDP}_{j,t}$ 分别表示两个国家在第 t 年 GDP 总量
两国的双边贸易紧密程度 TRADE	数值越大,说明两国之间的贸易紧密度越高,货币合作成本就会越低	$$\text{Trade}=\frac{\text{EX}_{ij,t}}{\text{GDP}_{i,t}}+\frac{\text{EX}_{ji,t}}{\text{GDP}_{j,t}}$$ $\text{EX}_{ij,t}$ 和 $\text{EX}_{ji,t}$ 分别表示第 t 年 i 国对 j 国的出口量数值以及 j 国对 i 国的出口量数值;$\text{GDP}_{i,t}$ 和 $\text{GDP}_{j,t}$ 分别表示 i 国和 j 国在第 t 年的 GDP 总量

(数据来源:Word Bank,IMF,World Integrated Trade System (WITS) 数据库,WIND 等)

5.4.2 中国在"一带一路"区域开展货币合作的 OCA 指数分析

5.4.2.1 OCA 指数模型回归结果

表 5-15 描述性统计

Variable	Obs	Mean	Std.Dev.	Min	Max
drate	72	0.076	0.094	0.002	0.574
trade	72	0.126	0.111	0.017	0.485
open	72	5.653	0.78	2.302	6.115
dm	72	5.985	1.88	4.167	10.429
infla	72	2.695	2.82	0.041	12.159
ecostru	72	3.188	13.002	0.003	93.42
yield	72	0.073	0.07	0.005	0.416

从表 5-15 可以看出,各个解释变量显示它们的均值及中位数都很近似,所以标准差较小,可见样本数据从整体说是比较平稳的。由于样本的时间序列不太长,而且样本期小于横截面的个体数量,本章就不对短面板数据做单位根检验,而直接选定模型估计方法。还要解决面板数据经常出现的截面相关以及个体异方差等问题,此处就选择使用聚类稳健标准误差的估计结果(表 5-16)。

表 5-16　基准回归结果

	系数	标准误	P 值
Constant	0.259 315 3	0.137 880 7	*
trade	0.453**	(0.148)	**
open	0.026 4**	(0.008 12)	**
dm	−0.087 1**	(0.030 2)	**
infla	0.007 72*	(0.003 59)	*
ecostru	0.000 957***	(0.000 262)	***
yield	0.936***	(0.109)	***

Robust standard errors in parentheses

*** $p<0.01$, ** $p<0.05$, * $p<0.1$.

　　根据表 5-16 获得的初次回归结果，说明物价水平差异 infla、贸易紧密度 trade、经济增长差异 DY、经济结构差异 ecostru 等变量对中国与"一带一路"区域内相关国家的货币合作成本产生了显著影响。而其影响效应按上述排序依次减弱，计算得到的数值方向也与相关理论高度符合，由于 dm 对货币合作的影响表现不显著。所以在 OCA 模型进行再回归时，本研究就剔除了货币政策差异 dm 指标，而是对其余 5 个解释变量进行了再回归，详见（表 5-17）。

表 5-17　重新基准回归结果

	系数	标准误	P 值
Constant	0.259	(0.138)	*
trade	0.173	(0.069 9)	**
open	0.000 443	(0.011 1)	*
infla	0.008 43	(0.004 54)	*
ecostru	0.000 830	(0.000 262)	**
yield	0.986	(0.133)	***

　　从表 5-17 可以看出 R^2 值表明该模型的拟合优度比较理想。分析再回归的结果，两国之间贸易紧密度差异 trade、经济开放度差异 open、通货膨胀率差异 infla、两国经济结构的相似性指标 ecostru 以及产出波动性的差异 yield 等五个指标都在统计中呈现出显著性，而且 5 个指标数值对货币合作均为正向影响，这说明：中国和"一带一路"各国之间存在的波动性差异越大，同时增长率差异越大、经济结构差异越大、国家货币政策不一致性越大以及开放程度差异越大，那么中国与各国间货币合作的成本就越高。观察 5 个指标的数值，贸易紧密度差异 trade、经济开放度差异 open、通货膨胀率差异 infla、两国经济结构的相似性指标 ecostru 以及产出波动性的差异 yield 对中国与各国间货币合作成本分别产生的影响定量值为 17.3%、0.044 3%、0.843%、0.083% 和 98.6%。按照模型的最终回归结果，本章的 OCA 模型可以具体表示为：

$$SD(\,ei.j\,) = 0.259 + 0.173\text{trade} + 0.000\,443\text{open} + 0.008\,43\text{inflat} + 0.000\,83\text{ecostru} + 0.986\text{yield}$$

5.4.2.2 OCA 模型指数结果分析

根据 OCA 理论，可以明确知道如果 OCA 指数值越小，就表明两国间货币合作成本就越低，双方开展货币合作的可行性就越高[①]。

表 5-18　2012—2019 年"一带一路"沿线 OCA 指数

国家	年份	OCA 指数	国家	年份	OCA 指数	国家	年份	OCA 指数
波兰	2012	0.458 452 329	菲律宾	2012	0.294 915	泰国	2012	0.345 399
波兰	2013	0.362 630 325	菲律宾	2013	0.321 825	泰国	2013	0.358 875
波兰	2014	0.323 076 276	菲律宾	2014	0.326 113	泰国	2014	0.397 229
波兰	2015	0.451 013 63	菲律宾	2015	0.302 131	泰国	2015	0.366 978
波兰	2016	0.322 124 098	菲律宾	2016	0.296 454	泰国	2016	0.304 067
波兰	2017	0.286 846 097	菲律宾	2017	0.351 127	泰国	2017	0.298 383
波兰	2018	0.282 593 006	菲律宾	2018	0.374 442	泰国	2018	0.310 081
波兰	2019	0.283 462 409	菲律宾	2019	0.337 538	泰国	2019	0.346 724
俄罗斯联邦	2012	0.375 947 426	蒙古	2012	0.464 277	新加坡	2012	0.376 365
俄罗斯联邦	2013	0.340 648 214	蒙古	2013	0.480 383	新加坡	2013	0.375 537
俄罗斯联邦	2014	0.558 902 273	蒙古	2014	0.530 673	新加坡	2014	0.353 618
俄罗斯联邦	2015	0.850 839 721	蒙古	2015	0.448 379	新加坡	2015	0.372 068
俄罗斯联邦	2016	0.324 149 564	蒙古	2016	0.402 82	新加坡	2016	0.313 914
俄罗斯联邦	2017	0.484 844 252	蒙古	2017	0.434 771	新加坡	2017	0.311 913
俄罗斯联邦	2018	0.415 619 311	蒙古	2018	0.403 848	新加坡	2018	0.331 071
俄罗斯联邦	2019	0.284 510 996	蒙古	2019	0.416 204	新加坡	2019	0.335 049
哈萨克斯坦	2012	0.354 788 123	马来西亚	2012	0.383 669	印度尼西亚	2012	0.386 587
哈萨克斯坦	2013	0.301 901 247	马来西亚	2013	0.407 181	印度尼西亚	2013	0.440 056
哈萨克斯坦	2014	0.462 402 595	马来西亚	2014	0.344 435	印度尼西亚	2014	0.415 82
哈萨克斯坦	2015	0.584 729 369	马来西亚	2015	0.460 749	印度尼西亚	2015	0.394 268
哈萨克斯坦	2016	0.600 350 176	马来西亚	2016	0.319 883	印度尼西亚	2016	0.339 993
哈萨克斯坦	2017	0.434 185 687	马来西亚	2017	0.353 162	印度尼西亚	2017	0.296 139
哈萨克斯坦	2018	0.351 205 014	马来西亚	2018	0.312 007	印度尼西亚	2018	0.383 204
哈萨克斯坦	2019	0.307 129 438	马来西亚	2019	0.331 524	印度尼西亚	2019	0.318 861

整体上看，人民币 OCA 指数在除东南亚地区外，在其他"一带一路"相关地区的指数都显示比较高的数值，尤其在中亚、独联体及中东欧地区，人民币 OCA 平均值都在 0.216 左右，说明人民币目前国际化程度仍处于周边化阶段，人民币的辐射范围主要还是集中在东南亚地区。但随着近年来人民币国际化进程的加快，"一带一路"相关工作的推进，中国加强了与沿线国家（地区）的经贸交往，支付宝、微信、银联支付等新工具、新渠道的创新和普及，都促进了人民币在境外的流通和使用。分析 OCA 指数结果，可以发现 2013 年以后人民币在沿线大部分国家 OCA 指数降低，2018—2019 年由于中美贸易摩擦等不利因

---

① 朱小梅，汪天倩.中国与"一带一路"沿线国家货币合作的实证研究——基于最优货币区（OCA）指数的聚类分析[J]. 金融经济学研究，2020.

素影响，人民币 OCA 指数降低的速度减缓。但从总体来看，2013 年之后，除哈萨克斯坦、波兰、土耳其等国之外，在其他国家均有所降低，即货币合作成本呈下降趋势。

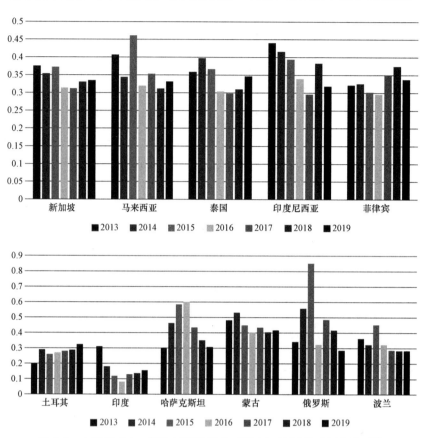

图 5-6　人民币 OCA 指数在不同样表（国家）地区的时间变化对比

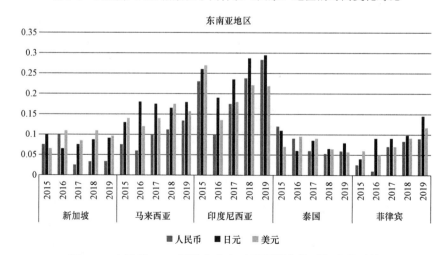

图 5-7　人民币 OCA 指数在东南亚不同国家的时间变化对比

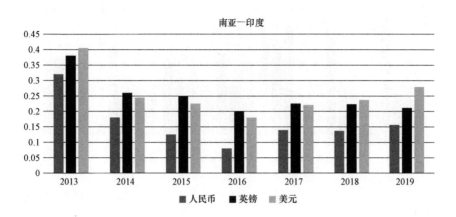

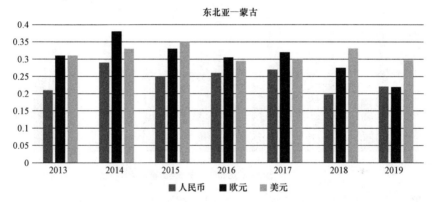

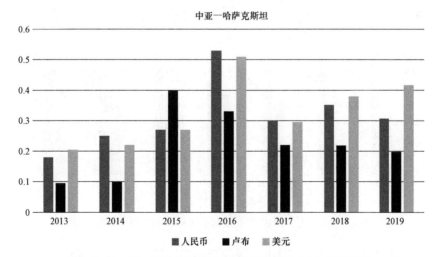

图 5-8 "一带一路"沿线样本国家主要货币 OCA 指数对比

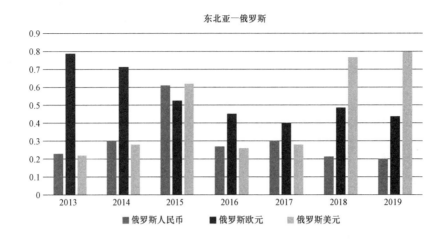

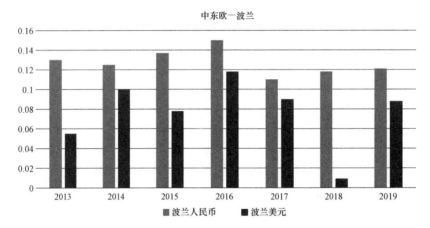

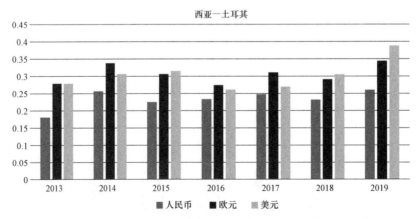

图 5-8 "一带一路"沿线样本国家主要货币 OCA 指数对比（续）

　　在这些区域内将人民币与几种主要国际货币相比较，在 2013 年，人民币在中亚、东北亚及中东欧地区的货币合作成本偏高，人民币 OCA 指数与美元和日元的 OCA 指数相比显著偏大，说明人民币在上述地区货币合作成本上没有优势。但随着中国与"一带一路"国家的贸易发展不断深化，人民币正在不断区域化，其 OCA 指数在不断下降，与其他主要货币在相同区域内各国的 OCA 指数相比,之间的差距正在减小。到 2019 年,除中东欧的波兰外,本章出现的样本国家中人民币 OCA 指数都已低于美元、欧元或日元,计算结果说明人民币在"一带一路"区域内已逐步形成了自身的交易网络,与相关国家的货币合作成本大幅降低,沿线国家和地区对人民币的使用程度已比较普及,人民币初步实现了货币区域化目标。

5.4.3 本节结论

本章节应用 OCA 指数模型,将"一带一路"沿线国家分成若干区域,测算了人民币在"一带一路"相关各区域内货币合作的成本,也对近年来人民币在上述地区的区域化程度和辐射效力进行了验证,进而分析了人民币区域化甚至国际化的可行性。经计算的人民币 OCA 指数值越小,说明国家间的经济发展协同性越强,人民币在这些国家(地区)进行货币合作的成本就越低,也就越有可能成为这些地区的交易主导货币。模型实证获得的 OCA 指数结果表明:

第一,总体上,人民币 OCA 指数在东南亚地区较低,在其他"一带一路"相关地区的指数都显示比较高的数值,尤其在前苏联地区及中东欧地区。表明当前人民币的国际化程度还较低,可以说进入到了周边化阶段后期,其主要影响地区还是东盟各国和相邻地区。但通过分析 2013—2019 年人民币 OCA 指数在各样本国家的动态变化,发现除了波兰至中东欧国家,人民币 OCA 指数在"一带一路"沿线各国都逐步降低,2018—2019 年人民币在哈萨克斯坦以及土耳其的货币合作成本也有明显下降。

第二,在沿线各区域的样本国家内,人民币与不同主要国际货币相比,除中东欧国家波兰外,在样本国家中人民币 OCA 指数都已经低于美元、欧元、英镑或日元(按各国参照的不同前三大合作货币列举测算),这显示出人民币在沿线各国已作为计价结算货币且交易规模较大,并已逐步形成了交易网络,货币合作成本在逐渐降低,接受程度越来越高,基本进入了货币区域化阶段。

因此,推进人民币国际化,加强"一带一路"的货币区域合作,应该有针对性地谋划人民币在沿线国家(地区)的流通和使用。比如在东亚、东南亚地区,人民币使用范围和规模都较大,可以持续培养企业的人民币计价和结算习惯,进一步发挥当地大机构的示范效应,不断巩固贸易合作的优势地位,加强人民币定价和结算话语权,大幅增加人民币的输出规模,不断提高人民币在贸易结算中所占比重。对较远的中东欧地区,要不断加强对这一地区的经贸合作与跨国投资,即通过贸易发展及投融资的扩大来带动人民币支付结算规模的增长,发挥人民币在区域内的积极作用。在南亚、西亚、中亚、中东欧和独联体国家等区域,要加强产能的输出,借助亚投行、丝路基金和金砖国家银行等国际金融组织开展经贸合作、金融业务和基建投资,实现和提升在大宗商品交易中使用人民币计价结算的比例,提高在金融资本市场业务中人民币产品的份额,继续降低中国与沿线各国的货币合作成本。

5.5 "一带一路"建设中人民币国际化影响因素分析——基于系统 GMM 模型实证分析

目前研究大多认为"一带一路"建设推动人民币国际化效果显著，但由于"一带一路"建设周期还不长，多数学者通过借鉴基于世界主要国际货币的研究成果，对"一带一路"中的人民币国际化开展研究，但是较多成果以定性研究为主。而文章本章节采用2010—2019 年中国、主要国际货币主权国家以及"一带一路"国家的宏观经济数据，利用指数模型，定量分析"一带一路"贸易发展对人民币国际化的多个变量带动效果，研究外贸、投资、金融和经济发展等变量对人民币国际化的冲击。

本文选取了泰国、菲律宾、新加坡、马来西亚、印度尼西亚、蒙古、土耳其、印度、俄罗斯、哈萨克斯坦和波兰等 11 个国家的数据，涵盖东南亚、南亚、中亚、中东和中东欧的代表性国家作为分析样本，来研究"一带一路"贸易发展与人民币国际化之间的互动促进关系。同时，本文增加了美、英等货币及经济数据，与中国的相关经济数据的差值形成自变量，来解释因变量：人民币国际化与其他货币国际化地位和关系的变化。

由于模型将货币国际化水平作为因变量，该变量带有滞后性，并且动态面板数据一般会有潜在的固定效应，会影响估计结果的无偏性、一致性，本文就建立系统 GMM 模型，定量分析"一带一路"建设发展对人民币国际化的影响，有效地消除了解释变量可能的内生性问题，获得了令人满意的结果。本节研究框架如下：

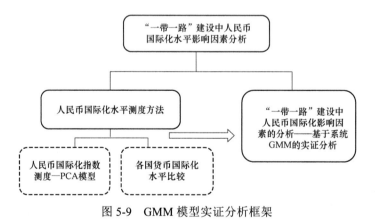

图 5-9　GMM 模型实证分析框架

5.5.1 借鉴主成分分析法测算人民币国际化程度

文章本章节借鉴主成分分析方法来研究，该方法可以更有效地利用原始数据信息，对于有重要作用的因素给予高比例权重，对于发挥作用较小的权重给予低比例权重，这样就可以更好地体现作为研究样本国家的经济金融实际状况，也可以充分体现能对货币国际化起到重要作用的因素。这样的权重指标计算方法，对比就一个货币功能进行直接定量计算的方法，显得更加全面和客观，另外相比主观且相对粗糙的直接赋予权重的方法而言显得更加科学和精确[①]。本章节的主成分分析方法采用的定量计算工具为 Matlab，采用 2010—2019 年的数据，对样本货币的国际化水平进行计算分析和评估，此方法获得的研究结论具有合理性。

5.5.1.1 模型设定

本文采用主成分分析法（简称 PCA 法），对数个变量进行线性变换，从而获得一组全新的且排除了自相关性的变量，将有关数据进行了降维处理，来研究这组变量之间的内在联系。参考 Chen & Woo（2010）的方法，本文中的货币国际化指数，解释如下：假设能体现货币国际化的指数项目有 k 个，T 为时长，构建矩阵 $XT*k$，可作为构成的数据集，其中 $Rk*k$ 代表 k 个指标序列的协方差矩阵，使用 $\lambda_i(i=1,2,\cdots,k)$ 表示矩阵 $Rk*k$ 的第 i 个特征值，α_{k*1}^i 表示矩阵 $Rk*k$ 的第 i 个特征向量。因此，第 i 个主成分表达成 $PC_i=X\alpha_i$，且满足 $\lambda_i=\mathrm{Var}(PC_i)$。

$$\mathrm{Index}=\frac{\sum_{i=1}^{k}\lambda_i PC_i}{\sum_{i=1}^{k}\lambda_i}=\frac{\sum_{i=1}^{k}\sum_{j=1}^{k}\lambda_i \alpha_j^i x_j}{\sum_{i=1}^{k}\lambda_i}=\sum_{i=1}^{k}w_j x_j \tag{5-10}$$

其中，X_i（$i=1,2,\cdots,k$）是矩阵 X 的第 j 列，这样第 j 个指标的最终权重就可以表达为：

$$w_j=\frac{\sum_{i=1}^{k}\lambda_i \alpha_j^i}{\sum_{i=1}^{k}\lambda_i} \tag{5-11}$$

5.5.1.2 指标选取

研究可以通过分析货币的三大基本职能，从这个角度来衡量与估测货币国际化程度，评价货币在支付结算、计价投资和储藏手段等方面的实际表现状况。因此，本文建立了一个指标体系，以此来测算人民币国际化水平，具体见表 5-19。

对该指标体系的解释说明：关于汇率指数的测算，本文以几个样本国家的本币兑换美元的汇率作为指标，这样汇率变动就成为美元货币的升（贬）值率，在指标体系中表示有效汇率指数。

表 5-19 人民币国际化测度指标

价值尺度职能	交易媒介职能	价值储备职能
上市公司占本国 GDP 比重	本国出口占世界出口比重	GDP 增长率
本国外债占 GNI 比重	本国进口占世界进口比重	GDP 占世界 GDP 之比
	本国进出口占 GDP 比重	汇率波动率

---

① 张英梅.人民币国际化测度及对策研究——基于 Matlab 主成分分析［J］.上海金融，2013（2）.

续表

价值尺度职能	交易媒介职能	价值储备职能
	本国出口占本国进出口比重	货币升值率
	本国国高科技产品出口额占本国制成品出口额	通货膨胀率
		真实利率水平

5.5.2　各国货币国际化水平的比对分析

根据主成分分析法对人民币、主要国际货币在"一带一路"样本国家的货币国际化水平进行测算，获得实证分析结果，通过对比人民币与主要国际货币的不同指数值，来说明目前人民币在国际货币体系中所处的位置。

5.5.2.1　人民币与国际货币的国际化水平比较

表 5-20　人民币与传统国际货币的国际化指数比较

年份	人民币	美元	日元	英镑	澳元	加元
2010	−1.12	−0.47	1.74	0.45	0.29	−0.6
2011	−0.05	−1.25	1.65	0.78	1.67	−0.4
2012	0.57	−0.91	1.29	0.46	1.94	−0.65
2013	1.39	−0.58	−0.44	0.48	0.34	−0.76
2014	1.85	−0.33	−1.47	0.14	−0.34	0.37
2015	0.86	1.28	−1.7	−0.2	−0.81	1.12
2016	0.42	1.81	−0.99	0.54	−0.48	1.61
2017	0.8	1.65	−1.5	1.11	−0.45	1.33
2018	0.83	1.72	−1.14	1.03	−0.51	1.29
2019	0.85	1.36	−1.02	0.95	−0.48	1.08

本文将人民币与主流国际货币作对比，从它们的国际化指数来分析，可以得出人民币当前还处在国际化的初级阶段，人民币虽然发展迅速，但与主要国际化货币之间还存在很大差距。美元在世界货币体系包括"一带一路"国家的货币使用情况看仍然居于绝对优势地位，但由于次贷危机和蔓延全球的金融危机影响，美元的国际化水平也呈现渐退下降，直至 2011 年降至最低点−1.25，之后随着美国和世界经济复苏而逐步回升。澳元、日元是传统的避险货币，两者均不易受政治环境和市场波动等因素的影响，整体表现比较稳定，但澳元自 2012 年开始而日元自 2011 年开始均有下降趋势。对比英镑和加元，分别在 2010 年和 2014 年国际化指数突破 0 后，呈逐年稳步回升的趋势，也已具备或恢复了国际化货币的条件。虽然人民币国际化水平与前面提到的五个国际货币之间仍存在很大差距，但客观数据表明"一带一路"倡议的深化发展明显促进了人民币的区域循环流动，人民币使用活跃度得到较大提升[①]。自从 2013 年中国

---

① 祁文婷,刘连营,赵文兴."一带一路"倡议助推人民币国际化政策选择研究——基于货币转换成本理论的分析[J].金融理论与实践,2018（12）：26-32.

首次提出"一带一路"倡议后，人民币的国际化进程已经呈现明显加快趋势。环球银行金融电信协会（SWIFT）的研究报告显示，人民币已在 2014 年就取代加元和澳元成为国际结算中第五大支付货币，人民币国际化指数也相应从 2012 年的 0.57 上升到了 2014 年的 1.85，成为近十年最高水平。2020 年人民币国际化指数（RII）更达到 3.03，但事实上退居世界第六大支付货币，这既有中美贸易摩擦的负面效应原因，也有新冠疫情带来冲击造成的影响。

5.5.2.2 人民币与"一带一路"沿线主要国家货币国际化水平比较

从表 5-21 可以看到，本文选取的各个"一带一路"样本国家的货币国际化水平普遍较低，作为金砖国家之一的俄罗斯，其货币卢布的国际水平在样本国家货币中处于较高水准，原因是卢布的国际化启动时间比人民币早很多，但由于俄罗斯贸易结构单一、偏重能源资源产品的出口以及其国内经济稳定性不足等原因，无法有效支持卢布的货币信心，故自 2012 年开始卢布的国际化水平出现了不断下降的趋势，在 2013 年人民币的国际化水平达到了 1.39，从而超过卢布的 1.1。印度卢比的国际化水平在 2009 年曾达到历史最高点 1.48，但在此后也一直呈现一路走低的趋势，其国际化水平也被人民币远远甩在了后面。新加坡是重要的国际金融市场，是亚洲区域重要的金融中心，新加坡元在较早的时期就展现出了相当的国际化水平，且在 2013 年以前总体呈上升态势，但由于新元的货币体量总体偏小，在 2013 年人民币国际化水平（1.39）超过了新加坡元（0.84）。土耳其经济发展迅速，作为区域大国，其货币国际化基础较好，其国际化水平自 2014 年后开始稳步升高。"一带一路"沿线其他国家由于本国经济实力有限，很难有效保障本国货币在世界范围内的信心，多数国家的经济增长模式也经常受全球经济波动的冲击，同时基础设施薄弱，经济比较缺乏后劲，国内经济环境问题也较多。

表 5-21 人民币与"一带一路"沿线主要国家货币国际化水平比较

年份	人民币	泰铢	蒙古图格里克	印尼卢比	土耳其里拉	马来西亚林吉特	卢布	波兰兹罗提	哈萨克斯坦坚戈	菲律宾比索	印度卢比	新加坡元
2010	−1.12	0.97	−1	1.56	−1	0.32	1.12	0.51	0.19	−0.15	1.1	1.14
2011	−0.05	−0.75	−0.2	2.19	0.41	−0.17	2.04	0.99	1.88	−0.51	0.49	1.08
2012	0.57	0.6	0.04	1.11	−0.36	0.65	1.73	0.15	1.6	−0.18	0.13	1.17
2013	1.39	−0.23	0.3	0.04	−0.07	0.72	1.1	−0.68	0.64	−0.06	−0.31	0.84
2014	1.85	−0.12	0.94	−0.82	−0.08	0.38	−0.79	−1.21	0.19	0.03	−0.4	0.45
2015	0.86	0.3	0.84	−1.22	0.33	−0.26	−2.56	−1.22	−1.41	0.35	−0.69	−0.8
2016	0.42	0.72	1.17	−1.19	0.36	0	−2.13	−0.84	−2.74	0.81	−0.99	−0.97
2017	0.8	0.86	1.58	−0.67	1.44	0.94	−1.52	−1.28	−1.32	0.82	−1.06	−0.65
2018	0.83	0.74	1.08	−0.26	1.01	0.47	−1.89	−1.02	−1.76	0.64	−1.55	0.45
2019	0.85	0.84	1.09	0.13	0.42	0.78	−2.51	−0.88	−1.97	0.71	−0.83	1.14

很多国家货币国际化水平仍较低，如东南亚国家大都依赖外部经济进行发展，贸易活动的实际推动效果较低，这些国家近 10 年货币国际化水平仅平均提高了 0.04 左右。沙特以石油作为其最主要贸易品，该国货币的国际化程度也几乎没有上升。但整体上看，"一带一路"沿线大部分国家在近年的发展中，它们的货币国际化程度是有所提升的，另外国际货币体系也已经逐渐有多元化的趋势。由于人民币国际化进程提速发力，估计未来将有越来越多的"一带一路"国家会选择人民币作进行贸易和投资的计价结算，人民币的国际化事实上已大幅度超过了"一带一路"中的其他国家，已经在这一区域内各国货币中展现出最高的国际化程度。

5.5.3 系统 GMM 模型实证分析

5.5.3.1 GMM 模型设定

面板数据模型中最常用到的两类模型分别是固定效应模型及随机效应模型，但这两种模型在解释变量有内生性时，都无法保证获得无偏的参数估计值。本文构建的模型在解释变量中引入了滞后变量，以此反映动态滞后效应，因此也会有该问题。因需要确保动态面板数据可以获得无偏的参数估计值，因此 Arellano-Bond 模型应用基于动态面板的广义距来进行估计（也称为差分 GMM 模型），但是差分 GMM 却容易受弱工具变量的影响，致使估计结果有偏，为消除偏差，Blundell-Bond 模型将一阶差分和水平方程两者结合，并改善了一定距条件从而构建了系统广义距估计即系统 GMM，估计准确率就得到了提高[①]。

本节选取了系统 GMM 模型，采用动态面板数据分析估计影响因素，这是因为：首先，如果因变量选择的是一国货币的国际化水平，必然要求时间上有一定持续性，意味着往年的货币国际化水平对当年仍然产生某些影响。如果把被解释变量的滞后项作为解释变量之一，就会导致解释变量和随即扰动项之间产生相关性，即解释变量出现了内生问题。其次，假设动态面板数据可能有无法观察到的隐性固定效应，如固定效应真实存在，那将与被解释变量产生相关问题，可能影响估计的无差性。基于上述两个原因或导致估计结果不能保证无偏和一致，采用 GMM 模型可以有效解决解释变量的内生性问题，获得更加有效的估测数值结果[②]。本文构建的系统 GMM 模型公式可以表示为：

$$Y_{i,t} = \alpha_i Y_{i,t-1} + \beta_i X_{i,t} + \varepsilon_{i,t} \qquad （5\text{-}12）$$

其中 $Y_{i,t}$ 为被解释变量，$Y_{i,t-1}$ 代表滞后一期的被解释变量，$X_{i,t}$ 表示解释变量本身，α_i 与 β_i 为系数，$\varepsilon_{i,t}$ 代表随机扰动项。

---

① 林乐芬，王少楠."一带一路"建设与人民币国际化，[J]. 世界经济与政治，2015（11）.

② 王文治，扈涛.FDI 导致中国制造业价格贸易条件恶化了吗?——基于微观贸易数据的 GMM 方法研究 [J]. 世界经济研究，2013（1）.

5.5.3.2 样本及数据说明

本章节借鉴以前学者的相关研究成果，把对货币国际化产生影响的诸多因素归类到六个维度，具体包括：经济维度、贸易和投资维度、政治和军事维度、金融维度、货币维度以及科技维度，因此本章节分别选取了经济总量、贸易开放程度、贸易规模、贸易结构、投资水平、金融市场发展度、政治和军事实力、科技水平、真实利率水平、通膨率和汇率水平等具体指标进行测算[①]。

数据的时间序列为 2010 年至 2019 年，货币国际化指数等数据的主要来源于 WIND 数据库、BIS 报告、Economic Freedom Network、 World Bank 数据库。

表 5-22 人民币国际化影响因素指标

类别	维度		变量名	变量描述
被解释变量	货币国际化程度指数		Y	
解释变量	经济维度	经济规模	X_1	特定货币发行国 GDP/世界 GDP
	对外贸易和投资维度	贸易开放程度	X_2	特定货币发行国进出口贸易总额/特定货币发行国 GDP
		对外贸易规模	X_3	特定货币发行国进出口贸易总额/世界进出口贸易总额
		对外贸易结构	X_4	特定货币发行国进口贸易总额/世界进口总额
		对外贸易平衡	X_5	经济账户差额/GDP
		投资	X_6	特定货币发行国外国直接投资净流入/该国 GDP
	金融市场发展维度	金融市场发达程度	X_7	特定货币发行国股票交易额占 GDP 的比重
		金融市场深度	X_8	特定货币发行国私人信贷/该国 GDP
	科技维度	科技水平	X_{10}	货币发行国高科技产品出口额/该国制成品出口额
	货币维度	真实利率水平	X_{11}	真实利率
		通货膨胀	X_{12}	通货膨胀率
		汇率水平	X_{13}	货币升值率
		网络外部性	X_{14}	货币国际化指数一阶滞后值

5.5.3.3 数据单根性检验

在进行实证分析前，本文对关注的所有变量进行了皮尔逊相关性分析，发现各变量之间的相关性系数均低于 0.8，这也说明各变量之间不存在严重的多重共线性问题。

对选取的各项指标，采用 ADF 法进行单位根检验，ADF 检验运算的结果如表 5-23 所示，作为因变量的 Y，其与自变量 X_2、X_4、X_5、X_6、X_8、X_9、X_{10}、X_{11}、X_{12}、X_{13} 和 X_{14} 做的一阶差分序列，获得的结果都显示平稳，但是其中 X_1、X_3、X_7 三项自变量没有通过平稳性检验。

[①] 陈小荣."一带一路"建设对人民币国际化的影响研究 [D]. 保定：河北大学，博士学位论文，2019.

表 5-23　数据平稳性检验结果

变量	T 值	P 值	结论
Y	45.871 3	0.091 3	平稳
X_1	18.985 3	0.965 2	非平稳
X_2	57.198 5	0.005 8	平稳
X_3	31.898 7	0.520 9	非平稳
X_4	44.982 6	0.091 4	平稳
X_5	71.975 5	0.000 2	平稳
X_6	91.125 1	0	平稳
X_7	43.986 4	0.109 8	非平稳
X_8	108.154 2	0	平稳
X_9	67.003 2	0.000 9	平稳
X_{10}	71.101 8	0.000 4	平稳
X_{11}	95.867 1	0	平稳
X_{12}	57.681 2	0.007 7	平稳
X_{13}	61.003 5	0.002 9	平稳
X_{14}	54.138 2	0.005 1	平稳

系统 GMM 模型的表达式为：

$$Yit=\alpha+\beta_0 Yit\text{-}1+\beta_1 X_1+\beta_2 X_2+\beta_3 X_3+\beta_4 X_4+\beta_5 X_5+\beta_6 X_6+\beta_7 X_7+\beta_8 X_8+\beta_9 X_9+\beta_{10} X_{10}+\mu$$

其中，Y 代表了被解释变量，表示人民币国际化与其他国家货币国际化之间比例和地位的变动情况；用 i 代表国家；用 t 代表时间，X_1、X_2、X_3、X_4、X_5、X_6、X_7、X_8、X_9、X_{10} 等代表解释变量，α 是常数项，μ 是随机扰动项。

笔者使用 STATA14 软件运行系统 GMM 模型的计算过程,按照两步法获得估算的数值结果。整体来看,$waid\ chi2$=64923.89，P 值为 0，因此通过检验。另外单个变量的 P 值也都小于 0.01，因此全部通过了检验，这说明模型的设计是合理的。由于采用的是一致估计方式，因而扰动项应不可能存在自相关性，此处采用 Arellano-Bond 模型检验了模型扰动项的相关性，检验结果是扰动项一阶、二阶差分的 P 值都是大于 0.1，所以扰动项不存在自相关。另外，为了检验模型工具的变量的有效性，进行 sargan 检验，检验结果表明 P 值也大于 0.1，所以该模型的全部工具变量都是有效的。进一步证明本文的系统 GMM 模型的构建是比较合适的。

表 5-24　系统 GMM 模型实证结果

	指标	系数	标准误差	显著性水平
Y_{t-1}	货币国际化指数	0.052 1	(-1.98×10^{-6})	***
X_1	中国 GDP/世界 GDP	−0.051 9	(3.98×10^{-6})	***

	指标	系数	标准误差	显著性水平
X_2	中国进出口贸易额/中国 GDP	0.055 9	(7.52×10^{-7})	***
X_3	中国进出口总额/世界进出口总额	−0.071 2	(4.91×10^{-8})	***
X_4	经济账户差额/中国 GDP	0.124 1	(1.38×10^{-6})	***
X_5	中国的外国直接投资净流入/中国 GDP	−0.291	(2.24×10^{-5})	***
X_6	中国股票交易额/中国 GDP	0.000 4	(1.95×10^{-7})	**
X_7	中国高科技产品出口额/中国制成品出口额	0.046 1	(8.32×10^{-7})	**
X_8	真实利率	−0.287	(2.33×10^{-6})	***
X_9	通货膨胀率	8.28×10^{-8}	(3.56×10^{-5})	*
X_{10}	中国货币升值率	0.186 7	(7.39×10^{-9})	***

5.5.3.4 实证估计结果分析

根据上述方程式,使用 Stata 14 进行运算,获得系统 GMM 模型的估算结果,具体表示如下:

$$Y = 0.052\ 1Y_{t-1} - 0.051\ 9X_1 + 0.055\ 9X_2 - 0.071\ 2X_3 + 0.124\ 1X_4 - 0.291\ X_5 + 0.000\ 4X_6 + 0.046\ 1X_7 - 0.287\ X_8 + 8.28 \times 10^{-8}X_9 + 0.068\ 6X_{10} - 4.185\ 87$$

进而我们可以得出以下结论。

1. 贸易开放对人民币国际化有推进作用

2013 年以来,中国借力"一带一路"倡议推动人民币"走出去",主要方式是与沿线国家开展更为广泛的国际贸易和金融交易活动,提升人民币跨境支付结算的使用量和占比,促进人民币国际化的高水平发展。本文根据 GMM 模型的估算结果,得出结论:对人民币国际化,贸易总额/GDP 该项指标的边际贡献为正,即 0.055 9,即某国开放度越高,对于促进货币国际化就越有帮助;经济账户差额/GDP 这一指标,对人民币国际化的边际贡献也为正(系数 0.124 1,$P < 0.01$),因此表明中国如果要大力促进人民币国际化发展,就应当保持一定的贸易顺差,充分利用沿线国家与中国之间差异明显的产业结构,推动向沿线国家更多出口,提升贸易开放程度,不断拓宽人民币的境外结算渠道,增大人民币的使用规模。

2. "一带一路"实施与人民币国际化发展提高了对外投资效应

由于"一带一路"倡议实施和持续推进,同时伴随着中国资本市场进一步开放,中国的对外投资总规模不断增长,根据中国商务部统计数据,2020 年,中国对外投资总规模达 1 329.4 亿美元,位居世界第三。中国对外投资推动了人民币在国际市场中的使用和流动,也促进了人民币国际化发展。根据 GMM 估算的结果,表明了中国(FDI)流入的外国直接投资并没有助推人民币国际化,其边际贡献为负值(−0.291),也就是说,中国接受 FDI 外国直接投资(年度总额)占中国 GDP 的比例平均上升 1%,就会导致人民币国际化水平相对下降 0.291 个单位。但 GMM 估算结果也显示：中国对外直接投资，即 OFDI 能够比较有效地促进人民币国际化。通过观察"一带一路"区域投资情况，中国对境内诸多国家的直接投资 OFDI 规模越来越大，但中国的 FDI 流入近年来却呈现下降趋势。由于"一带一路"国家和地区大多数都是发展中国家，其基础设施较差甚至匮乏，也缺少融资渠道和资金支持。因此，中国可以借力"一带一路"倡议的推进，增加对沿线国家的人民币计价支付的投资，以输出更多人民币资本，打造人民币在区域内的主导权。

3. 人民币国际化发展应继续政府主导模式

货币发行国的资本市场发展水平越高，其金融体系越完善，其他各国对该货币需求量就越大，该货币就越可能实现国际化。由 GMM 模型估算出的结果可以表明，在其他条件不变的情况下，中国的金融市场水平，也就是股票交易额在 GDP 中所占比重对人民币国际化的边际贡献为 0.000 445（$p < 0.01$），表明中国金融市场特别是股票市场的发展，对人民币国际化实际上起到帮助作用较弱，反映在边际效应很低，究其主要原因是国内金融市场发展水平不高，机制不健全，自我调控能力不强。所以过急过快地推进完全开放和自由的国内金融市场，未必能有效地推进人民币国际化，反而可能引发一系列风险。相反仍然维持政府对市场的引导，以及提升资本管制的能力，加强政府部门的服务水平，反而会有利于市场发展和人民币币值的稳定。因此"一带一路"发展过程中的人民币国际化，政府也发挥持续的引导作用，深化金融改革，创造人民币国际化的良好市场氛围。

4. 稳定人民币价值促进国际流通使用

人民币维持币值的稳定，实现汇率相对坚挺，将使"一带一路"国家有更强的意愿去使用人民币开展经济贸易活动。新冠疫情爆发后，2020 年中国的通货膨胀率水平大约是 7.3%。根据 GMM 估算结果，说明通胀率对人民币国际化的边际贡献大约在 8.28×10^{-8}，这也表明温和的通胀有助于人民币国际化程度提高，必须要说明的是任何基于货币升值预期导致的人民币需求量增加，这样的因素助力国际化水平提升的进程是不可持续的。只有升级和优化产业结构，提高经济发展质量，才是从根本上推进人民币国际化的方法。模型估算结果中，高科技产品出口额/工业制成品出口总额，这一指标数值对人民币国际化的边际贡献是 0.046 1（$p < 0.05$），这表明中国出口的高科技产品在制成品出口中的比重，与其他国家的差距每扩大 1 个单位，人民币的国际化指数相对增加 0.046 1。由此可见，高质量的经济发展和产业水平提升，才是推进人民币国际化的根本手段。

5. 人民币国际化需要持续提升货币在各国的信誉

根据相关货币理论，货币存在转换成本，还有使用网络外部性效应，所以继续持有当前使用的货币通常是成本最低的一种选择，而转变货币将会含有机会成本，大部分情况下持有原货币成为合理选择，这就是货币惯性。根据 GMM 估算结果，货币惯性的边际贡献是 0.059 8，属于影响较大的因素，而且这一指标含有两层意思。第一层含义，"一带一路"倡议使人民币在区域内得到了较高的接受程度，通过货币惯性可以在沿线国家继续增强人民币的区域化水平，进一步发挥人民币的货币职能。第二层含义，美元和欧元是区域内既有的国际结算货币，所以根据货币惯性理论，它们的区域货币主导地位不可能轻易让出，另外机构和私人对实力更悠久的传统国际货币有很高的信任度，现阶段沿线各国（地区）仍会大量使用和流通美元和欧元，这将对人民币的区域化以及更高阶段的国际化产生阻力。

5.5.4　本节结论

本文采用 GMM 模型，构建了货币国际化指数，将人民币国际化作为研究对象，分析了"一带一路"倡议的实施建设对人民币国际化的影响，结果说明：

第一，人民币国际化发展和目标实现，既需要自身经济水平提升，国内金融市场和体制不断改革与完善，也需要积极利用"一带一路"机制，挖掘国际市场潜力，拓宽人民币输出渠道，健全境内外人民币流通互动的机制和体系，为人民币在沿线国家获得更广适用范围和更大话语权。GMM 实证结果显示，对外贸易、跨国投资、人民币汇率稳定性、GDP 规模和产业水平都对人民币国际化起到了正面促进作用，而且上述指标的影响效果呈现依次递减。所以中国需要对内推动金融体制改革，促进经济发展，对外应当积极开展经贸合作，增加人民币的输出，确保人民币境内外的使用流通和交易投资便利性。

第二，对外贸易以及跨境投资对于加强中国与"一带一路"国家（地区）的合作推动最大，这两个模式对人民币国际化的影响也最大。因此中国可以通过产业升级和市场发展水平提高来助力人民币区域化，应当将劳动密集型产业继续向沿线国家（地区）转移，进一步鼓励贸易与投资，推动人民币跨境结算比例的提高，扩大人民币使用范围与规模。

第三，国内金融市场的改革需不断深化，但是资本项目开放必须循序渐进，不能急于求成。当前国内金融机制不完善，市场的自我调整能力不足，GMM 模型实证结果表明，国内金融市场深度指标的数值，显示出该指标对人民币国际化有着负面冲击效果。因此资本项目完全自由兑换可能引起汇率波动、币值不稳，需要继续发挥政府对人民币国际化的指导和管理职能，促进各国使用和持有更多人民币，科学合理规划，分步骤开放资本项目，逐步加强人民币在国际上的流动。

第六章

基于"一带一路"贸易发展与人民币国际化互动机制的政策建议

6.1 "一带一路"贸易发展与人民币国际化的互动发展

习近平总书记提出的"一带一路"倡议（Belt and Road Initiative）秉承了中国古代海上丝绸之路和陆上丝绸之路和"开放包容、互学互鉴、和平合作、互利共赢"的内涵。纵观当今世界，新冠疫情的冲击仍在持续、地区动荡加剧、国际秩序剧烈变化，世界正处在"百年未有之大变局"中。在这样的国际国内大背景下，"一带一路"倡议作为国家顶层设计的合作发展战略提出并实践，不仅展现出了中国务实合作、互利共赢的大国风范和价值理念，对于促进全人类共同发展、实现国际社会共同繁荣也具有重要的划时代意义，"一带一路"合作倡议必将成为人民币国际化的新动力。

改革开放已历时 40 多年，中国和世界经济已经高度关联，中国深刻理解和关注经济全球化，将亚太梦、世界梦融入到中国梦之中，并已经在世界范围内逐步承担了更多国际责任义务。与此同时，中国一以贯之地坚持对外开放的基本国策，促进经济可持续发展。"一带一路"合作倡议立足沿线国家，扩大了境外市场，为中国实体经济的发展提供新领域和新机遇，同时也推动了人民币的国际化进程，为中国构建国际经济、金融战略的协同发展模式提供了新思路①。

"一带一路"建设的实施加强了国际间货币合作，扩大了人民币在沿线国家双边本币互换、结算的范围和规模，同时由于人民币资本项目逐步放松管制，可兑换子项目日渐增多，另外人民币汇率形成机制改革不断推进，人民币乘着"一带一路"的东风在国

---

① 李丹，崔日明. "一带一路"战略下全球经贸格局重构的实现机制［J］. 经济研究参考，2017，1973-3（2）：105-116.

际贸易和经济合作中获得更大的发展空间，在大宗商品、境外产业园区投资、基建项目融资、跨境电子商务等业务中获得越来越多的份额。同时"一带一路"倡议的推进实施对于加强沿线国家间的贸易结算支付合作、国际金融机构合作和金融监管体系的完善都提供了重要实践平台，对于国际货币体系的改革和全球经济发展道路的探索具有重大意义。

"一带一路"贸易发展与人民币国际化之间的互动协同发展，有着密不可分的内在逻辑，"一带一路"与人民币国际化是中国成为世界新兴大国在本世纪提出的两大宏伟战略，也是举世瞩目的重要举措，不仅关系到中国的国家利益，也与经济贸易收益高度相关，同时也为区域内各国的发展提供强有力的推动，为沿线国家分享中国经济发展红利提供了可能，而且两项举措均有利于世界市场的长期繁荣和经贸合作发展，也是对原有世界经济贸易旧秩序以及货币体系的改进、补充和完善[①]。

6.1.1　"一带一路"与人民币国际化的发展思路体现合作共赢

"一带一路"与人民币国际化两项举措作为重大发展战略以及全球公共物品中国在推进实施两个举措的过程中全面展现了大国的责任和担当。当前的国际经济政治环境巨变，美国经济实力相对下降、国际机构制度亟待改革，使得全球公共物品陷入了总供给无法有效满足总需求的境地，同时供给结构也不太合理[②]。其中发展中国家的情况更严重，国内公共物品的供应量远小于其需求量，国内市场需求得不到满足，阻碍了世界经济发展，加剧了金融市场的不稳定性[③]。

中国作为全球最大的发展中国家及第三世界代表，经济的迅速崛起，为全球市场注入了新的活力。因此中国也应成为全球公共物品提供者之一，在全球经济治理大格局中，贡献中国智慧，发挥中国力量。从长远看，"一带一路"的推进实施提供了一个重要的历史机遇，中国可以从五个方面寻求全球公共物品增加供给的办法，具体包括：提出新的国际合作理念和方式，实现各国（地区）设施的高效率互联互通，培育新的国际货币，组建新的国际金融组织，以及为坚决消除局部战争和对抗恐怖主义出谋划策。从而实现各国之间合作共赢，共筑人类命运共同体。

6.1.2　"一带一路"和人民币国际化两大开放举措内在一致

"一带一路"倡议和人民币国际化战略本质上具有一致性，因此在实施发展过程中，这两大战略必定是相辅相成、相向而行、协同发展。"一带一路"倡议在实施的过程中要始终围绕着政策沟通、设施联通、贸易畅通、资金融通、民心相通等五大工程，根本上就是要联合"一带一路"沿线各国，促进区域经济合作交流，逐渐构造出一个跨区域

---

① 陈雨露. 人民币有望在两年内成为第四大国际货币 [C]. 2015 国际货币论坛, 中国人民银行, 2015-07-18.
② 高虎城. 深化经贸合作共创新的辉煌——"一带一路"战略构建经贸合作新格局 [J]. 国际商务财会. 2014（6）.
③ 陆长荣, 丁剑平. 中国人民币国际化研究的学术史梳理与述评 [J]. 经济学动态, 2016（8）: 93-101.

的、深度交流、共谋合作的大格局，促进贸易的可持续发展，提升人民币在沿线国家（地区）内使用流通的范围和速度，推动人民币国际化进程。根据国内外大量理论研究和实证研究，不难发现，中国不仅与沿线各国保持着良好的长期贸易伙伴关系，而且中国在经济、金融和社会等方面的发展水平在"一带一路"区域内处于领先地位。因此在沿线国家（地区）增加人民币在结算支付投资等业务中使用流通的比重，可以在降低区域金融风险发生的概率，降低交易的时间成本和货币成本，创新风险管理机制，帮助沿线各国构建全方面的金融安全战略体系，维持区域内的金融稳定，打造区域经济协同发展的局面，提高区域经济综合水平，实现区域内经济体的共同发展。

发挥"一带一路"贸易发展与人民币国际化的互动机制的实际作用，不仅需要国内产业结构的转型升级和创新管理，同时也需要在"一带一路"区域甚至整个国际社会寻求对于"共商、共建、共享"这一价值观的认同。实施"一带一路"以及人民币国际化这两大举措，不仅是中国在新时代寻求更深层次、更高水平的改革开放，也是为区域内国家共享中国社会经济发展红利的重要机制。中国应该吸取西方发达国家的教训，切忌资本输出过快过大，放弃本国产业升级，制造业转移导致产业空心化，以至于近年来多数发达国家的发展差强人意。所以"一带一路"贸易发展与人民币国际化实现良性互动，必须提供配套的政策制度和创新机制，首先要保障国内技术革新和产业升级所需的资本供给，与"一带一路"国家开展产能合作，输出部分过剩的产能[①]，只有这样才能最终为"一带一路"倡议的深化实施与人民币国际化的协同发展提供可持续的推动力量。

另一方面，中国倡议设立的亚投行（AIIB）已经吸引了"一带一路"区域内外许多国家（地区）和机构的积极响应，从侧面反映了中国开放、包容的思想，为"一带一路"沿线国家谋福利的理念，得到了世界各国的认可。由此可见，只要各国能够认同共商共建共享的价值理念，就可以实现互惠互利、合作共赢的目标[②]。各国可以积极推动"一带一路"建设，不断发展和形成各类成果，助推人民币的国际化。

6.2 "一带一路"与人民币国际化协同发展的实现路径

"一带一路"倡议有效地助推了人民币走向国际舞台中央，通过"一带一路"建设的不断发展，人民币国际化结合"一带一路"框架下的实现路径，是经历三大阶段，分步骤实现五大货币职能，最终实现真正意义上的国际货币的目标。具体可以表述为：第一阶段，即周边化阶段，完全实现主导计价货币及部分实现结算支付货币的职能，成为周边优势货币；第二阶段，即区域化阶段，完全实现"一带一路"区域范围内的结算支付，成为投资领域最主要的货币；第三阶段，即国际化阶段，发展成世界上的主流储备

---

① 赵东麒，桑百川."一带一路"倡议下的国际产能合作——基于产业国际竞争力的实证分析[J]．国际贸易问题．2016（10）：3-13.

② 盛丹等．基础设施对中国企业出口行为的影响："集约边际"还是"扩展边际"[J]．世界经济，第1期，P17-36.

币种，在国际上大部分区域完全实现五大货币功能，成为真正的国际货币。人民币国际化"三阶段五职能"实现路径示意如下：

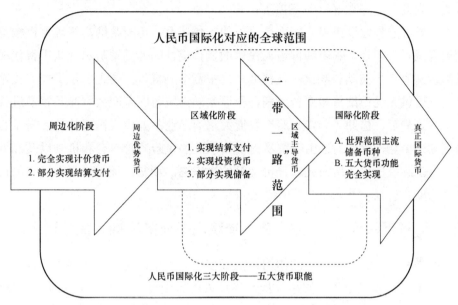

图 6-1 "一带一路"倡议框架下人民币国际化实现路径示意图

如果要真正做到分三阶段实现人民币国际化，必须有关键性的突破发展，可主要依靠以下四个渠道，即：大宗商品的定价和结算、基础设施的建设和融资、产业园区的项目建设和跨境电商业务的发展。

6.2.1 计价货币职能：推动"一带一路"贸易用人民币开展大宗商品计价结算

人民币国际化的有效突破口之一，是通过人民币对"一带一路"沿线国家（地区）的大宗商品开展定价结算业务。首先，"一带一路"各国（含中国）拥有 44 亿的庞大人口，其 GDP 规模也达到了 21 万亿美元，人口和 GDP 分别约占全世界 63％和 29%。其次，这些沿线国家与中国的年双边贸易额在近几年均超过了 1 万亿美元，大约占了中国外贸总额的 1/4 左右，其中食物、能源、农业的原材料和金属制品的交易都占据重要位置。总体而言，根据实证的结果分析，这些国家与中国的贸易交易、大宗商品定价结算和双向投融资等经贸活动通过使用人民币，会对双方经济贸易合作带来更多便利，也对各国的经济发展产生有利的影响。

假设中国的 GDP 增速保持之前的 6%左右，并且维持目前人民币结算在进出口贸易中的比重，我们进行估算，预计到 2025 年人民币在全球贸易中结算比重将会到达 3.85%（陈雨露，2015）[①]。基于上述假设，只需要"一带一路"沿线国家（地区）对中国出口

---

① 陈雨露."一带一路"与人民币国际化 [J]. 中国金融，2015（19）：40-42.

的大宗原材料及能源产品交易中用人民币支付的份额达到 50%，人民币的结算比重就会占到全球贸易的 7%以上。毫无疑问，通过这种方法，将极大地提高人民币在国际交易中的占比。为此，应该做好以下三项工作：

首先，要进一步建设完善人民币在境外的支付体系，逐渐帮助沿线国家机构与个人形成使用人民币的习惯，利用和创造人民币的货币惯性，也要预防出现货币替代成本偏高引发沿线国家市场波动。其次，各种境外的中资金融机构，要进一步重视人民币境外体系建设，提供人民币结算和支付便利，积极主动为域内国家间大宗商品贸易进行必要的融资支持。最后，借助"一带一路"发展大宗商品业务并用人民币计价，研发其他适合域内国家的金融产品，为进出口贸易提供高水准的风险监管平台和机制以及高效的处置手段，将国际投资引入用人民币计价交易的大宗商品期货市场，增强人民币的价格发现和结算功能。

6.2.2　结算货币职能："一带一路"跨境电子商务挖掘人民币潜力

中国应当发挥跨境电子商务的作用，挖掘使用人民币的潜力，增强"一带一路"沿线国家当地人民对人民币的认同感并提高当地人的接受度。中国"互联网+"战略的实施有助于改善营商环境，创新贸易方式，促进跨境电子商务的发展。2019 年中国外贸企业中采用跨境电子商务方式进行交易的数量超过了 1 980 万家，如此一来跨境电子商务贸易总额合计也达到了 4.3 万亿人民币，已占进出口总额的 16.3%[①]。由于"一路"沿线居住华侨的数量较大，普遍认同中华文化，且相较于其他外国居民，在语言、消费习惯等方面需要克服的障碍较少，能够成为推进跨境电子商务及人民币支付的最关键境外群体。中国互联网龙头企业如阿里巴巴、支付宝，已高度渗透在"一带"沿线国家。由于历史和地缘的关系，中亚五国地区对人民币的接受度相较于东南亚显得不高，因此跨境电子商务通过批发、零售两个平行的平台渠道可以加强对人民币在国际上使用的推广，提高当地企业和民众对人民币的认同，将会深远地影响人民币国际化。此外，借助鼓励国内互联网企业（如电商）"走出去"以及跨境电子支付系统在"一带一路"的普及等，由现行的单一美元标价逐步转变为美元和人民币双币标价，进而推动人民币成为区域主导计价货币。为加快实现人民币区域结算，中国的第三方支付平台可以积极联合跨境电商，组成战略联盟，以沿线国家（地区）的传统和支付习惯为参照依据来研发产品、提供服务。

6.2.3　投资货币职能：推进人民币成为"一带一路"基础设施融资的关键货币

通过"一带一路"基础设施的融资机制建设，人民币很有可能成为域内关键性货币。

---

① 朱小梅，汪天倩. 中国与"一带一路"沿线国家货币合作的实证研究——基于最优货币区（OCA）指数的聚类分析 [J]. 金融经济学研究，2020.

亚洲开发银行根据数据分析得出，十年内亚洲区域的基本建设与设施的资金缺口达年均7 000亿~8 000亿美元，据统计仅东南亚的轨道交通项目，其所需资金的总规模就接近10 000亿美元。中国凭借相当高的储蓄率和高水平的基础设施建设能力，有望成为"一带一路"中的基础建设及相关设施融资体系的核心建设者和关键资金的提供者，也会作为部分项目的具体参与建设方[①]。在沿线国家的基础设施建设中，中国可以依照以下三种方法，努力提高人民币的参与程度，提升其国际地位，成为域内常用国际货币：第一，在对外援助、对外投资和相关项目的贷款和融资业务中增加人民币的使用，逐步提高人民币在亚投行（AIIB）、金砖国家银行（BRICS Bank）等多边金融机构可控项目中的使用率。第二，探索境内外的混合所有制、银行财团贷款、产业投资基金等多种平台和模式，鼓励各国和各类机构使用人民币计价结算。第三，深化各国与中国的货币互换合作，引导已实现互换的人民币流动到域内各国的货币信用系统，也拓宽东道国基本建设所需资金的来源渠道。

6.2.4　支付货币职能：沿线境外产业园区发展助推人民币网络建设

我们应当将沿线产业园区的建立和发展当作中国推动人民币国际化的进程中的重要举措。按世界对外投资排序，中国位列第三，倘若通过"一带一路"倡议来建设沿线国家具有不同经济特点的产业园区，形成独特的经济产业走廊，可以使中国在沿线国家的投资占其吸收外国投资总额比例从13%上升至30%[②]，预期未来十年中国投资总额将突破1.6万亿美元。这一举措不但能够缓解区域内国家资金紧张的状况，也能全面促成中国与东道国之间有关国际产能的合作，而且将成为人民币国际化的重要实际举措。同时，鼓励中资金融机构开设分支或服务部门进驻园区，开发适应当地投资者需要的人民币金融产品，提升人民币在当地使用占比，为园区在建设与相关企业运营中出现的结算需求以及投融资支付需求提供解决方案。在产业园区从建立到高速发展的过程中，金融机构将逐渐扩大业务范围，从原来基础型金融服务拓宽到建立多层次、全方面的金融服务支持体系，继续建设和扩大人民币离岸市场，搭建世界范围的高质量人民币网络。

6.2.5　储备货币职能：鼓励"一带一路"国家多储备多使用人民币

中国不仅要用好"一带一路"这条对外贸易之路，也要高效利用"一带一路"这条经济合作之路，中国政府要用为沿线国家提供贷款或发放基础设施建设债券的渠道，通过多种形态提供充足的人民币投放，解决沿线国家在经济建设中遇到的资金融通困难。多种货币投放方式可有效推动人民币快速提升区域化使用率，给人民币国际化发展打下坚实基础。人民币国际化一个里程碑意义的事件就是：2016年10月，人民币被选入成

①　周宇. 以人民币国际债券支持"一带一路"基础设施投资：基于美元、日元国际债券的比较分析［J］. 世界经济研究，2017（10）.

②　陈小荣. "一带一路"建设对人民币国际化的影响研究［D］. 保定：河北大学，博士学位论文，2019.

为国际货币基金组织 SDR 货币篮子内仅次于美元和欧元的第三位次国际货币[①]。这就使中国更有底气鼓励"一带一路"沿线国家在贸易中多使用人民币计价结算,在金融交易中多使用人民币支付,最终将人民币作为国际储备货币[②]。人民币国际化的阶段性成果,又发过来确保了"一带一路"沿线国家可放心使用和储备更大规模的人民币,人民币已经开始通过各种方式在域内各国投入到经济、贸易、建设、金融交易等各领域中,并且已经建立了较好的流动机制和闭环形态,降低了人民币的域内货币成本和流动风险,为"一带一路"沿线经济体提供了更多的优惠和便利。

6.3 "一带一路"和人民币国际化协同发展的实施建议

"一带一路"倡议的制定、提出和实施为"人民币国际化"之路带来了全新的机遇,在"一带一路"沿线国家推进"人民币国际化"也为 "一带一路"建设提供了金融支持和资本来源。"一带一路"贸易发展与"人民币国际化"是相辅相成、相互促进的协同发展关系。

6.3.1 持续打造大宗商品人民币结算、计价、支付市场

"贷款换石油"的贸易合作方式在我国和俄罗斯等国之间建立,说明大宗商品人民币计价结算市场的路径可以有更多创新。在"一带一路"区域石油还可以被其他商品替代,形成另外的大宗商品人民币计价结算市场[③]。中国非常重视这种把人民币作为结算计价货币的商品贸易模式,在 2015 年开始就着力建设这种人民币计价商品交易市场。2016—2020 年期间,中国一直是世界第一大石油进口国,所以人民币国际化发展就在大宗商品交易的人民币计价和结算,特别是在"原油期货人民币计价结算"模式的带动下得到了很快发展。除了原油,中国还在推动玉米、黄金、铜、铁矿石、煤炭、大豆、棕榈油等多种大宗商品按人民币计价并进行结算的模式,对于推动人民币国际化也有很大作用。

6.3.2 促使中资金融机构载体在"一带一路"国家发挥最大作用

大型中资银行在跨境业务如结算、融资等方面发挥了重要功能,为人民币国际化的发展做出了重要贡献。为了更好地发挥中资金融机构的载体作用,需要加强以下几方面工作:(1)中资金融机构的服务范围应扩大至所有在海外的中国企业和人员;(2)促进中资金融机构等载体提供更多的业务项目,顺应人民币区域化发展的需要,提升人民币

① 陆磊,李宏瑾. 纳入 SDR 后的人民币国际化与国际货币体系改革:基于货币功能和储备货币供求的视角 [J]. 国际经济评论, 2016(3):41-53.

② 陈雨露. 人民币尽快纳入 SDR 将进一步推动国际货币体系改革 [J]. 国际金融, 2015(7):14-16.

③ 巴曙松. 推进人民币跨境使用 [J]. 资本市场, 2017(8).

国际业务项目在中资金融机构业务中的份额，比如给与其发行"人民币熊猫债"等业务功能等；（3）中资金融机构在人民币离岸市场中，应当加强对国际业务的主导，对人民币投放和回流担负起更重要的责任。政府应允许中资金融机构参与到人民币国际化的方案谋划中，充分发挥这些机构的优势，确保"一带一路"和"人民币国际化"两个重大举措能互动协调发展。

6.3.3　构建多层次多样化的人民币国际债券市场

为继续深化推进"一带一路"倡议，助力建设世界一体化、经济全球化的发展体系和利益共享机制已经势在必行。因此为实现人民币更深入的国际化，就应当积极推动国内债券市场改革和创新，借助沿线国家（地区）债券市场发行人民币结算的债券，进而准许更多境外投资机构与个人进入国内债券市场买卖投资人民币国内债。从历史情况分析，人民币国际债券市场的发展一直比较滞后，其发展历程大致可分为三个阶段：一是人民币"熊猫债"市场发行低速增长，二是人民币香港"点心债"市场中速前进，三是多元化多种类债券的境外市场较快增长[①]。人民币计价的中国主权债的发行以惊人的增速获得了很大发展，成绩令世界瞩目，并成为人民币跻身国际债券市场的典型标志[②]。这些都是人民币国际化进程中取得的成就，人民币债券的国际化、多样化有助于推进人民币深度国际化。向世界各国发行人民币债券，也成为了人民币成为各国储备货币的最大推动力。

6.3.4　保持人民币币值的域内稳定，推进利率汇率与国际接轨

为实现"人民币国际化"和"一带一路"贸易发展的互动协同，保持沿线各国（地区）对人民币的信心，维持汇率稳定是中国的首要任务。大规模的投机行为会使得人民币汇率的大幅度波动，从而造成严重的经济损失，为防止这种现象的发生，我国央行通过与"一带一路"沿线国家的央行通力合作，使得人民币汇率在沿线国家内维持相对稳定的状态，同时避免了为套利目的而进行的大规模外资出入，也防止了人民币大规模进出"一带一路"国家的现象出现。在实施"一带一路"倡议过程中，大量企业和项目最终会落实到沿线国家，这些企业建设和投资项目需要大量资金的支持，除人民币之外，还需要数量巨大且资产结构复杂的由外币构成的资产和负债的支撑。因此，需要不断推进人民币利率与汇率市场化、标准化的进程，与国际市场尽快接轨，特别是加快人民币在"一带一路"沿线国家的市场化进程。此外，随着在资本项目上自由汇兑循序渐进地放开，人民币汇率的市场化应当在资本项目可自由兑换前完全实现。人民币在资本项目的自由汇兑上与国际社会接轨，有利于推动中国与沿线国家的贸易发展和经济合作。为

---

① 何平，钟红，王达. 国际债券计价货币的选择及人民币使用的实证研究 [J]. 国际金融研究，2017（6）：77-86.

② 曹远征，郝志运. 人民币国际化、资本项目开放与金融市场建设 [J]. 金融论坛，2016（6）：3-7.

实现"一带一路"和人民币国际战略的协同发展，必须使人民币利率与汇率与国际市场接轨，并且保持人民币在"一带一路"沿线国家的长期稳定。

6.3.5 加强区域内人民币结算中心建设，拓宽投融资渠道

积极推进"一带一路"沿线各国中的人民币结算中心建设，从而更好地利用"一带一路"的优势，促进与沿线各国之间的贸易增长。因此，中国一方面要在沿线各国着力打造区域金融中心，给人民币国际化持续开拓更广泛的空间基础。另一方面，还要充分发挥各国金融中心的功能，推进其多方位使用人民币。中国可利用已有的海外人民币结算中心系统，在此基础上升级整合，深化推进人民币海外市场建设，通过不断完善离岸市场中的人民币产品体系，增加更多的金融产品与投资项目。此外，当下正处于后疫情阶段，美元与欧元在国际货币市场中均表现疲软，美元在新兴市场的使用和流动变缓，欧元区发展也处于困难期，中国应及时抓住机遇，加快人民币的国际市场体系建设，完善人民币的海外流通、国际收支等功能，以此快速扩大人民币在海外市场的总体规模。

6.3.6 促进"一带一路"沿线国家经济稳定增长

改革开放以来，中国的国内经济已经保持了连续 40 多年的增长趋势，即使是在新冠疫情席卷全球的 2020 年，中国 GDP 仍维持了正增长态势。国家经济的平稳发展是推动"一带一路"倡议的基础，而且实现人民币走向国际化这是必要条件。在为了更好推动"一带一路"经贸发展与人民币国际化的互动协同，使"一带一路"国家的经济发展与中国经济的稳定增长同频共振、共同发展就十分重要。因此，中国要把在工业化进程和城市化建设过程中总结的优秀经验，用在"一带一路"国家的开发和发展中，持续做好经贸领域的合作，让中国改革开放的红利能与"一带一路"国家共享，使得周边国家经济平稳发展。

6.4 推动"一带一路"贸易发展和人民币国际化的长期举措

可以明确，人民币国际化发展顺利与否与中国在国际货币体系内获取的话语权大小高度相关，也事关我国的长远经济利益，同时也是中国实现大国崛起的必然历史要求。但是国际货币体系的变革是一个漫长的过程，人民币国际化需要我国在多方面做好长期准备，使其渐进、匀速推进。人民币国际化过程中，我们首先要重视经济、政治、军事、文化等各方面实力的提升，然后凭借科学技术的创新进步的动力，以金融体系的建设与完善以及资本市场逐步开放为抓手，全面扎实推进人民币国际化。只有这样，我国才能更为稳健地推动人民币国际化进程。

同时，人民币国际化也可借鉴他国货币国际化的经验，以英、美、德、日等国为例，

虽然他们在本国货币实现国际化的初级阶段，并没有把货币国际化作为主观目标，但这些国家的政府在其本币的国际化过程中发挥了不可忽视的作用，并且各国政府采取的不同措施对本币在国际货币体系赢得话语权和竞争优势等也有显著的差异化影响。所以，为推进人民币国际化，中国既要制定长远战略与举措，也要善于把握人民币国际化进程中出现的战略机遇期和实践窗口，快速、科学地制定和推出一系列相应的政策措施。

6.4.1 接轨国际发展金融，确保"一带一路"与人民币国际化两大举措的实施

6.4.1.1 贸易投资结算促进人民币国际化、区域化、石油化、金砖化

促进贸易投资结算的人民币化，就要坚定不移地打造我国的贸易强国建设，不断推动由低技术含量产品产业向高技术含量精加工产业转变，从而增强我国贸易定价的能力，提升人民币的贸易投资结算比例。加快中国周边区域和"一带一路"区域的一体化进程刻不容缓，人民币的国际化需要实施区域经济一体化这一重要措施，应加快推进与中日韩自贸区、中国与东盟自贸区、RCEP 等区域经济一体化的进程①，不断加强上海合作组织成员之间的经贸往来及相关合作，打造人民币的"区域化"体系。持续加强与石油输出国组织等的经贸合作，扩大石油现货期货交易的人民币比重，逐步实现人民币的"石油化"。持续推动与金砖国家的贸易交往和投资合作等活动，逐步实现人民币的"金砖化"。构建以人民币为货币桥梁与金融纽带的新型南南合作模式，持续推动贸易和投资的便利化，不断扩大人民币在周边区域和"一带一路"区域中国际结算支付中的总量和占比，最终实现与主要贸易伙伴国和投资目的地国的人民币自由结算支付。

保持中国金融市场持续、稳定发展，金融体系不断改革和完善，才能从根本上促进贸易投资结算的人民币化，还应持续推进与人民币国际化有关的金融市场稳定发展，人民币实现国际化目标必然需要实现资本项目可自由兑换，以及实现利率汇率形成机制的市场化等条件②。经济金融持续稳定发展将提升我国在国际上的话语权，在世界范围内扩大使用人民币结算的比例和范围。中国应不断改善进出口结构，大幅削减劳动密集产品及低技术含量产品的出口量，减少加工贸易比重，扩大高新技术及相关制成品的出口份额。要坚定不移地推动制造业强国的建设，形成以创新和高新技术工业革命为支点的、具备强大国际竞争优势的制造业产业集群，促进产业结构优化升级和国际分工体系中地位的不断提升。

6.4.1.2 推动金融市场开放，推进离岸、在岸货币中心建设

金融市场改革开放与人民币国际化相互促进、相辅相成，资本项目可兑换、汇率形成机制和人民币在岸离岸市场建设等与人民币国际化都有密切联系。人民币在岸市场建

---

① 霍伟东，杨碧琴. 自由贸易区战略助推人民币区域化——基于 CAFTA 的实证研究 [J]. 国际贸易问题，2013（2）：68-80.

② 巴曙松，魏琪. 资本项目开放视角下的人民币汇率制度改革 [J]. 农村金融研究，2016（10）：6-12.

设及离岸市场建设，都是其国际化发展中不可忽视的部分。

以在岸市场为例，上海以其经济改革创新前沿地位以及巨大的发展潜力首当其冲，也是资本项目可兑换以及人民币自由结算试行点。若将人民币在岸中心的地位赋予上海，并积极建设和完善这一货币中心，对于境内市场以及内陆地区的开放发展都可以起到推动作用。而在多个离岸市场中，香港是其中较为重要的中心，其对于人民币在境外交易使用的推广发挥着重要作用。因此，要重视这两个核心市场的发展，以两地为人民币境内和境外中心，实现金融交易的便捷化。促进在岸离岸两个市场的互联互通，促进人民币的循环流通，增强境内外资源的可利用程度，从而有效促进人民币国际化。在上海作为在岸市场的实践探索过程中，应重点关注黄金、原油、矿石等大宗商品的交易，建设完善上海的现货与期货市场，增强人民币的影响力，还要鼓励境外主体在境内的交易，放宽对其的交易限制，推持续进人民币债券市场以及外汇交易市场的发展。

上海应继续促进自由贸易账户的发展，在此基础上营造更为开放和宽松的金融环境，推动自由贸易港建设，打造具有国际竞争优势的金融贸易中心城市。在香港地区的人民币离岸交易体系建设中，应不断丰富人民币产品，提升人民币在贸易与金融交易中计价结算支付的比重，打造高质量、高增长、高活跃度的离岸人民币中心。

6.4.1.3 提升出口贸易竞争力，确保人民币话语权

通过历史实践证明，提高出口产品的质量，就可以提升其竞争力，可以确保本国货币在交易结算中的话语权。以西德马克的国际化发展为例，在其初始阶段，由于德国本身的金融市场并不发达，其水平远落后于美国，甚至当时德国货币当局还没计划去支持马克国际化，然而马克的国际化仍然获得成功，其中一个关键因素就是西德的出口商品技术含量很高，出口产品在国际市场上替代弹性非常低，因此德国出口商在国际贸易中占据优势地位，对于计价结算方面的话语权较强，最终由于德国企业的实力和出口商品的搞技术含量，马克实现了国际化。

加入 WTO 以后，中国在世界上的贸易份额迅速提升，成为了全球第一大货物贸易国。不过中国外贸经常表现出"大而不强"的情况，出口产品以劳动密集型产品和低加工度产品为主，在"一带一路"国家的出口产品技术含量略高于对世界出口。我国出口产品大都处于全球供应链的中前端，既没能享有大宗商品包括中国进口量在世界上占优势的能源资源类产品的定价权，也没能掌握终端商品的定价权。据统计，2019 年中国外贸中的高新技术产品出口所占比重在 29%左右[1]，因此人民币国际化首先还应提升技术水平，尤其是对于传统产业和非高新技术行业的技术升级和产品改造创新。当前，中国必须以科技创新为驱动，加大对科技研发和人才培养的投入，培养更多技术工人[2]。未来应持续加强产融结合，通过"一带一路"建设平台和措施，在相关区域投资建设高新

---

① 《2020 年中国对外贸易发展情况》，中华人民共和国商务部，2020.10.

② 《中国制造 2025》，中华人民共和国国务院，2015.5.

技术产业园，鼓励境内外中资金融机构入住产业园区，建立合作机制为园区及区内企业和个人等提供人民币金融服务，同时积极倡导国内高新企业"走出去"，将高科技生产能力出口到合作园区，实现人民币跨境输出结合高科技出口的双动力模式来推动发展。

6.4.2　发挥人民币贸易结算优势，推进实现区域主导货币

国际货币在国际贸易和资本交易中具有计价结算职能，但根据最优货币区的理论，世界各个经济区域构建货币联盟乃至实行统一货币，美元、欧元、英镑、日元的国际流通和使用显示出较强的地域差异。虽然对于国际货币的使用范围并没有明确的地域限制，但是货币发行国和世界上不同地区的贸易交易和经贸活动伙伴之间的联系紧密度会导致这类地域范围差异的产生。货币的区域化作为国际化过程中的中级阶段，目前世界上主要的国际货币一般都经历了区域化的过程，如欧元是典型的区域货币，美元也在拉丁美洲实现了区域化。随着区域经济联盟的不断发展，基于科恩的货币地理学与蒙代尔的最优货币区理论，货币一体化理论突破区域的物理限制研究国际货币政策的动态协调。随着中国成为世界最大经济体和最大贸易国家，贸易地位与货币地位不匹配的问题逐渐凸显，因此应当持续推进区域经贸合作，加大对"一带一路"沿线的支持力度，通过区域经济贸易方面的合作提升交流活跃度，带动人民币区域化，逐步实现人民币国际化。

6.4.3　借助"一带一路"多元渠道，建好人民币境外循环体系

现阶段，人民币虽然已可采用跨境结算、对外直接投资以及金融证券类投资等方式实现跨境流动和区域范围内的使用，而因为"一带一路"沿线国家（地区）在经济规模、社会阶段、工业水平、金融自由度、市场成熟度、科技实力、经济质量及资源禀赋等方面存在显著的差异，而且不同国家（地区）对市场波动、利率震荡、国际游资攻击等金融风险防应对能力有较大差别，所以人民币在区域内的贸易结算、支付以及投资等领域还必然会受到诸多限制。为持续推进人民币国际化，不断提高人民币在国际货币体系内的地位，全方位对接国际金融市场，还要极力防范和避免系统性金融风险和世界金融市场波动带来的输入性风险，必须建立和完善跨境人民币流动的监督管理机制，增大人民币跨境使用的范围并拓宽使用渠道，也要注重提升人民币在跨境贸易与投资活动中的效率和便捷性[①]。

现阶段，人民币国际化水平已到达区域化的成熟阶段，有继续向离岸化发展的趋势，完全能够预见伴随着人民币离岸结算点广范围大面积覆盖，其他国家（地区）与中国签订双边货币互换协议会持续增多，因而人民币向境外投放的数额规模也会持续增大，但

---

① 巴曙松，叶聃."一带一路"战略下人民币海外循环机制研究［J］.兰州大学学报（社会科学版），2015，43（5）：50-56.

当前贸易渠道回流境内的人民币金额只有流出量的 25%左右，如果不能较快建立合理的人民币回流渠道，人民币汇率波动的风险就会被放大，从而使境外机构和投资者使用和持有人民币的意愿下降，进一步还会影响世界各国对人民币的接受程度。因此必须应该在资本项目更自由宽松的条件下形成多元化高效率的人民币回流机制，不断丰富增加境外投资者能买卖的人民币投资和理财产品，不断提高境内外人民币业务多元化程度，引导人民币合理、安全、高效地实现跨境输入输出动态平衡，打造良好的货币循环体系。见图 6-2 如下。

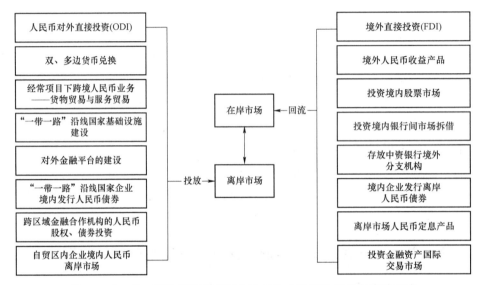

图 6-2 "一带一路"框架下"两个市场"人民币跨境双向流动方式

6.4.4 多举措发挥货币三大职能，实现人民币高度区域化

人民币要成为真正意义上的国际货币，其发展路径必然会经历"周边化、区域化、国际化"这三个阶段，目前人民币的周边化开展得相当有成效，已经进入了区域化的中级阶段。"一带一路"倡议的深入发展为人民币国际化提供了新的历史机遇，让人民币走在了新型区域化的快车道上。这里所指的新区域化路径，其实质就是货币区域化，是"一带一路"区域经贸往来与国际合作的升级版，其目的是使人民币在区域化建设中起到核心货币的作用，最终走向高度的国际化。

依靠"一带一路"框架实现人民币高度区域化，从而推进其国际化发展，就必须与沿线国家（地区）开展广泛的货币合作，中国在与各国签订双边货币互换协议时，应在协议内容中设置互惠条款，可以促使签约国将人民币该国的法定储备货币中，使人民币在境外可以更加广泛地使用，并与区域内的各国货币开展自由兑换，发挥其计价功能、结算支付功能和储备功能。此外，还必须敦促签约国切实履行协议，实际操作有关条款，在各种领域更多使用人民币。再者，应当在双边互换协议中尽可能将人民币定为该国可兑换货币的优先级。也需要利用新签或续签双边、多边的自由贸易协定的机会，积极与签约方商讨在协定条款中加入人民币的计价、结算和优先应用等要求。中国还可以将货币合作的模式从双边推广到多边，加速构建区域多国参与的货币互换机制，进一步发挥人民币的三大货币功能，助推"一带一路"建设和各国经济发展[①]。

借助亚投行、丝路基金、金砖国家银行以及海外投资基金等国际金融组织在"一带一路"框架下积极开展经贸合作、金融业务和基建投资，推动这些国际金融机构成为人民币出境的重要平台和载体，实现和提升在大宗商品交易中使用人民币计价结算的比例，提高在金融资本市场业务中人民币产品的份额，继续降低中国与沿线各国的货币合作成本。使人民币在沿线国家（地区）基本建设融资、大宗商品计价与结算，以及跨境电子商务的支付等重要领域发挥国际货币的职能，不断提升人民币在国际经济贸易交流中的规模和影响力，为人民币走上更高的国际化舞台提供良好的契机。

助推人民币区域化水平提升，还应该微观层面进一步发挥人民币的货币职能，应当对沿线国家（地区）提供经济发展所需要的投资和技术，投融资领域可以用人民币作为主要优先货币开展业务，在域内各国发行更多的人民币债券，提供当地项目贷款，丰富人民币直接投资的渠道和模式，鼓励中资机构和企业以人民币开展绿地投资或者并购当地企业等，实现稳妥高效安全的人民币双向流动。中国政府在开展对外投资以及援外项目时应优先采用人民币，在国际产能合作等产业化项目中也可以尽可能多地提高人民币占比。还应该进一步提高沿线国家在贸易、投资、金融交易以及本国储备中的人民币规模和比重。

6.4.5 建设"设施+机制+监管"的人民币国际化保障体系

人民币被世界上较多国家（地区）接受，才能进入实质上的国际化阶段，最终成为世界主要储备货币。这必将是一个长期而艰苦的过程，在走向真正国际化的途径中，我们应当针对人民币所处的不同阶段做好政策设计，提供科学有效的制度保障，给予强有力的支撑，也要避免和消解阻碍因素和不利影响，确保人民币国际化各阶段的发展目标都能如期实现。

为了实现有效的保障，应当采用"设施+机制+监管"的框架设计制度，科学构建其人民币国际化保障体系。设施保障，主要是指建设与完善人民币开展跨境业务、在其他国家（地区）流通使用所需要的金融基础设施，包括了人民币清算机制和机构以及跨境支付系统（CIPS）。现阶段，CIPS已经建成网络系统，在上线运行之后，已经成为人民币跨境业务的重要软硬件设施保障。根据规划安排，CIPS系统将会升级为2.0版本，目前正在试运行，2.0版CIPS将进一步改进信息处理模块、提升加载效率、提高数据运算速度并大幅度减少系统运行反馈时长，浙江可以实现人民币结算支付在各大洲各时区的

---

① 冯鑫明，卜亚. 人民币国际化进程中的货币替代与反向货币替代研究 [J]. 华东经济管理，2012（6）：83-86.

系统网络完全覆盖，其能力可以满足世界各地对人民币结算支付的需要。另外，应当策划采取区块链技术方式改造人民币国际业务网络，实现技术升级，完善应用系统，打造好"每洲（大国）有清算中心+多个清算网点"金融设施保障机制。

机制保障，主要做好两方面的改革工作：第一是人民币汇率机制改革，第二是外汇管理体制改革。人民币汇率形成机制已历经多轮改革，经过多年的实践探索和不断完善，目前"有管理的浮动汇率制"+"多国货币篮子"模式趋于成熟，其市场化程度也越来越深化，但诸如汇率机制的自我修正反应不及时、纠错能力不足以及周期性较强等问题也一直存在。所以，汇率形成机制的深化改革势在必行，机制应当更加科学合理，还要进一步发挥时长的决定性作用，鼓励信誉好、实力强的机构更多参与外汇市场，开展人民币外汇交易业务。同时，还要不断优化人民币在境外开展业务的扶持政策和激励措施，建立央行、银保监会、外汇管理局与海关等部门的协调机制，做好衔接工作，为人民币能在境外更广泛的使用消除政策壁垒，提供强有力的机制保障。

监管保障，主要指全方位的跨境人民币业务审慎管理机制。这一机制包括风险控制机制和应对管理方法两块内容，为跨境人民币业务提供监管方面的有效保障，只有如此，人民币国际化才可以在安全稳定的政策环境下稳步前行。现阶段，我国的全方位的跨境人民币业务监管体系和境外金融数据采集网络都已经初步建成，全方位的跨境人民币审慎管理机制相应的实施细则也被确立完成，目前监管机制的运行和操作还缺乏长期经验的积累，有关实施细则和监管流程等仍存在不客观、不全面、难操作和低效率等问题，应该在今后的时期尽快加以解决，改革和完善有关的监督与处理机制，为人民币国际化提供更有效安全的监管保障。

6.4.6 结合"一带一路"框架体系，协同建设人民币风险防范与处置机制

人民币国际化借助"一带一路"框架体系不断扩展延伸，但究其根本根本还是依靠本国经济规模、出口竞争优势、产业能力、科技水平、金融市场进步和国际影响力等自身因素取得长足进步。2013 年"一带一路"倡议提出以来，人民币国际化呈现明显加快的发展趋势，但人民币国际化的进程将会与此前已经国际化的货币有显著不同，近年来国际经济贸易形势变化比较剧烈，因此人民币面临风险和挑战也会比较频繁。概括说来会有以下风险值得注意：汇率波动风险、资本账户开放风险、货币政策效应风险、金融危机输入风险、国际货币竞争风险、国内金融市场发展水平低的风险以及资产价格波动风险等[1]。

为此，我们应当在"一带一路"经贸合作与人民币国际化的协同发展过程中，积极与沿线各国（地区）协同建设人民币风险防范与处置机制，共同抵御和对抗各类风险，推动人民币的国际化发展与"一带一路"贸易发展协同互动、共同前进。首先，中国除

---

① 傅冰. 货币国际化进程中的金融风险与对策研究［D］. 上海：上海社会科学院，博士学位论文，2012.

了积极推进合作与资源投放，也应当避免出现极端化做法，即把过多的资源投入到"一带一路"周边国家中，包括金融资源。原因有以下两方面：一方面"一带一路"沿线国家大部分的个体经济总量较小，而且对系统性金融风险和经济风险的自身应对能力较弱。另一方面，由于金融危机的可传导性，如果"一带一路"国家发生了金融危机或者出现经济衰退的现象，其风险就能利用人民币国际化的通道和机制，传导回中国，引发国内的系统性金融风险和经济衰退的现象。其次，联合建立一个风险预警机制是十分必要的，要在了解"一带一路"周边国家的经济及金融情况的基础上，划定经济增速的警戒线、金融风险指标的警戒线，构建一个基于人民币系统风险的预警机制。最后，如果"一带一路"国家的关键指标如果达到警戒线范围，中国要与沿线国家一起联合行动，采取措积极的应对措施，防范在人民币国际化过程中产生的流动性风险和系统性风险[1]。

---

① 沈悦，张澄. 人民币国际化进程中的金融风险预警研究 [J]. 华东经济管理，2015（8）：94-101.

参考文献

[1] Abegaz B, Basu A K. The Elusive Productivity Effect of Trade Liberalization in the Manufacturing Industries of Emerging[J]. EconomiesEmerging Markets Finance and Trade, 2011, 47(1): 5-27.

[2] Alan S, Blinder. The Role of the Dollar as an International Currency[J]. Eastern Economic Journal, 1996(22).

[3] Aliber R Z. The Costs and Benefits of the U. S. Role as a Reserve Currency Country[J]. The Quarterly Journal ofEconomics, 1964, 78(3): 442-456.

[4] Anderson J., Peter N. The Trade Restrictiveness of the Multi-Fibre Arrangement[J]. World Bank Economic Review, 1992.

[5] Anderson J., Wincoop V. Gravity with Gravitas: A Solution to the Border Puzzle[J]. American Economic Review, 2003, 93(1).

[6] Anderson J., Wincoop V. Trade Costs[J]. Journal of Economic Literature, 2004, 42(3).

[7] Annette Kamps. The Euro as Invoicing Currency in International Trade[R]. European Central Bank Working Paper, 2006.

[8] Bacchetta P, Wincoop E V. A theory of the currency denomination of international trade[J]. Journal of International Economics, 2005, 67.

[9] Baek, J. Does The Exchange Rate Matter to Bilateral Trade Between Korea and Japan? Evidence From Commodity Trade Data[J]. Economic Modelling, 2013, (30): 856-862.

[10] Bahmani-Oskooee, M. Devaluation and The J-Curve: Some Evidence From LDCs[J]. The Review of Economics and Statistics, 1985, 67(3): 500-504.

[11] Bank D. At the centre of RMB internationalization, a brief guide to offshore RMB[J]. 2014.

[12] Barkoulas, J. T. Exchange Rate Effects on The Volume and Variability of Trade Flows[J]. Journal ofInternational Money and Finance, 2002, 21(4): 418-496.

[13] Benjaminand J. Cohen, The Sesgnioraze Gainofan International Curreney: An Empirieal Test, The Quarterly Journal of Economies, 1971, 85(3): 494-507.

[14] Bergste, C Fred. The dilemmas of the dollar : the Economics and politics of united states international monetary[J]. Foreign Affairs. 1975, 2(12): 113-115.

[15] Bergsten C F. How to Solve the Problem of the Dollar[J]. Financial Times, 2007(11):

14.

[16] Bergsten, C. F. The Dilemmas of the Dollar: the Economics and Politics of United StatesInternational Monetary Policy[J]. British Journal of Dermatology, 1976, 94(94): 195-200.

[17] Chen Dongqi, Zhang Anyuan, Wang Yuan. Exchange rate reform: progress, challenges and prospects[J]. China Economist, 2009(03): 78-91.

[18] Chen N., Novy D. International Trade Integration: A Disaggregated Approach. CESIFO Working Paper(2009) NO. 2595.

[19] Chey H. Can the Renminbi rise as a global currency? The political economy of currencyinternationalization[J]. Asian survey, 2013, 53(2): 348-368.

[20] Chinn M, Frankel J A. Why the Euro Will Rival the Dollar[J]. International Finance, 2010, 11(1): 49-73.

[21] Chinn M D. Emerging Market Economies and the Next Reserve Currencies[J]. Open Economies Review, 2015, 26(1): 155.

[22] Chinn M, Frankel J. Will the euro eventually surpass the dollar as leading international reservecurrency?[R]. National Bureau of Economic Research, 2005.

[23] Chowdhury R. Abdul. Does Exchange Rate Volatility Depress Trade Flows? Evidence From Error- Correction Models[J]. The Review of Economics and Statistics, 1993, 75(4): 700-706.

[24] Cohen B J. The future of sterling as an international currency[M]. London: Macmillan, 1971.

[25] Cohen B J. The Seigniorage gain of an international currency: an empirical test[J]. The Quarterly Journal of Economics, 1971, 85(3): 494-507.

[26] Cohen B J. The yuan tomorrow? Evaluating China's currency internationalisation strategy[J]. New Political Economy, 2012, 17(3): 361-371.

[27] Cohen Benjamin J. The future of sterling as an international currency[M]. Macmillan Press, 1971: 25-27.

[28] Cohen, B. J. The Future of Reserve Currencies[J]. Finance and Development, September 2009, 46(3): 26-29.

[29] Corporate Treasurers Council. CTC Guide to the Internationalization of the RMB: A Treasury Perspective[R]. 2013.

[30] Dellas, H., B. Zilberfarb. Real Exchange Rate Volatility and International Trade: A Reexamination of The Theory[J]. Southern Economic Journal, 1993, 59(4): 641-647.

[31] Demirden, T.,. Pastine. Flexible Exchange Rates and The J-curve: An Alternative

Approach[J]. Economics Letters, 1995, 48(3): 373-377.

[32] Dobson W, Masson P R. Will the renminbi become a world currency?[J]. China Economic Review, 2009, 20(1): 124-135.

[33] Donnenfeld S, Haug A. Currency Invoicing in International Trade: an Empirical Investigation[J]. Review of International Economics, 2003, 11(2): 332-345.

[34] Donnenfeld S, Zilcha I. Pricing of Exports and Exchange Rate Uncertainty[J]. International Economic Review, 1991, 32(4): 1009-1022.

[35] Dwyer G P, Lothian J R. The Economics of International Monies[J]. Frb Atlanta Working Paper, 2003, 124(1): 320-321.

[36] Eichengreen B, Kawai M. Issues for Renminbi Internationalization: An Overview[J]. SSRNElectronic Journal, 2014.

[37] Eichengreen B. Sterling's Past, Dollar's Future: Historical Perspectives on Reserve Currency Competition[R]. National Bureau of Economic Research, 2005.

[38] Eichengreen, Barry. The Dollar Dilemma[J]. Foreign Affairs, 2009, 11(3): 47-49.

[39] Francois J., Manchin M., (2007) "Institutions, Infrastructure, and Trade," Policy Research Working Paper, The World Bank.

[40] Frankel J. Internationalization of the RMB and Historical Precedents[J]. Journal of Economic Integration, 2012, 27(3): 329-365.

[41] Friberg R. In which currency should exporters set their prices?[J]. Journal of International Economics, 2015(66): 39-40.

[42] Friberg, Richard. In Which Currency should Exporters Set Their Prices?[J]. Journal of International Economics, 1998(45).

[43] Gagnon J E, Troutman K. Internationalization of the renminbi: The role of trade settlement[J]. Peterson Institute for International Economics, 2014(14): 1-8.

[44] Germain R. The geography of money[M]. Cornell University Press, 1998.

[45] Giovannini A. Exchange rates and traded goods prices[J]. Journal of International Economics, 1988, 24(1-2): 45-68.

[46] Goldberg L S, Tille C. Vehicle Currency Use in International Trade[J]. Journal of International Economics, 2008, 76(2): 177-192.

[47] Goldstein M, Khan M S. Income and Price Effects in Foreign Trade[J]. Handbook of International Economics, 1985, (2): 1041-1105.

[48] Grassman S. Currency distribution and forward cover in foreign trade: Sweden revisited, 1973[J]. Journal of International Economics, 1976, 6(2): 215-221.

[49] Grassman, Sven, A Fundamental Symmetry in International Payment Patterns[J].

Journal of International Economics, 1973(3).

[50] Hartmann P. The Currency Denomination of World Trade after European Monetary Union[J]. Journal of the Japanese and International Economies, 1998, 12(4): 424-454.

[51] Hartmann, Phillip. Currency Competition and Foreign Exchange Markets: The Dollar, the Yen and the Euro. Cambridge University Press, 1998: 35-39.

[52] Hooper, P. S., W. Kohlhagen. The Effect of Exchange Rate Uncertainty on The Prices and Volume of International Trade[J]. Journal of International Economics, 1978, 8(4): 483-511.

[53] Hummels D, Ishii J, YI K. The nature and growth ofvertical specialization in world trade[J]. Journal of International Economics, 2001. 54: 75-96.

[54] Hummels D., (2001) "Toward a Geography of Trade Costs," Mimeo, Purdue University.

[55] Irandousta, M., K. Ekbladaand J. Parmlerb. Bilateral Trade Flows and Exchange RateSensitivity: Evidence From Likelihood-based Panel Cointegration[J]. Economic Systems, 2006, 30(2): 170-183.

[56] Islam M S, Bashar O K M R. Internationalization of Renminbi: What does the Evidence Suggest?[J]. World Re-view of Business Research, (5), 2012: 65-85.

[57] Ito T. The Internationalization of the RMB: Opportunities and Pitfalls[J]. International Economic Review, 2012.

[58] Jenkins P, Zelenbaba J. Internationalization of the renminbi: what it means for the stability and flexibility of the international monetary system[J]. Oxford Review of Economic Policy, 2012, 28(3): 512-531.

[59] Johnson R, Noguera G. Accounting for intermediates: Production sharing and trade in value added[J]. Journal of International Economics, 2012. 86: 224-236.

[60] Joseph E Stiglitz, The Price of Inequality, London: Allen Lane, 2012; pp 414.

[61] Kenen P B. Currency internationalization: an overview[J]. BIS Papers, 2011(61): 9-18.

[62] Koopman R, Powers W, Wang Z, Wei S J. Givecredit where credit is due: Tracing value added in global production chains[R]. 2010. NBER Working Paper, No. 16426.

[63] Koopman R, Wang Z, Wei S J. Tracing value-added and double counting in gross exports[R]. 2012. Nber Working Paper, No. 18579.

[64] Krugman P R. Scale Economies, Product Differentiation, and the Pattern of Trade[J]. American Economic Review, 1980, 70(5): 950-959.

[65] Krugman, Paul. Vehicle currencies and the structure of international exchange[J]. Journal of Money. 1980, 3(5): 513-526.

[66] Leamer E., (1988) Measuring of Openness. Trade Policy and Empirical Analysis,

Chicago: University of Chicago Press.

[67] Lee J W. Will the renminbi emerge as an international reserve currency?[J]. The world economy, 2014, 37(1): 42-62.

[68] Limao, N., & Venables, A. J., (2001) "Infrastructure, Geographical Disadvantage, Transport Costs, and Trade," The World Bank Economic Review 15(3), 451-479.

[69] Lo C. The myth of the internationalization of the Chinese Yuan[J]. The International Economy, 2010, 24(4): 30.

[70] Maziad S, Kang J S. RMB Internationalization: O+ L5022nshore/Offshore Links[M]. International Monetary Fund, 2012.

[71] McCallum J., (1995) "National Borders Matter: Canada - U. S. Regional Trade Patterns," American Economic Review.

[72] McKinnon R I. Portfolio balance and international payments adjustments[M]. Stanford University, Research Center in Economic Growth, 1966.

[73] McKinnon, Ronald. Money in International Exchange: The Convertible Currency System[M]. Oxford: Oxford University Press, 1979.

[74] Mundell R A. The international monetary system and the case for a world currency[M]. LeonKoźmiński Academy of Entrepreneurship and Management, 2003.

[75] Mundell, R. A theory of optimum currency areas[J]. American Economic Review, 1961(51): 657-665.

[76] Novy D., (2006)"Is the Iceberg Melting Less Quickly? International Trade Costs after World War II," Warwick Economic Research Paper No. 764.

[77] Novy D., (2011) "Gravity Redux: Measuring International Trade Costs with Panel Data," Working Paper No. 861, University of Warwick.

[78] Obstfeld M, Rogoff K. Exchange rate dynamics redux[J]. Journal of political economy, 1995, 103(3): 624-660.

[79] Page S A B. The Choice of Invoicing Currency in Merchandise Trade[J]. National Institute Economic Review, 1981, 98(1): 60-72.

[80] Philippe Bacchetta, Eric van Wincoop. A theory of the currency denomination of international trade[J]. NBER working paper, 2002(9039): 295-319.

[81] Prasad. E, YE. L. The Renminbi's Role in the Global Monetary System[J]. Proceedings, 2011(11): 199-206.

[82] Rauch J E. (1999) "Networks Versus Markets in International Trade," Journal of International Economics 48 (1), 7-35.

[83] Rey, Helene. International trade and currency exchange[J]. Review of Economic

Studies, 2001, 68: 443-464.

[84] Stherer R. Trade in value added and the value added in trade[Z]. 2012. WIIW Working Paper, No. 81.

[85] Subramanian A. Renminbi rules: the conditional imminence of the reserve currency transition[J]. Peterson Institute for International Economics Working Paper, 2011.

[86] Swisher S., (2014) "Reassessing Railroads and Growth: Accounting for Transport Network Endogeneity," Working Paper, University of Wisconsin-Madison.

[87] SwobodaAlexander. Vehicle Currency and the Foreign Exchange Market: The Case of the Dollar. New York: Praeger Publishers, 1969.

[88] Tavlas G S. Internationalization of currencies: the case of the US dollar and its challenger Euro[J]. The International Executive, 1997, 39(5): 581-597.

[89] Tavlas, G S. The international use of the us dollar. The World Economy[J]. 1997, 3(5): 709-747.

[90] Tavlas, G S. On the International Use of Currencies: the Case of the Deutschmark[R]. Princeton Studies in International Economics, 1991, 5(3): 11-15.

[91] Taylor A M. The future of international liquidity and the role of China[J]. Journal of Applied Corporate Finance, 2013, 25(2): 86-94.

[92] Triffin R. Gold and the dollar crisis: the future of convertibility[M]. Garland Pub, 1983.

[93] Yukon Huang, Clare Lynch. Does Internationalization the RMB Make Sense for China[J]? Cato Journal, 2013(3).

[94] 马克思. 政治经济学批判. 马克思恩格斯全集[M]. 北京：人民出版社，1962：33.

[95] 萨伊. 政治经济学概论[M]. 北京：商务印书馆，1963：243.

[96] 亚当·斯密. 国民财富的性质和原因的研究（下卷）[M]. 北京：商务印书馆，1972.

[97] 马克思. 中共中央马克思恩格斯列宁斯大林著作编译局译. 马克思恩格斯全集[M]. 北京：人民出版社，1973：181.

[98] 弗里德曼. 货币政策与财政政策的对话[M]. 北京：中华书局，1980：52.

[99] 配第. 货币略论. 配第经济著作选集[M]. 北京：商务印书馆，1981：117.

[100] 陈彪如. 论盯住汇率!弹性汇率和人民币汇率问题[J]. 南开经济研究，1990（6）.

[101] 郑木清. 论人民币国际化的经济效应[J]. 国际金融研究，1995（7）.

[102] 陈征. 资本论解说[M]. 福州：福建人民出版社 1997：146.

[103] 易纲，汤弦. 汇率制度"角点解假设"的一个理论基础[J]. 金融研究，2001（8）：5-17.

[104] 李瑶. 非国际货币、货币国际化与资本项目可兑换[J]. 金融研究，2003（8）：104-111.

[105] 曾刚：现代银行运行与信用货币流通，[J]. 太平洋学报 2003（1）.

[106] 李广众，VOON，P. 实际汇率错位、汇率波动性及其对制造业出口贸易影响的实证分析：1978—1998 年平行数据研究[J]. 管理世界，2004，（11）：22-28.

[107] 马克思. 马克思资本论. 第一卷[M]. 人民出版社，2004：45-54.

[108] 马克思. 中共中央马克思恩格斯列宁斯大林著作编译局译. 资本论（第一卷）[M]. 北京：人民出版社，2004：168.

[109] 科恩. 货币地理学[M]. 代先强译. 成都：西南财经大学出版社，2004：1-2.

[110] 姜波克. 开放条件下的宏观金融稳定与安全：姜波克文选[M]. 复旦大学出版社，2005：10-16.

[111] 林丽，张素芳. 1994—2002 年中国贸易条件的实证研究[J]. 国际贸易问题，2005（11）.

[112] 刘力臻. 人民币国际化下的货币政策效应分析[J]. 税务与经济，2005（4）.

[113] 陈雨露，王芳，杨明. 作为国家竞争战略的货币国际化：美元的经验证据——兼论人民币的国际化问题[J]. 经济研究，2005（2）：35-44.

[114] 曹阳，李剑武. 人民币实际汇率水平与波动对进出口贸易的影响——基于1980—2004 年的实证研究[J]. 世界经济研究，2006，（5）：56-59.

[115] 人民币国际化研究课题组. 人民币国际化的时机、途径及其策略[J]. 中国金融，2006（5）：12-13.

[116] 韩民春，袁秀林. 基于贸易视角的人民币区域化研究[J]. 经济学季刊，2007（2）：401-420.

[117] 谷宇，高铁梅. 人民币汇率波动性对中国进出口影响的分析[J]. 世界经济，2007（10）：49-57.

[118] 韩青. 中国的价格贸易条件恶化——基于影响因素的经验分析[J]. 世界经济研究，2007（10）.

[119] 林桂军，张玉芹. 中国贸易条件恶化与贫困化增长[J]. 国际贸易问题，2007（1）.

[120] 沈悦，张珍. 中国金融安全预警指标体系设置研究[J]. 山西财经大学学报，2007，29（10）：89-94.

[121] 沈利生，王恒. 授信风险限额的人工神经网络模型检验[J]. 数量经济技术经济研究，2007，24（3）：108-117.

[122] 徐奇渊，李婧. 国际分工体系视角的货币国际化，[J]. 世界经济，2008（2）.

[123] 李稻葵，刘霖林. 人民币国际化：计量研究及政策分析[J]. 金融研究，2008（11）：1-16.

[124] 巴曙松，吴博. 人民币国际化对中国金融业发展的影响[J]. 西南金融，2008（4）.

[125] 施炳展. 中国与主要贸易伙伴的贸易成本测定——基于改进的引力模型[J]. 国际贸易问题，2008（11）.

[126] 李稻葵，刘霖林. 双轨制推进人民币国际化[J]. 中国金融，2008（10）：42-43.

[127] 沈悦，徐有俊. 复合属性贝叶斯模型在银行危机预警中的应用[J]. 宁夏大学学报（人文社会科学版），2009，31（2）：118-121.

[128] 曲昕，张岸元. 新的积极财政政策不能复制98年模式[J]. 中国物价，2009（01）：63-65.

[129] 宋立，张岸元，王元. 2010货币政策取向与金融改革发展建议.[J]. 中国经贸导刊，2009（23）：8-10.

[130] 王元龙. 国际金融体系改革的战略与实施[J]. 经济理论与经济管理，2009，V（009）：5-9.

[131] 胡宗义，刘亦文. 人民币国际化对中国进出口贸易影响的动态 CGE 研究[J]. 商业经济与管理，2009（12）.

[132] 马荣华. 人民币国际化进程对中国经济的影响[J]. 国际金融研究，2009（4）.

[133] 周小川. 关于改革国际货币体系的思考[J]. 现代营销：学苑版，2009（3）：16-17.

[134] 高海红，余永定. 人民币国际化的含义与条件[J]. 国际经济评论，2010（1）：46-64.

[135] 高海红. 人民币成为国际货币的前景[J]. 世界经济与政治，2010（9）：149-154.

[136] 蔡宏波，宋小宁，熊爱宗. 东亚货币合作的经济基础：基于 OCA 指数的一体化水平分[J]. 中央财经大学学报，2010（7）.

[137] 叶华光. 人民币国际化与对外投资的内源机制研究[J]. 财务与金融，2010（2）：18-23.

[138] 江凯. 人民币国际化视角下货币政策独立性和通货膨胀研究[J]. 商业时代，2010（36）.

[139] 钱学锋，陆丽娟，黄云湖，陈勇冰. 中国的贸易条件真的持续恶化了吗?基于种类变化的再估计[J]. 管理世界，2010（7）.

[140] 张青龙. 人民币国际化对货币政策的影响：基于 IS-LM 模型分析[J]. 新金融，2011（2）.

[141] 戴翔，张二震. 危机冲击、汇率波动与出口绩效——基于跨国面板数据的实证分析[J]. 金融研究，2011，（8）：47-56.

[142] 戴相龙. 人民币国际化可分三个五年计划[J]. 创新科技，2011（11）：5-5.

[143] 李婧. 从跨境贸易人民币结算看人民币国际化战略[J]. 世界经济研究，2011（2）：13-19.

[144] 宗良，李建军. 人民币国际化理论与前景[M]. 北京：中国金融出版社，2011：155-156.

[145] 张肃. 人民币国际化的障碍及突破[J]. 经济纵横，2011（7）：78-80.

[146] 乔臣. 货币国际化思想的流变[D]. 福州：福建师范大学，2011.

[147] 李婧．从跨境贸易人民币结算看人民币国际化战略[J]．世界经济研究，2011（2）．

[148] 李宏彬，马弘，熊艳艳，徐嫄．人民币汇率对企业进出口贸易的影响——来自中国企业的实证研究[J]．金融研究，2011，（2）：1-16．

[149] 盛丹，包群，王永进．基础设施对中国企业出口行为的影响："集约边际"还是"扩展边际"?[J]．世界经济，2011（1）：17-36．

[150] 傅冰．货币国际化进程中的金融风险与对策研究[D]．上海社会科学院博士学位论文，2012．

[151] 王晓燕，雷钦礼，李美洲．货币国际化对国内宏观经济的影响[J]．统计研究，2012（5）．

[152] 汤碧，林桂军．跨太平洋伙伴关系协定对中国战略的影响与中国的对策[J]．社会科学研究，2012（6）．

[153] 冯鑫明，卜亚．人民币国际化进程中的货币替代与反向货币替代研究[J]．华东经济管理，2012（6）：83-86．

[154] 周小川．人民币资本项目可兑换的前景和路径[J]．金融研究，2012（1）：1-19．

[155] 李美洲．货币国际化影响因素研究——基于多国面板数据计量分析[J]．上海金融，2012（12）：28-30．

[156] 周宇．论人民币国际化的两难选择[J]．世界经济研究，2012（11）：22-28．

[157] 李梦雨．中国金融风险预警系统的构建研究——基于K-均值聚类算法和BP神经网络[J]．中央财经大学学报，2012（10）：25-30．

[158] 周宇．论人民币国际化的两难选择[J]．世界经济研究，2012（11）：22-28．

[159] 冯鑫明，卜亚．人民币国际化进程中的货币替代与反向货币替代研究[J]．华东经济管理，2012，26（6）．

[160] 钟阳，丁一兵．双边贸易、外汇市场规模、网络外部性与美元的国际地位—基于国别（地区）市场的实证研究[J]．经济评论，2012（1）：140-146．

[161] 王慧，刘宏业．国际货币的惯性及对人民币国际化的启示[J]．经济问题，2012（5）：110-113．

[162] 周天芸．"一带一路"建设对人民币国际化的影响机制研究[J]．求索，2017（11）：33-43．

[163] 周宇．论人民币国际化的两难选择[J]．世界经济研究，2012（11）：22-28．

[164] 巴曙松．推进人民币跨境使用[J]．资本市场，2012（8）．

[165] 李丹，崔日明．"一带一路"战略下全球经贸格局重构的实现机制[J]．经济研究参考，2013，3（2）：105-116．

[166] 寿晖，张永安．基于AHP-熵值法商业银行体系风险指标预警研究来自2003—2012年数据[J]．华东经济管理，2013（10）：44-49．

[167] 辛波，张岸元. 土地财政规模的估算与经济增长的相关性分析[J]. 中国物价，2013（04）：44-47.

[168] 张岸元，李世刚，曹玉瑾. 2013年一季度货币金融形势分析与政策建议[J]. 中国物价，2013（04）：12-14.

[169] 张岸元，李世刚. 当前货币金融形势分析与政策建议[J]. 中国物价，2013（10）：10-12.

[170] 李建军，甄峰，崔西强. 人民币国际化发展现状、程度测度及展望评估[J]. 国际金融研充，2013（10）.

[171] 张英梅. 人民币国际化测度及对策研究——基于 Matlab 主成分分析[J]. 上海金融，2013（2）.

[172] 范祚军，陆晓琴. 人民币汇率变动对中国——东盟的贸易效应的实证检验[J]. 国际贸易问题，2013，（9）：164-176.

[173] 沙文兵，刘红忠. 人民币国际化、汇率变动与汇率预期[J]. 国际金融研究，2014（8）.

[174] 王道平，范小云，邵新建. 人民币国际化有助于中国居民消费增长吗?[J]. 南开经济研究，2013（4）.

[175] 王鸿飞. 人民币国际化的现状、影响及未来货币政策取向[J]. 科学决策，2013（2）.

[176] 王文治，扈涛. FDI 导致中国制造业价格贸易条件恶化了吗？——基于微观贸易数据的 GMM 方法研究[J]. 世界经济研究，2013（1）.

[177] 李向阳. 论海上丝绸之路的多元化合作机制[J]. 世界经济与政治，2013（11）.

[178] 陈雨露. 人民币国际化要分三步走[N]. 人民日报海外版，2013（02）.

[179] 李稻葵. 人民币国际化道路研究[M]. 北京：科学出版社，2013：35-40.

[180] 霍伟东，杨碧琴. 自由贸易区战略助推人民币区域化——基于 CAFTA 的实证研究[J]. 国际贸易问题，2013（2）：68-80.

[181] 周宇. 论人民币国际化的四大失衡[J]. 世界经济研究，2013（8）：16-22.

[182] 沈悦，董鹏刚，李善燊. 人民币国际化的金融风险预警体系研究[J]. 经济纵横，2013（8）.

[183] 曹玉瑾. 人民币国际化的指数度量[J]. 经济研究参考，2014，（9）：72-85.

[184] 赵华胜. "丝绸之路经济带"的关注点及切入点[J]. 新疆师范大学学报（哲学社会科学版），2014（3）：27-35.

[185] 赵翊. "一带一路"战略与中国对阿拉伯国家出口潜力分析[J]. 阿拉伯世界研究，2014（3）：58-67.

[186] 孙杰. 跨境结算人民币化还是人民币国际化[J]. 国际金融研究，2014（41）.

[187] 甄峰. 人民币国际化：路径、前景和方向[J]. 经济理论与经济管理. 2014（5）.

[188] 丁剑平，赵晓菊．"走出去"中的人民币国际化[M]．北京：中国金融出版社，2014．

[189] 汤凌霄，欧阳晓，黄泽先．国际金融合作视野中的金砖国家开发银行[J]．中国社会科学，2014（9）：55-74．

[190] 张伯伟，田朔．汇率波动对出口贸易的非线性影响——基于国别面板数据的研究[J]．国际贸易问题，2014，（6）：131-139．

[191] 邵建春．中国对新兴经济体出口的影响因素研究——基于国别面板数据的实证研究[J]．国际贸易问题，2014（11）．

[192] 申现杰、肖金成．国际区域经济合作新形势与中国"一带一路"合作战略[J]．宏观经济研究，2014（11）．

[193] 成思危．人民币国际化之路[J]．中国经济周刊，2014（13）：84-85．

[194] 陈四清．开启人民币国际化新格局[J]．中国金融，2014（24）：14-16．

[195] 高虎城．深化经贸合作共创新的辉煌——"一带一路"战略构建经贸合作新格局[J]．国际商务财会．2014（6）．

[196] 马涛，刘仕国．全球价值链下的增加值贸易核算及其影响[J]．国际经济评论．2013（4）：98-109．

[197] 陈雯，李强．全球价值链分工下中国出口规模的透视分析——基于增加值贸易核算方法[J]．财贸经济，2014（7）：107-115．

[198] 龚新蜀，马骏．"丝绸之路"经济带交通基础设施建设对区域贸易的影响[J]．企业经济，2014（3）：156-159．

[199] 韩永辉，邹建华．"一带一路"背景下的中国与西亚国家贸易合作现状和前景展望[J]．国际贸易，2014（8）：21-28．

[200] 樊秀峰，余姗．"海上丝绸之路"物流绩效及对中国进出口贸易影响实证[J]．西安交通大学学报（社会科学版），2014（3）：13-20．

[201] 韩永辉，罗小斐，邹建华．中国与西亚地区贸易合作的竞争性和互补性研究——以"一带一路"战略为背景[J]．世界经济研究，2015（3）：89-98．

[202] 公丕萍，宋周莺，刘卫东．中国与"一带一路"沿线国家贸易的商品格局[J]．地理科学进展，2015．34（5）：571-580．

[203] 韩永辉，罗晓斐，邹建华．中国与西亚地区贸易合作的竞争性和互补性研究——以"一带一路"战略为背景[J]．世界经济研究，2015（3）：89-98．

[204] 潘文卿，王丰国，李根强．全球价值链背景下增加值贸易核算理论综述[J]．统计研究，2015，32（3）：70-74．

[205] 林乐芬，王少楠．"一带一路"建设与人民币国际化，[J]．世界经济与政治，2015（11）：72-50．

[206] 桑百川，杨立卓．拓展中国与"一带一路国家"的贸易关系——基于竞争性与互

补性研究[J]. 经济问题. 2015（8）：1-5.

[207] 邹嘉龄，刘春腊，尹国庆，等. 中国与"一带一路"沿线国家贸易格局及其经济贡献[J]. 地理科学进展，2015，34（5）：598-604.

[208] 陈雨露. "一带一路"与人民币国际化，[J]. 中国金融，2015（19）：40-42.

[209] 保建云. 论"一带一路"建设给人民币国际化创造的投融资机遇、市场条件及风险分布[J]. 天府新论，2015（1）：112-116.

[210] 韩玉军，王丽. "一带一路"推动人民币国际化进程[J]. 国际贸易，2015（6）：42-47.

[211] 刘勇. 依托"一带一路"战略推进人民币国际化[J]. 新金融评论，2015（3）：42-48.

[212] 巴曙松，叶聃. "一带一路"战略下人民币海外循环机制研究[J]. 兰州大学学报（社会科学版），2015，43（5）：50-56.

[213] 余道先，王云. 人民币国际化进程的影响因素分析——基于国际收支视角[J]. 世界经济研究，2015（3）.

[214] 巴曙松，叶聃. "一带一路"战略下人民币海外循环机制研究[J]. 兰州大学学报（社会科学版），2015，43（5）：50-56.

[215] 高飞. 中国特色大国外交视角下的"一带一路"[J]. 经济科学，2015，37（3）：10-12.

[216] 彭红枫，陈文博，谭小玉. 人民币国际化研究述评[J]. 国际金融研究，2015（10）：12-19.

[217] 沈悦，张澄. 人民币国际化进程中的金融风险预警研究[J]. 华东经济管理，2015.

[218] 杜海鹏，杨广青. 人民币汇率变动对我国出口贸易的影响——基于"一带一路"沿线 79 个国家和地区面板数据的研究[J]. 经济学家，2015.

[219] 李军军，金文龙. "一带一路"国家贸易规模影响因素研究——基于面板数据和空间计量模型的实证分析[J]. 福建师范大学学报（哲学社会科学版），2015.

[220] 谭秀杰，周茂荣. 21 世纪"海上丝绸之路"贸易潜力及其影响因素——基于随机前沿引力模型的实证研究[J]. 国际贸易问题，2015（2）：3-12.

[221] 玉军，王丽. "一带一路"推动人民币国际化进程[J]. 国际贸易，2015（6）：42-47.

[222] 刘勇，依托. "一带一路"战略推进人民币国际化[J]. 新金融评论，2015（3）：42-48.

[223] 余道先，土云. 人民币国际化进程的影响素分析——基于国际收支视角[J]. 世界经济研究，2015（3）：3-14，127.

[224] 马斌. 人民币国际化的影响因素研究——基于国际货币职能视角[D]. 东北财经大学博士论文，2015，23.

[225] 卢峰，李昕，李双双. 为什么是中国？"一带一路"的经济逻辑[J]. 国际经济评

论，2015（3）.

[226] 陈雨露，人民币有望在两年内成为第四大国际货币，《2015国际货币论坛》[C]，中国人民银行，2015-07-18.

[227] 贺力平."一带一路"战略下的金融合作与风险防范研讨会综述[J].金融论坛，2015（11）.

[228] 沈悦，张澄.人民币国际化进程中的金融风险预警研究[J].华东经济管理，2015（8）：94-101.

[229] 陈雨露.人民币尽快纳入SDR将进一步推动国际货币体系改革[J].国际金融，2015（7）：14-16.

[230] 丁志杰，赵家悦.人民币加入SDR的意义[J].中国金融，2015（24）：44-45.

[231] 中国人民大学国际货币研究所.人民币国际化报告："一带一路"建设中的货币战略[M].2015.

[232]《2016年人民币国际化报告》[R]，中国人民银行，2016.9.

[233]《2017年人民币国际化报告》[R]，中国人民银行，2017.8.

[234]《2018年人民币国际化报告》[R]，中国人民银行，2018.10.

[235]《2019年人民币国际化报告》[R]，中国人民银行，2019.9.

[236]《2020年人民币国际化报告》[R]，中国人民银行，2020.8.10.

[237]《人民币国际化报告2021——双循环新发展格局与货币国际化》[R]，人民大学国际货币研究所，2021.7.

[238] 林乐芬，王少楠."一带一路"建设与人民币国际化[J].世界经济与政治，2015（11）：72-90.

[239] 黄卫平，黄剑."一带一路"战略下人民币如何"走出去"[J].人民论坛·学术前沿，2015（5）：30-39.

[240] 杨立卓.中国对"一带一路"国家出口动态波动的实证分析——基于需求、结构和竞争力的三维视角[J].世界经济与政治论坛，2016（1）：106-118.

[241] 林乐芬，王少楠."一带一路"进程中人民币国际化影响因素的实证分析[J].国际金融研究，2016（2）：76-77，81-82.

[242] 王凯，庞震.人民币国际化：现状、挑战及路径选择[J].西安电子科技大学学报（社会科学版），2016，26（6），23-29.

[243] 黄先海，余骁，以"一带一路"建设重塑全球价值链[J].经济学家2017：32-39.

[244] 倪沙，王永兴，景维民.中国对"一带一路"沿线国家直接投资的引力分析[J].经济问题研究.2016.

[245] 田巧雨."一带一路"战略对人民币国际化的影响[J].农村金融研究，2016：27-32.

[246] 周小川.深化金融体制改革[J].金融博览，2016（4）：40-40.

[247] 巴曙松，魏琪. 资本项目开放视角下的人民币汇率制度改革[J]. 农村金融研究，2016（10）：6-12.

[248] 曹远征，郝志运. 人民币国际化、资本项目开放与金融市场建设[J]. 金融论坛，2016（6）：3-7.

[249] 曹远征. 人民币国际化的源起与发展[J]. 新金融，2016（6）：4-9.

[250] 中国人民银行，2017 人民币国际化报告[R]. 2016.

[251] 陆长荣，丁剑平. 中国人民币国际化研究的学术史梳理与述评[J]. 经济学动态，2016（8）：93-101.

[252] 林乐芬，王少楠. "一带一路" 进程中人民币国际化影响因素的实证分析[J]. 国际金融研究，2016（2）：75-83.

[253] 余永定，肖立晟. 论人民币汇率形成机制改革的推进方向[J]. 国际金融研究，2016，355（11）：3-13.

[254] 石建勋，王盼盼，李海英. 人民币国际化国外最新研究动态[J]. 新疆师范大学学报（哲学社会科学版），2016.02：69-77.

[255] 张明. 人民币汇率形成机制改革：历史成就、当前形势与未来方向[J]. 国际经济评论，2016（3）：54-68.

[256] 朱晓哲. 基于货币国际化视角的系统性风险传导机制与监管策略[J]. 改革与战略，2016（9）：55-58.

[257] 高洪民. 基于两个循环框架的人民币国际化路径研究[J]. 世界经济研究，2016（6）.

[258] 张志敏，周工. 跨境贸易人民币结算对人民币汇率预期的影响——基于结算货币选择视角的经验分析[J]. 宏观经济研究，2016（3）：106-118.

[259] 陆磊，李宏瑾. 纳入 SDR 后的人民币国际化与国际货币体系改革：基于货币功能和储备货币供求的视角[J]. 国际经济评论，2016（3）：41-53.

[260] 高洪民. 基于两个循环框架的人民币国际化路径研究[J]. 世界经济研究，2016（6）：3-10.

[261] 王春桥，夏祥谦. 人民币国际化：影响因素与政策建议——基于主要国际货币的实证研究[J]. 上海金融，2016（3）：38-43.

[262] 沙文兵，肖明智. 人民币国际化进程中汇率变动的经济效应研究[J]. 世界经济研究，2016（1）：39-47.

[263] 严佳佳，黄文彬. 人民币国际化进程中特里芬难题的辨析与求解——基于国际货币循环模式的分析[J]. 福州大学学报（哲学社会科学版），2016，30（2）：28-34.

[264] 余翔. 人民币国际化与汇率的相互影响及政策协调[J]. 金融论坛，2016（1）：59-71.

[265] 宋芳秀，刘芮睿. 人民币境外存量的估算及其影响因素分析[J]. 世界经济研究，2016（6）：12-21.

[266] 贾利军，刘宜轩．人民币贸易国际化程度及影响因素的实证分析[J]．经济问题，2016（7）：48-54．

[267] 张鼎立．人民币纳入 SDR 对人民币国际化的作用与影响[J]．当代经济研究，2016（5）．

[268] 管涛．英国脱欧对人民币汇率与人民币国际化的影响[J]．经济研究参考，2016（66）．

[269] 姚宇惠，王育森．人民币均衡汇率的再研究：1998—2015[J]．国际金融研究，2016（12）：23-32．

[270] 姚大庆．国际储备货币影响因素的国家结构差异研究[J]．世界经济研究，2016（2）：26-33．

[271] 翁东玲．国际货币体系变革与人民币的国际化[J]．经济学家，2016，12（12）：45-51．

[272] 胡巍．人民币国际化背景下的 SDR 定值问题研究[J]．河北经贸大学学报，2016，37（1）：73-79．

[273] 伊藤宏之，河合正弘．人民币国际化的经验教训[J]．国际经济评论，2016（5）：165-167．

[274] 周宇．论汇率贬值对人民币国际化的影响——基于主要国际货币比较的分析[J]．世界经济研究，2016（4）：3-11．

[275] 雷明，谢晨月．美中战略与经济对话：要补益，别放弃[J]．国际经济评论，2016（5）：167-168．

[276] 何茂春，田斌．"一带一路"战略的实施难点及应对思路——基于对中亚、西亚、南亚、东南亚、中东欧诸国实地考察的研究[J]．人民论坛•学术前沿，2016（5）：55-62．

[277] 吕晨妍，黄立群．人民币国际化对中国一定有利吗?——基于 NOEM 模型的实证与推测[J]．区域金融研究，2016．

[278] 肖德，李坤．"一带一路"背景下中国金融服务贸易国际竞争力分析[J]．2016．东北师大学报（3）：67-71．

[279] 赵东麒，桑百川．"一带一路"倡议下的国际产能合作——基于产业国际竞争力的实证分析[J]．国际贸易问题．2016（10）：3-13．

[280] 陈平．人民币经济圈的构建——基于"一带一路"和人民币国际化战略融合的思考．华南理工大学学报（社科版），2017，19（3）：4-10．

[281] 刘崇．以贸易发展推进人民币国际化[J]．南方金融，2017，（10）：37-44．

[282] 谭小芬，徐慧伦，耿亚莹．"一带一路"背景下的人民币国际化实施路径[J]．区域金融研究，2017（12）：10-13．

[283] 巴曙松，巴晴. 人民币国际化新阶段与香港的机遇[J]. 清华金融评论，2017（3）：37-37.

[284] 涂永红，张铜钢. 对外直接投资是人民币国际化的新动能[J]. 现代管理科学，2017（7）：3-5.

[285] 曲凤杰. 构建"一带一路"框架下的人民币国际化路线图[J]. 国际贸易，2017（08）：67-70.

[286] 埃斯瓦尔·普拉萨德. 全球金融体系中的人民币地位展望[J]. 新金融，2017（5）：18-21.

[287] 彭红枫，谭小玉，祝小全. 货币国际化：基于成本渠道的影响因素和作用路径研究[J]. 世界经济，2017，40（11）：120-143.

[288] 涂永红，吴雨微. 人民币国际化亟需增强金融推动力[J]. 理论视野，2017（8）：37-40.

[289] 陆长荣，崔玉明. 日元国际化重启及其对人民币国际化路径选择的启示[J]. 日本学刊，2017（5）：105-129.

[290] 中国金融四十人论坛、上海新金融研究院. 中国金融改革报告2016——人民币国际化的成本收益分析[J]. 中国城市金融，2017（7）：86.

[291] 中国人民大学国际货币研究所，人民币国际化报告2017：货币国际化与宏观金融风险管理[M]. 2017.

[292] 中国人民银行，2018人民币国际化报告[R]. 2017.

[293] 谭小芬，耿亚莹，徐慧伦. 金融危机后的人民币国际化：制约、风险与对策[J]. 新视野，2017（3）：29-34.

[294] 曲凤杰. 构建"一带一路"框架下的人民币国际化路线图[J]. 国际贸易，2017（08）：67-70.

[295] 何平，钟红，王达. 国际债券计价货币的选择及人民币使用的实证研究[J]. 国际金融研究，2017（06）：77-86.

[296] 彭红枫，谭小玉，人民币国际化研究所：程度测算与影响因素分析[J]. 经济研究，2017：125-139.

[297] 徐涛，李乔迁. 利率变动对国际铸币税的影响[J]. 世界经济研究，2017（11）：40-51.

[298] 王冰玉，吴俊玲. 利率市场化对人民币国际化的作用机制与反馈效应[J]. 经济研究参考，2017（30）：42-43.

[299] 卢有红，彭迪云. 人民币国际化：进展、波动与推进新思路[J]. 金融与经济，2017（3）：73-79.

[300] 李翀. 人民币汇率近期贬值的原因、影响、走势及应对方法[J]. 深圳大学学报（人

文社科版），2017，34（1）：123-129.

[301] 程炼. 人民币跨境与离岸支付系统的现状与问题[J]. 银行家，2017（10）：48.

[302] 叶亚飞，石建勋. 人民币占 SDR 份额与中国国际收支平衡的关系研究：基于国际经验的比较借鉴[J]. 当代经济科学，2017（2）.

[303] 白晓燕，郭丹. 人民币作为国际储备货币的前景分析：以韩国的需求为例[J]. 世界经济研究，2017（9）.

[304] 罗成，顾永昆. 日元衰退及其对人民币国际化的启示[J]. 现代日本经济，2017（1）：27-38.

[305] 周宇. 以人民币国际债券支持"一带一路"基础设施投资：基于美元、日元国际债券的比较分析[J]. 世界经济研究，2017（10）.

[306] 周宇. 以人民币国际债券支持"一带一路"基础设施投资：基于美元、日元国际债券的比较分析[J]. 世界经济研究，2017（10）.

[307] 高洪民. 关于香港离岸人民币存款变动影响因素的理论和实证研究[J]. 世界经济研究，2017（9）：25-135.

[308] 姚文宽，李维. 人民币国际化背景下资本跨境流动对在岸汇率影响的实证分析[J]. 商业经济研究，2017（19）：162-165.

[309] 余道先，邹彤. 人民币国际化的国家异质性分析与人民币国际化进程[J]. 世界经济研究，2017（07）：5-18+137.

[310] 张珺，钟湘玥. 中国与"一带一路"沿线地区的贸易关系研究——基于 2001—2013 年增加值贸易核算的实证分析[J]，西部论坛，2017.

[311] 张彬，庄惠超. "一带一路"进程中人民币国际化影响因素的实证分析[J]. 吉林金融研究，2017.

[312] 王刚贞，王慧芸，王虹倩. 跨境贸易人民币结算与人民币国际化——基于人民币国际化实现路径的研究[J]. 东北农业大学学报（社会科学版），2017.

[313] 周兆平，周宙，潘英丽. 人民币汇率走势与人民币国际化——基于 VAR 和 SVAR 模型的实证研究[J]. 上海金融，2018（10）：65-70.

[314] 蔡彤娟，林润红. 人民币与"一带一路"主要国家货币汇率动态联动研究——基于 VAR-DCC-MVGARCH-BEKK 模型的实证分析[J]. 国际金融研究，2018（2）：19-29.

[315] 刘璐. 人民币国际化与中国陆疆地区对外贸易的关系研究——以云南省为例[J]. 云南民族大学学报（哲学社会科学版），2018，01：108-116.

[316] 刘锴心. "一带一路"与"人民币国际化"协同推进、发展的途径[J]. 全国流通经济，2018（8）：11-12.

[317] 祁文婷，刘连营，赵文兴. "一带一路"倡议助推人民币国际化政策选择研究——基

于货币转换成本理论的分析[J]. 金融理论与实践，2018（12）：26-32.

[318] 中国人民银行. 2019 人民币国际化报告[R]. 2018.

[319] 中国人民银行. 2020 人民币国际化报告[R]. 2019.

[320] 陈小荣. "一带一路"建设对人民币国际化的影响研究[D]. 河北大学博士学位论文，2019.

[321] 陈德胜. 中国与"一带一路"沿线国家的外贸发展对人民币国际化的影响研究[D]. 浙江工业大学，2019.

[322] 朱小梅，汪天倩. 中国与"一带一路"沿线国家货币合作的实证研究——基于最优货币区（OCA）指数的聚类分析[J]. 金融经济学研究，2020.

后　记

　　从 2013 年习总书记首次提出"一带一路"发展理念，本人就开始关注这个领域。当今，世界各国的联系比以往任何时候都更加密切和快速，但是地区发展不平衡、南北差距拉大、亚非区域基础设施落后和低收入国家发展机会丧失等问题也十分突出，而"一带一路"建设发展将会为这些问题的解决带来更有效的方案，增进各国社会稳定，促进经济增长和贸易繁荣，是维护世界长期和平的唯一途径，因此"一带一路"倡议不仅对于中国，而且对于亚洲、非洲和欧洲以及世界其他国家而言都显得越来越重要。因此本人将"一带一路"作为一个长期研究的对象，前后坚持了 7 年的跟踪研究，随着调查研究的深入，本人也发现"一带一路"的内涵及外延都十分广泛，如将其整个都作为研究的对象，会涉及方方面面，难以分析深入和周全。比如"一带一路"与经济全球化是高度相关的，事实上前者是后者的区域化升级版。因此如何找到一个合适的切入点，以一个合适的角度来研究分析"一带一路"的某方面作用，就成了一个笔者应当思考的问题。

　　在研究过程中，人民币国际化问题也引发了本人的浓厚兴趣，这是因为：首先人民币结算境外范围扩大至更多的国家和地区，会有效提高经济运行效率；人民币国际化程度的提升，有利于中国应对金融危机和振兴经济；人民币跨国使用从跨境货物贸易、服务贸易等经常项目向跨国投资、国际资本市场等领域深化，将使人民币在各国的接受度大为提高；利用国际化契机，改革人民币汇率形成机制，确保人民币币值以及国际货币体系的稳定也是人民币国际化的长期目标之一。随着"一带一路"事业的不断发展，关于人民币借助"一带一路"走出去的文章也逐步涌现，本人开始关注"一带一路"与人民币国际化的关系。最初笔者是仅研究"一带一路"对人民币国际化的推进作用，即在过去的贸易结算模式不可持续，人民币国际化需要新模式来不断提升，以此研究如何结合"一带一路"建设推动人民币国际化。进而发现人民币国际化在"一带一路"发展推进过程中也扮演了十分重要的角色，因此提出"一带一路"贸易与人民币国际化互动发展的研究方向，即以"一带一路"贸易推动人民币分三个阶段落实五大职能的可行路径，以及从跨境结算、货币合作、金融基础设施、人民币计价等方面论证了人民币国际化在"一带一路"建设方面起到的推动作用。本书最后建议通过"一带一路"建设推动人民币的区域化、国际化进程，也提出了发挥人民币在投融资中的作用、加强大宗商品人民币计价、逐渐开放在岸金融市场等举措来进一步助推"一带一路"发展的对策建议。

　　本书的成稿时间，正值我国的新冠疫情防控取得积极成效、经济企稳回升，而全球疫情持续蔓延、经济社会发展受到巨大冲击，这个时期，"后疫情时代"深化"一带一路"国际合作、加强中国与沿线国家抗疫和经贸合作、稳定提升地区和全球供应链产业链、推动区域及世界经济一体化、维护多边贸易体制等地区和国际重要经贸问题日益突出。因此，本人加紧修稿与校对，希望本书能早日出版，以期为共克时艰奉上一家之言，贡献绵薄之力。

在本书出版之际，笔者最感谢导师程惠芳教授，她不仅学术造诣高超，为人处事、精神品格也让人高山仰止。从研究的选题到文章的定稿，程老师都给予我非常大的帮助。程老师对本人的研究方向和成果撰写都提出了其专业性、指导性的意见，在写作过程中不断遇到困难和疑惑，程老师也都给予了悉心的帮助，提出了许许多多十分有益的改进意见，投入了极大的心血和精力。对于程惠芳教授，我表示崇高的敬意和诚挚的感谢。

在本书的研究写作期间，因受国家汉办派遣，驻美国瓦尔帕莱索大学任孔子学院中方院长达三年多的时间（2016.3—2019.8），虽然这是一段令人难忘的工作经历，但是由于很长时期忙于工作，学习和研究的时间投入严重不足，在美期间无法继续专注于研究工作，本书的进度大大落后于计划，自己也深感不安，甚至曾经想要放弃。回国后，得到了本校覃大嘉教授的热情鼓励和尽心指导，让我重拾信心。因此，本人必须感谢覃大嘉教授，正是因为她的指导和帮助，本人才能够发表高水平国际期刊论文，才极大程度上助推了本书成果的形成，在此对她深表谢意。

本书的成稿，还要感谢浙江大学张旭亮研究员、浙江工业大学博士后黄磊老师等的支持与帮助，同时也要感谢博士研究生李中源，硕士研究生陈德胜、单彦菲、徐颖、陈雪阳、陈淇、丁晓岚、沈钰峰、李亚男、吴越、张颖等人的协助。

我想对于知识的追求是永无止境的，应当将追求不断践行融入到平日的工作中去，也要将工大人的精神带到教学科研中去，我不仅为本书能够顺利出版，更为自己能成为浙江工业大学的一位学人而感到自豪。

最后也要感谢长期支持我奋斗在无涯学海的家人，没有他们的体谅和支持，我也无法取得最终的成功！

2021 年 11 月 27 日
于杭州